強度行動障害支援者養成研修[基礎研修・実践研修]テキスト

行動障害のある人の「暮らし」を支える 第3版

監修 | 特定非営利活動法人
全国地域生活支援ネットワーク

編集 | 牛谷正人・肥後祥治・福島龍三郎

中央法規

はじめに

「強度行動障害」と聞いて、みなさんはどのようなイメージをもつでしょうか。

「激しく頭を壁にぶつける」「周りの人を叩いてしまう」「何でも口にしてしまう」など、普段から強度行動障害のある人たちに接している支援者ならまだしも、強度行動障害のある人たちと接する機会がない支援者にとっては、全く想像がつかなかったり、あるいは必要以上に大変なイメージをもってしまうかもしれません。

障害のある人たちを支援していると、本人の行動にさまざまな課題が現れることがあります。そのようなとき、私たち支援者はつい「困った」と思ってしまいます。その行動が激しいものであったり、周囲に大きな影響を与えるものであったりすればなおさらです。その「困った」行動を、なんとかしようと悪戦苦闘するかもしれません。しかし、困っているのは、実は支援者以上に本人なのです。本人も好んでそのような行動をしているわけではありません。周囲の環境やはたらきかけのなかで、本人が「困っている」ときにそのような行動が出てしまうのです。

行動障害が現れている人は「困った人」ではなくて「困っている人」だということを、支援者のみなさんに、まず知っていただきたいと思います。

近年、本人が困ってしまう原因や、そうならないための配慮や適切な支援方法について、さまざまな研究や実践からかなりわかってきました。ただ、残念ながら、今のところ福祉現場においてそのことが十分理解され取り入れられているとはいえません。

行動障害があるというだけで大変なイメージをもたれてしまい福祉サービスを使うことを拒否されてしまったり、支援の現場で懸命に支援をしているにもかかわらず、うまくいかずに拘束せざるをえなかったり、さらには虐待の対象となってしまったりすることもあります。

そのような背景のもと、演習や講義を通じて行動障害のある人の困りごとや障害特性の理解に基づく適切な支援の考え方などを学ぶことを目的とした「強度行動障害支援者養成研修」が各地で開催されています。本書は、その研修で活用いただくことを意図して編集したテキストです。さらに、研修カリキュラムに対応する項目に加えて、支援者ケアの大切さや行動障害のある人の豊かな才能についての論考、そして22の事例と9つのコラムを通じ、行動障害についての幅広い知識や支援方法、そして、さまざまな行動上の課題に対応していくためのヒントなどを盛り込みました。

この本が少しでも支援者のみなさまの役に立ち、障害のある人たちが地域で安心して豊かな暮らしができることを願っています。

2018年6月

特定非営利活動法人 全国地域生活支援ネットワーク

代表理事　大原裕介

CONTENTS

はじめに

本書の活用の仕方

カリキュラム対応表

強度行動障害支援者養成研修達成度チェックリスト

第1章 プロローグ
── 強度行動障害のある人についての基本的な理解 ──

第1節　行動障害のある人の豊かな世界……2
1　なぜ行動障害のある人の支援を学ぶのか……2
2　彼らの豊かな世界……3

第2節　行動障害について知る……7
1　強度行動障害とは：本書の守備範囲……7
2　行動障害のある人への支援のこれまで……9
3　行動障害のある人が困っていること……11
4　世界は「障害」をどう理解しているのか……12
5　行動障害への挑戦の意義と予防の重要性……15

事例1　行動援護で成功体験を積んだミドリさん……18

第2章 支援についての基本的なこと
── 支援のプロセスと記録 ──

第1節　支援の基本的なプロセス……24
1　支援の基本的枠組み……24
2　サービス等利用計画について ── 支援の基本的プロセス ── ……26
3　個別支援計画と支援手順書について……30
4　強度行動障害支援者養成研修の位置づけ……34
5　行動障害のある人の意思決定支援……36
6　危機管理・緊急時対応……39
7　協議会を中心とした地域づくり……41

第2節　記録と情報共有……43
1　記録の意義や活用方法を知る……43
2　記録の具体的な方法……45

事例2　本人の発するサインにより
パニックを予測できるようになったトモアキさん……48

事例3　環境を整えることで落ち着いてきたナオキさん……50

第3章 私たちのことを知ってほしい
── 強度行動障害に関係する障害について ──

第1節　自閉スペクトラム症について ……56
1 自閉スペクトラム症とは ……56
2 診断に関連する主要な特性 ……60
3 その他の重要な特性 ……63

第2節　知的能力障害／精神障害 ……66
1 知的能力障害とは ……66
2 精神障害とは ……67

事例4　アパートで一人暮らしをするハルコさん ……70
事例5　事前準備と環境の微調整で生活の幅が広がってきたコウジさん ……72

第4章 知ることから始めよう
── 根拠をもって支援する ──

第1節　アセスメントの大切さ ……76
1 アセスメントとは ……76
2 アセスメントの倫理 ……77

第2節　アセスメントの具体的な方法 ……78
1 行動障害とその支援に関連するアセスメント情報 ……78
2 アセスメント情報の優先順位と活用・共有 ……87

事例6　発達障害者地域支援マネジャーのかかわりにより、
　　　　元の生活に戻ってきたタカシさん ……88

第5章 ボクらと世界のつながり方
── 環境を整えることと表出性コミュニケーションの大切さ ──

第1節　支援者のための構造化のアイデア ……96
はじめに ……96
1 構造化の前に、自閉スペクトラム症の特性理解 ……97
2 評価（アセスメント）に基づくこと ……99
3 構造化のアイデア ……101
4 構造化とコミュニケーション支援 ……109
5 高機能自閉症の人への構造化支援 ……110
おわりに ……112

第2節　表出性コミュニケーションについて考える ……113
はじめに ……113
1 やりとりをするために ……115

iii

2 コミュニケーションサンプルをとる……115

3 選択する場面を設定する……117

4 具体物から徐々にシンボルへ……118

おわりに……119

事例**7** より具体的な提示でいろいろなことができるようになったトオルさん……120

事例**8** 自宅の環境調整をして生活をリセットしたエリザさん……122

第6章 私たちの行動のわけ
── 行動の生じる理由と対応を知る ──

第1節 行動の理解……128

1 行動障害と環境要因……128

2 行動障害と学習……128

3 行動に対する機能的なアセスメント……129

4 行動の機能のアセスメント……133

第2節 行動障害への対応のヒント……138

1 なぜ困った行動が生じるのか……138

2 行動障害に対応するために……140

事例**9** 見通しがもてたことで支援員へのこだわりがなくなったタカヒロさん……142

事例**10** 見通しのできる生活で透析治療を続けるアキラさん……144

第7章 医療と一緒に
── 福祉と医療の連携 ──

第1節 行動障害と医学的な診断……150

1 行動障害の主な状態像……150

2 診断……150

3 診断・評価することの重要性……152

4 行動障害が起きやすい状況・環境……153

第2節 行動障害と医療的アプローチ……156

1 行動障害に有効な支援……156

2 薬物療法でできること……156

3 入院でできること……159

第3節 福祉と医療の連携……163

1 福祉と医療のそれぞれの役割……163

2 よりよい連携のために ── 医療機関がほしい情報 ── ……164

3 福祉と医療の連携 ── 事例を通して ── ……166

事例**11** ゲストスピーカーとして語るようになったノリオさん……172

事例**12** 将来の不安を解消しグループホームで暮らすカズヤさん……174

第8章 支える仕組み
── 制度理解のヒント ──

第1節 障害者権利条約と行動障害 ……178
1 障害者権利条約とは ……178
2 条約が求めることと日本での課題 ……179
3 障害者権利条約と日本の制度 ……181
4 障害者権利条約と行動障害 ……182

第2節 行動障害のある人を支える制度 ……185
1 行動障害のある人を取り巻く法制度 ……185
2 障害者総合支援法・児童福祉法(障害児支援) ……187
3 基本の仕組み ……188
4 総合支援法のサービス概要 ……190
5 行動障害のある人への基本的対応 ……191
6 障害者総合支援法・児童福祉法の改正 ……192
7 障害福祉サービス報酬の改定 ……199

事例13 重度訪問介護を利用して穏やかに過ごすようになったヒロノブさん ……202
事例14 支援会議を重ねてチームで支えているタケルさん ……204

第9章 そのとき、あなたはどうしますか
── 障害者虐待、身体拘束、行動制限の防止は支援の向上から ──

第1節 障害者虐待防止法とは ……210
1 障害者虐待防止法成立までの経緯 ……210
2 障害者虐待防止法の概要 ……210

第2節 行動障害と虐待 ……218
1 障害者虐待対応状況調査 ……218
2 行動障害のある人と虐待 ……219

第3節 虐待をしない・させないために ……221
1 深刻な虐待事案の背景 ……221
2 施設、事業所における虐待防止に関する組織的な取組み ……221
3 職員の行動障害に関する専門的な知識や支援技術の向上 ……225

事例15 虐待やいじめで心に傷を負っているケンジさん ……226
事例16 家族全体をサポートすることで地域で生活を続けるマサシさん ……228

第10章 ひとりで悩まないで
── 支援者ケアの大切さ ──

第1節 福祉の仕事と感情労働 ……… 232
1 福祉に従事する支援者の大切さ ……… 232
2 支援をしていくうえでの悩みや葛藤 ……… 232
3 感情はどこからくるのか ……… 233
4 福祉における「感情ルール」と「感情労働」 ……… 234

第2節 支援者ケアと虐待防止 ……… 236
1 行動障害と支援者の感情 ……… 236
2 行動障害と虐待 ……… 236

第3節 支援者をケアする方法 ……… 238
1 自分の感情に気づく ……… 238
2 自分の感情のバランスを保つために ……… 239
3 仲間を守るためのチームケア ……… 240
4 スタッフを守るための組織的ケア ……… 242
5 障害のある人も支援者もハッピーに ……… 243

事例17 受入れ先がない状態から少しずつ
サービスを使って通所できるようになったアイさん ……… 245

事例18 スタッフとの安心できる人間関係ができて落ち着いてきたイワオさん ……… 247

第11章 豊かな世界
── 行動障害のある人のもつ可能性 ──

行動障害のある人の才能や豊かさ ……… 252
1 行動障害のある人とアート ……… 252
2 アール・ブリュットとは ……… 254
3 行動障害のある人をとらえ直すアートという視点 ……… 256

事例19 絵画制作が生活の安定につながっているタクヤさん ……… 258

事例20 生活介護に通うことができなくなったヒロムさん ……… 260

第12章 行動障害のある人の暮らしを支えるために

第1節 地域で行動障害のある人を支えるために ……… 266
1 ライフステージを見通した支援 ……… 266
2 「困った人」ではなく「困っている人」 ……… 267
3 「予防」のための支援を組み立てる ……… 269
4 組織として取り組むことの大切さ ……… 270

5 支援の６つの原則 ····· 271

第2節 地域で支えるためのチームアプローチ ····· 274

1 それぞれの場面をチームで支える ····· 274
2 さまざまな協力体制をつくる ····· 274
3 根拠（エビデンス）に基づくチームアプローチ ····· 275
4 チームにおける情報や課題の共有方法 ····· 276

事例21 チームアプローチで自宅での生活を続けているヨシノリさん ····· 278

事例22 周囲の理解と配慮で一般就労を続けてきたユウマさん ····· 280

強度行動障害支援者養成研修［基礎研修・実践研修］演習資料 ····· 285
行動障害基礎的用語 インデックス ····· 326
あとがきにかえて
執筆者一覧

コラム

1 支援者の君たちへ ····· 21
2 グループホームでの支援 ····· 52
3 障がい者地域生活・行動支援センターか～むの取組み ····· 91
4 コミュニケーションツールとしてのICTの活用 ····· 124
5 自閉スペクトラム症の子どもたちの学ぶ力と合理的配慮 ····· 146
6 学校教育との有意義な連携に向けて ····· 207
7 組織で取り組むことの大切さ ····· 249
8 家族の気持ち ····· 262
9 これからの行動障害のある人への支援のあり方 ····· 282

本書の活用の仕方

　本書は、行動障害のある人たちの支援にかかわる人たちに、支援の考え方や具体的な方法について学んでいただくために作成しました。また、強度行動障害支援者養成研修のテキストとしても使用できるようになっています。

　強度行動障害支援者養成研修は、基礎研修が平成25年度より、実践研修が平成26年度より実施されるようになりました。また、平成27年度からは行動援護従業者養成研修のカリキュラムが基礎研修・実践研修のカリキュラムと、重度訪問介護従業者養成研修（行動障害支援課程）のカリキュラムが基礎研修のカリキュラムと統合されました。

　強度行動障害支援者養成研修のカリキュラムは厚生労働省の通知「強度行動障害支援者養成研修事業の実施について（運営要領）」（平成29年8月3日障発0803第1号）により示されていますが、本書はそのカリキュラムに沿った内容となっています。

　また、平成30年度の障害福祉サービス等の報酬改定により強度行動障害支援者養成研修を受講することによる加算の対象が大きく広がりました。

■ 基礎研修について

　基礎研修においては、受講対象として、日々障害のある人たちの支援に直接かかわっている支援者のみなさんを想定しています。現場で支援をするなかでは、障害のある人たちとのかかわり方についてさまざまに試行錯誤がなされていると思います。そのなかでは行動上の課題を抱えた人たちへの支援で悩むこともあるかもしれません。行動上の課題を抱えている人たちへの支援は、自分の経験や感覚だけではうまくいかないことも多いものです。

　基礎研修では、現場の支援に直接かかわっているみなさんに、行動上の課題を抱えやすい自閉スペクトラム症のある人の困り感や困難さを体験も含めて理解してもらうこと、基本的な障害特性を理解して支援手順書に沿って適切な支援ができるようになることを目指しています。

（➡基礎研修内容：x・xi頁）

■実践研修について

実践研修においては、受講対象として、支援現場の経験をふまえて、障害のある人への支援の内容を自ら組み立て、チーム内に指示を出す人たちを想定しています。行動上に課題を抱える人たちの支援は、現場の支援者のみなさんも何かと悩むことが多いものです。そのようななかで、支援の見立てを行い、計画を作成し、チーム内で支援内容を共有していくことができる人は非常に重要です。

実践研修では、障害特性についてさらに理解を深め、本人の状態や本人を取り巻く環境のアセスメントを行い、適切な支援方法や環境への配慮を考え、現場の支援者が適切な支援を共通して行うための支援手順書を作成することができるようになることを目指しています。

（➡実践研修内容：xii・xiii頁）

全国地域生活支援ネットワークにおける強度行動障害支援者養成研修では、研修を通して、本人が一番困っている状態に置かれていること、行動障害はつくられた二次障害であること、障害特性を理解して支援内容や環境へ配慮していくことが必要であること、行動障害にならない予防的な支援が大切であることなどに気づいてもらい、支援者のみなさんが実際に行動上の課題を抱える人たちへの支援にかかわるときに、その背景や一人ひとりへの配慮や支援方法について「考える力」を身につけてもらいたいと思い、プログラムを組み立てました。

本書の活用とあわせて全国地域生活支援ネットワーク版の強度行動障害支援者養成研修の受講もおすすめします。

●「知的障害」の表記について

2013年にアメリカ精神医学会より公表されたDSM-5（『精神疾患の診断・統計マニュアル』）において、「知的障害」は「知的能力障害」という呼称に整理されました。ただし、一般的に「知的障害」という呼称が広く普及していることから、本書では、医学的な解説以外は「知的障害」という表記を用いています。

強度行動障害支援者養成研修〔基礎研修〕：12時間

厚生労働省カリキュラム				講義名及び
科目名	時間数		内容	
講義				
1 強度行動障害がある者の基本的理解	2.5	①強度行動障害とは	本研修の対象となる行動障害	講義「プロローグ ——強度行動障害のある人についての基本的な理解——」： 強度行動障害とは（1）
			強度行動障害支援の歴史的な流れ	
			強度行動障害の定義	
			行動障害と家族の生活の理解	
			危機管理・緊急時の対応	
			知的障害／自閉症／精神障害とは	講義「私たちのことを知ってほしい ——強度行動障害に関係する障害について——」： 強度行動障害とは（2）
		②強度行動障害と医療	強度行動障害と精神科の診断	講義「医療と一緒に——福祉と医療の連携——」： 強度行動障害と医療
			強度行動障害と医療的アプローチ	
			福祉と医療の連携	
2 強度行動障害に関する制度及び支援技術の基礎的な知識	3.5	③強度行動障害と制度	自立支援給付と行動障害／他	講義「支える仕組み——制度理解のヒント——」： 強度行動障害と制度
		④構造化	構造化の考え方	講義「ボクらと世界のつながり方 ——環境を整えることと表出性コミュニケーションの大切さ——」： 構造化
			構造化の基本と手法	
			構造化に基づく支援のアイデア	
		⑤支援の基本的な枠組みと記録	支援の基本的な枠組み	講義「支援についての基本的なこと ——支援のプロセスと記録——」： 支援の基本的な枠組みと記録
			支援の基本的なプロセス	
			アセスメント票と支援の手順書の理解	
			記録方法とチームプレイで仕事をする大切さ	
		⑥虐待防止と身体拘束	虐待防止法と身体拘束について	講義「そのとき、あなたはどうしますか ——障害者虐待、身体拘束、行動制限の防止は支援の向上から——」： 虐待防止と身体拘束
			強度行動障害と虐待	
		⑦実践報告	児童期における支援の実際	講義「支援の現場から——事例紹介——」： 実践報告
			成人期における支援の実際	
演習				
1 基本的な情報収集と記録等の共有	1	①情報収集とチームプレイの基本	アセスメントとは	演習「知ることから始めよう ——根拠をもって支援する——」： 情報収集とチームプレイの基本（1）
			情報の入手とその方法	
			記録とそのまとめ方と情報共有	演習「お互いに共有しよう——記録と情報共有——」： 情報収集とチームプレイの基本（2）
2 行動障害がある者の固有のコミュニケーションの理解	2.5	②固有のコミュニケーション	コミュニケーションの理解と表出	演習「わかりにくいんです ——伝わりにくさを体験しよう——」： 固有のコミュニケーション（1）
			グループ討議／まとめ	
			様々なコミュニケーション方法	演習「本人にわかりやすい環境と活動 ——支援手順書を使って——」： 固有のコミュニケーション（2）
3 行動障害の背景にある特性の理解	2.5	③行動障害の背景にあるもの	感覚・知覚の特異性と障害特性	演習「私たちが困っていること ——感覚の違いを体験しよう——」： 行動障害の背景にあるもの（1）
			行動障害を理解する氷山モデル	演習「本当の理由を考えよう ——氷山モデルで考える——」： 行動障害の背景にあるもの（2）
			グループ討議／まとめ	
			追加講義 1時間を設定	講義「ひとりで悩まないで ——支援者ケアの大切さ——」：

全国地域生活支援ネットワークカリキュラム		
本書該当	内容	
➡第1章	強度行動障害とは：本書の守備範囲	
	行動障害のある人への支援のこれまで	
	行動障害のある人が困っていること	
	行動障害への挑戦の意義と必要性	
➡第2章	危機管理・緊急時対応	
➡第3章	自閉スペクトラム症について	
	知的能力障害／精神障害について	
➡第7章	行動障害と精神科の診断	
	行動障害と医療的アプローチ	
	福祉と医療の連携	
➡第8章	行動障害のある人を支える制度	
➡第5章	構造化の基本と手法	
	表出性コミュニケーションの大切さ	
➡第2章	支援の基本的枠組み	
	サービス等利用計画について──支援の基本的プロセス──	
	個別支援計画と支援手順書について	
	行動障害のある人の意思決定支援	
	記録と情報共有	
➡第9章	障害者虐待防止法とは	
	行動障害と虐待	
➡事例・コラム	児童期における支援の実際	
	成人期における支援の実際	
➡第4章・演習4	アセスメントとは	「アセスメント」
	情報の入手とその方法	
➡演習6	記録とそのまとめ方と情報共有	「記録と情報共有」
➡演習2	コミュニケーションの理解と表出	「意味のわからない言葉での指示」
		「視覚と聴覚で違う情報」
		「わかりにくい提示」
	グループ討議・まとめ	
➡演習3	さまざまなコミュニケーション方法	「整えられた環境での活動」
➡演習1	感覚・知覚の特異性と障害特性	「作業（視覚的な手がかりがない場合、ある場合）」
		「作業（軍手をはめて）」
		「騒がしい環境での聞き取り」
		「狭い視野での活動」
➡演習5	行動障害を理解する	「氷山モデル」
	氷山モデル	
	グループ討議・まとめ	
➡第10章	※「ひとりで悩まないで──支援者ケアの大切さ──」（60分）は 　独自に加えた内容であるため、研修時間数もその分長くなっています。	

強度行動障害支援者養成研修〔実践研修〕：12時間

厚生労働省カリキュラム				講義名及び
科目名	時間数	内容		
講義				
1 強度行動障害の ある者への チーム支援	2	①強度行動障害 支援の原則	地域で強度行動障害の人を支える	講義 「行動障害のある人の暮らしを 支えるために」： 強度行動障害支援の原則
			チームによる支援の重要性	
			支援の6つの原則	
2 強度行動障害と 生活の組み立て	2	①行動障害の ある人の生活と 支援の実際	日中活動場面における支援	講義 「行動障害のある人の生活と支援」： 行動障害のある人の生活と 支援の実際（1）
			夕方から朝にかけての支援	
			外出場面における支援	
			行動障害のある人の家族の想い	講義 「家族の想い」： 行動障害のある人の生活と 支援の実際（2）
演習				
1 障害特性の 理解と アセスメント	2.5	①障害特性と アセスメント	障害特性の理解	演習 「適切な支援を組み立てる （予防モデル） ——行動のアセスメント——」： 障害特性とアセスメント（1）
			障害特性に基づくアセスメント	
			行動の意味を理解する	演習 「行動上の課題に対応する （行動障害対応モデル） ——支援手順書の作成——」： 障害特性とアセスメント（2）
2 環境調整による 強度行動障害の 支援	3.5	①構造化の 考え方と方法	強みや好みを活かす視点	演習 「適切な支援を組み立てる （予防モデル） ——支援手順書の作成——」： 構造化の考え方と方法（1）
			構造化の考え方	
			構造化の方法	演習 「行動上の課題に対応する （行動障害対応モデル） ——支援手順書の作成——」： 構造化の考え方と方法（2）
3 記録に基づく 支援の評価	1	①記録の 収集と分析	行動の記録の方法	演習 「行動上の課題に対応する （行動障害対応モデル） ——記録とアセスメント——」： 記録の収集と分析
			記録の整理と分析	
			再アセスメントと手順書の修正	
4 危機対応と 虐待防止	1	①危機対応と 虐待防止	危機対応の方法	演習 「危機対応と虐待防止」： 危機対応と虐待防止
			虐待防止と身体拘束	

全国地域生活支援ネットワークカリキュラム	
本書該当	内容
➡第12章	地域で行動障害のある人を支えるために
	地域で支えるためのチームアプローチ
➡事例	日中活動（生活介護など）における支援の実際
	暮らしの場（家庭やグループホームや施設など）における支援の実際
	外出（行動援護など）における支援の実際
➡コラム	家族の気持ち
➡演習1	アセスメントシートの説明（障害特性の理解）
	アセスメントシートの記入（障害特性に基づくアセスメント）
	氷山モデルシートの記入（行動の意味を理解する）
➡第6章・演習2	氷山モデルシートの記入 ストラテジーシートの記入 （行動の意味を理解する）
➡演習1	本人の特性を活かした支援を組み立てる （強みや好みを活かす視点）
	必要な配慮（構造化）を考える （構造化の考え方）
	支援手順書の作成 （構造化の方法）
➡第6章・演習2	本人の特性を活かした支援を組み立てる （強みや好みを活かす視点）
	必要な配慮（構造化）を考える （構造化の考え方）
	支援手順書の作成（構造化の方法）
➡演習2	行動記録用紙の活用 （行動の記録の方法） （再アセスメントと支援手順書の修正）
	氷山モデルシートの記入 ストラテジーシートの記入 （行動記録の整理と分析）
➡演習3	危機対応の取組み（危機対応の方法）
	虐待・拘束を生まない取組み・環境（虐待防止と身体拘束）

強度行動障害支援者養成研修（基礎研修）達成度チェックリスト 以下の質問に ○×を記入してください

NO	質問	受講初日	受講最終日
1	行動障害は成長とともに自然になるもので支援のあり方とは関係がない。		
2	行動障害とは、障害特性と環境との相互作用で引き起こされている。		
3	自閉スペクトラム症は知的障害の1つである。		
4	パニックは自閉スペクトラム症の障害特性である。		
5	支援者の言葉をすぐに繰り返す自閉スペクトラム症の人は、支援者の話し言葉をよく理解している。		
6	自閉スペクトラム症の人に対する支援は、必ずいつも特定のスタッフで同じ場所で同じ活動をするのがよい。		
7	他害、破壊行為等が生じたため、自室に入れ施錠をすることは、身体的虐待になる。		
8	行動障害が激しい場合、身体拘束は行ってもよい。		
9	何ごとも、失敗のなかから学びとるものなので、自閉スペクトラム症の人も失敗から学ぶことが大切だ。		
10	人込みで耳ふさぎをする自閉スペクトラム症の人がいるが、慣れることが大切なので耳ふさぎをしないように促すのがよい。		
11	視覚支援とは、絵カードを使って伝えることのみである。		
12	構造化は、自閉スペクトラム症の特性に基づき、目で見てわかる支援をしたもののみである。		
13	視覚支援は、必要な時期にだけ使えばよく、長期的にはなくしていくことが望ましい。		
14	自閉スペクトラム症の人にはバリアフリーの目的で衝立等の枚数は増やすほうがよい。		
15	支援で最も大切なものは、パニックへの対応である。		
16	自閉スペクトラム症の人がしてはいけないことを繰り返すときは、その行動を止めるまで「×」のサインを出したり、「ダメ」を伝え続けたりする必要がある。		
17	アセスメントとは、主として初回の面接時や計画を立てるときにだけ行うもので、サービス提供責任者や相談支援専門員のような役割の人がするものである。		
18	家族や前担当者等の情報は、利用者への支援の参考になるので積極的に収集したほうがよい。		
19	個々のスタッフが思いついた支援をそれぞれで行っても、利用者の応用する力がつくので特に問題はない。		
20	支援のためのアイデアや支援方法は担当支援者が責任をもって一人で考えることが望ましい。		

強度行動障害支援者養成研修（実践研修）達成度チェックリスト 以下の質問に ○×を記入してください

NO	質問	受講初日	受講最終日
1	行動障害が起きてしまった人たちへの支援を考えることも大切だが、それ以前に、行動障害が起きないように支援していく「予防」の視点が重要である。		
2	福祉従事者による障害者虐待と認定される件数のなかには、一定の割合で行動障害のある人への虐待が含まれている。		
3	強度行動障害が起きる背景を知るための考え方や課題整理にあたっては、氷山モデルの考え方が参考になる。		
4	【いつ・どこで・何を・どのように・どのくらい・次は】などの情報を障害の重い人にもわかりやすく伝えることが大切である。		
5	強度行動障害を有する者は、自傷・他害行為など、危険を伴う行動を頻回に示すなどを特徴としているが、施設等において適切な支援を行うことにより、危険を伴う行動の回数が減少するなど支援の有効性が報告されている。		
6	自閉スペクトラム症の人への支援では、その障害特性に配慮して、どの利用者にも同じように、全員一律の支援をしていくことが望ましい。		
7	限られたスタッフの対応で、他害、破壊行為等が生じたため、やむを得ず自室に入れ施錠をすることは身体的虐待にならない。		
8	行動障害が激しい場合、本人や周囲を守るための多少の身体拘束は虐待にはあたらない。		
9	不適切な行動は、本人がすることがわからないときに起こることが多い。		
10	大人になったら、社会的な場面において多くの人たち（集団）のなかに入って活動することが中心となるので、多少騒々しく人の多い環境であっても、慣れてもうらうために参加させたほうがよい。		
11	強度行動障害を有する者は支援が難しいので、施設入所支援等の限られた専門施設の中で生活を支えていくのが望ましい。		
12	行動観察の記録は、できるだけ客観的で詳細な内容がよい。		
13	チームとして誰が支援にかかわっても、支援の手続きを一貫して提供できるように、そのやり方や手順についての詳細等が示された「支援手順書」を整備しておく必要がある。		
14	支援の出発点は、その人の自閉スペクトラム症の特性を正しく理解し、環境との相互作用のなかで、どのような生きづらさが生じているのかを把握していくところから始まる。		
15	個別の支援手順書の作成は、障害者総合支援法のなかで加算の要件となっているが、必要であれば対象とならない人にも作成したほうがよい。		
16	強度行動障害の支援現場で熱心にまじめに取り組んでいる支援者ほどバーンアウト（燃え尽き症候群）に陥ってしまうことがある。貴重な人材を失わないためにも支援者ケアについての整備を事業所として進める必要がある。		
17	どんなに困難なケースであっても、医療機関や関係機関には頼らず、まずは自分たちで支援をしなければならない。		
18	強度行動障害を有する者への支援では、得意なことや本人の強みを活かす支援が大切である。		
19	支援手順書はアセスメントによる本人の障害特性の理解、氷山モデルによる行動の背景分析が基となる。		
20	事故などが起こったときには、その要因を分析し、スタッフと共有して、今後の対策を立てることが大切である。		

第1章 プロローグ

――強度行動障害のある人についての
基本的な理解――

| 第1節 | 行動障害のある人の豊かな世界 |

1 なぜ行動障害のある人の支援を学ぶのか

1 本書を手にしたみなさんへ

　本書は、行動障害のある人への支援を学ぼうとするみなさんへ、行動障害に対する基本的な理解と、実際の支援に向けた基礎を習得してもらうことを目的としています。この本の読者は、すでに行動障害のある人の支援に直接かかわる経験のある人、他の支援者がかかわる様子を観察したり、その支援に関する話を聞いたりしただけの人などさまざまだと思います。私たちはなぜ日常的な支援のなかで利用者に寄り添いながら「誠心誠意」支援をしていくだけではなく、行動障害についてあらためて学ぶ必要があるのでしょうか。それは、「誠心誠意、支援をするだけでは、必ずしもうまくいくとは限らない、逆に状態をひどくすることも少なからずある」からです。

2 行動障害のある人を支援するために

　行動障害のある人たちの支援を行うためには、みなさんがこれまで身につけてきた知識や経験、理論や実践を整理し、さらに追加の知識や情報、技術を身につけていく必要があります。そうでなければ、よかれと思って「誠心誠意」行った支援が、行動障害をより対応困難にしたり、利用者が生活しにくくなる結果を導いたりすることにもなりかねません。行動障害のある人への支援は、「誠心誠意」取り組むだけではうまくいかないということを、知るべきです。

　行動障害への支援は、強度行動障害といわれる人たちへの支援が始まる以前から、さまざまな立場・方法から取り組まれてきました。本書はそれらの成果をふまえながら、目の前にいる行動障害のある利用者に向かい合うために必要な「考える力」を身につける手がかりをつかんでもらうための道案内になればと考えています。

CHECK POINTS

①利用者に寄り添いながら「誠心誠意」支援をするだけでは、行動障害のある人たちの支援はうまくいきません。

②行動障害のある人の支援を行うには、知識・情報・技術・考える力を身につけることが大切です。

2 彼らの豊かな世界

1 彼らの行動は本当に問題なのか?

　行動障害のある人たちは、支援する側からするとその対応が難しいと思われることがあります。対応が難しい行動の背景には、自閉スペクトラム症や、知的障害、あるいは過敏性などの問題が関係すると考えられています。本書においても基本的にこれらの要因が行動障害と深くかかわっていると考えています。しかし、ここでは彼らの行動の特異性について少し視点を変えて、彼らの視点から考えてみましょう。

　自閉スペクトラム症（Autism Spectrum Disorder：ASD）の人たちの診断に際しては、「対人関係の問題（コミュニケーション行動の問題も含む）」や「行動のパターン化などの同一性保持の問題」や「興味関心が広がりづらい」といった行動特性の有無が重要となります。つまり、私たちとは異なる次元で上記のような特性をもつことが診断につながります。しかし、診断をする側にとってはそれらの行動の有無は重要ですが、「自閉スペクトラム症・ASD」と診断を受けた人にとって、それらの行動は本当に「問題」なのでしょうか。このことについて、以下のドナ・ウィリアムズさんの著書（ドナ・ウィリアムズ著、河野万里子訳『自閉症だったわたしへ』新潮社、1993年）の引用から考えてみましょう。彼女の手記は日本においてかなり早い時期に、自閉スペクトラム症者本人による作品として紹介されました。下線の部分は、筆者が加えています。

　　わたしは、空中にはさまざまな丸が満ちていることを発見した。じっと宙を見つめると、その丸がたくさん現れる。その魔法の世界を邪魔するのが、部屋の中を歩き回る人々だ。わたしは人を見ないようにする。あれは、単なるごみ。わた

プロローグ ——強度行動障害のある人についての基本的な理解—— **3**

しは一心に、きらめく丸の中に同化したいと願い、ごみは無視してその向こうを透視しようとする。(中略)

　わたしには、そうした人々の口から出ることばなどはどうでもよかった。だが彼らの方は、そうではなかった。わたしが答えるのを期待し、待っている。答えるためには、私は自分が何と言われたのか理解しなければならない。だが、心を飛び立たせていろいろな物に同化するのがあまりに楽しくて、ことばを理解するなどという平面的な行為については、とても興味が向かなかった（同書、19〜20頁）。

　わたしのまわりには、色もあざやかなさまざまな衣類があり、つやつやと輝くたくさんの靴があり、数字の順番に並べられた箱の列があった。しかもそれらはすべてケースや棚の中にきちんとおさまっていて、さらにケースも棚も、通路ごとに整然と区分けされている。まるでわたしは夢の国にいるようだった。……それは、保証とやすらぎの世界だった（同書、118頁）。

　これらの文章から伝わってくることは、自閉スペクトラム症者の行動特性は、本人にとってはごく当たり前のことであり、人に対する関心の薄さや行動の同一性の保持は、むしろ環境のなかで適応する手段として用いられている可能性が高いということです。そしてもう１つ関心をもってほしいのは、彼女の精神世界です。「空中にはさまざまな丸が満ちていることを発見した」ことがきっかけとなり、他人への興味のなさについての説明が展開されています。また、「きちんとおさまって」いて「整然と区分けされている」ことが「夢の国にいるよう」で「保証とやすらぎの世界」をもたらしていると書かれています。つまり、ここでは彼女は自らの世界の理解の仕方について、何ら困っているようにはみえません。むしろ、彼女が困っているのは次のようなことかもしれません。それは、彼女の「他人に対する関心の低さ」や「言葉の習得の遅れ」といった状態、「同一性の保持への関心の高さ」といった特徴を周囲の人から「問題視」されることです。彼女は、私たちとともに生活することで、初めて困難に直面することになるのです。

2 一人ひとり理解の仕方や感じ方は違う

　ドナ・ウィリアムズさんの例からわかるように、これらの行動特徴の背景にあるのは、私たちとは「異なるように、世の中のことを理解できる力」であるといえます。

同じものを見て、聞いて、触れて、嗅いでも同じように感じているかどうかは、私たち支援者同士でさえ、相手のことは実はわかりません。このことは、非常に重要です。本来、人は「その人として」しか、この世界を理解できないのです。他の人の感じ方と自分の感じ方は異なるということが前提になってくると、「（物事を）どのように感じるべきか」ということは、あまり重要な問いではないと思えてきます。なぜならば、私たちは、それぞれ異なって世界を認識していてもおかしくないからです。

　これまで、私たちが世の中の理解や認識をしていくうえで、各人の理解の共通部分に強い関心を払ってきました。この共通部分への関心の強さは、「誰もが同じように感じたり、理解したりしている」という誤解に私たちを導きます。行動障害がある人の支援においては、この共通部分ではなく、支援を受ける人の独自の理解のあり方や興味関心の方向性に目を向けなければなりません。このことが、行動障害のある人の行動を理解する第一歩になります。例えば、暑さに弱い人は、すぐにエアコンの温度を下げようとしますが、そうすると冷え性気味の人に顰蹙を買ってしまうのと同様に、同じ場所にいても場面の感じ方や理解が異なると、そのことが異なる行動のきっかけになるのです。

3 多様性や独創性は「創造の鍵」

　私たちがかかわる障害のある人たちのなかでは、自閉スペクトラム症の人たちだけでなく、知的障害や精神障害のある人たちも、私たちとは異なる豊かな精神世界をもっていると考えられます。そのことは、私たちの精神世界に大きな刺激や可能性を与えてくれます。障害が軽い、重いといった能力に対する制約的な見方だけではなく、物事の見方や感じ方の多様性や独創性といった視点を取り入れることができれば、私たちはより多くの支援の選択肢や新しい社会を構築する創造の鍵を得ることになるのではないかと考えます。

　障害のある人たちの豊かな世界については、第11章であらためて紹介します。

プロローグ ——強度行動障害のある人についての基本的な理解—— **5**

CHECK POINTS

①人はそれぞれ物事の理解や認識の仕方が違います。この一人ひとり違う理解や認識の仕方が、異なる行動につながっていくのです。

②障害のある人の世界の理解の認識は独創的で豊かです。それらが行動障害のきっかけとなることも少なくありません。

③障害をマイナスな見方だけではなく、理解や認知の多様性や独創性といった視点からとらえることが創造的な支援の鍵となります。

第2節	行動障害について知る

1 強度行動障害とは：本書の守備範囲

「強度行動障害」という概念は、日本の障害福祉サービスの提供の過程で誕生した日本独特のものです。「行動障害」の用語は、behavior disorderの日本語訳として用いられていますが、当初この用語は、「行動異常」と訳されることが多かったといわれています。そしてこの「行動異常」の指すものは、自閉的な行動や夜尿、チック、睡眠障害、吃音といった言語障害、小児における精神障害など広範囲にわたっていました（長畑 2000）。

本書で扱う「強度行動障害」という概念が初めて登場したのは、1989（平成元）年、行動障害児（者）研究会による「強度行動障害児（者）の行動改善および処遇のあり方に関する研究」の報告書のなかにおいてでした。

当時示された定義は、以下のようなものです。

強度行動障害とは（定義）
精神科的な診断として定義される群とは異なり、直接的他害（噛みつき、頭突き等）や、間接的他害（睡眠の乱れ、同一性の保持等）、自傷行為等が通常考えられない頻度と形式で出現し、その養育環境では著しく処遇の困難なものであり、行動的に定義される群。
家庭にあって通常の育て方をし、かなりの養育努力があっても著しい処遇困難が持続している状態。

従来の行動障害においては、その行動の型や頻度、激しさ（強度）について評価をしながら、取組みの必要性や緊急性を検討していました。「強度行動障害」の概念は、取り組むべき行動面の問題がある者をその行動型と激しさをセットにした11種類に類型化し、さらに頻度で重みづけをしながら選びだす（「強度行動障害判定基準」：80頁参照）ことにより、支援サービスを受ける対象者を選んでいくものでした。

行動の型と激しさをセットにした11種類の行動は、具体的には「ひどい自傷」「強い他傷」「激しいこだわり」「激しいもの壊し」「睡眠の大きな乱れ」「食事関係の強い障害」「排泄関係の強い障害」「著しい多動」「著しい騒がしさ」「パニックがもたらす結果が大変なため処遇困難」「粗暴で相手に恐怖感を与えるため処遇困難な状態」といったものでした（「強度行動障害特別処遇事業の実施について」（平成5年4月1日児発第310号厚生省児童家庭局長通知））。この「強度行動障害」の概念は、1993（平成5）年から開始された強度行動障害特別処遇事業によって施設内サービスの充実を目指すものと

して期待されましたが、1998（平成10）年に強度行動障害特別処遇事業が廃止され、2003（平成15）年の支援費制度の導入と行動援護サービスの開始、2005（平成17）年の障害者自立支援法の成立に伴う新しいサービス体系に向けた制度改革のなかで、その役割を終えました。その後は、障害者自立支援法で導入された「行動援護」の支給決定に用いられた新たな基準が、行動障害のある人へのサービス提供の決定に大きな役割を果たしています。この新旧２つの基準には共通する部分はありますが、対象者の状態像において異なる側面を評価しているといわれています。

　本書がその取組みの対象とするのは、強度行動障害およびその辺縁の行動障害です。先に行動障害の概念が非常に広いものであることは述べました。また、近年では、行動面における課題となる状況として、著しい非行などを反復して行う行為障害（素行症；conduct disorder）や触法行為も行動面の問題であるととらえる場合もあります。また、興奮、混乱、混迷、拒絶などの急性期における精神科症状も行動障害の枠組みのなかでとらえることは可能であると思います。しかし、本書においては、行為障害、触法行為、精神科における急性期の症状といった行動面における問題は、主たる守備範囲からは外しています。それは、強度行動障害の概念が知的障害者のよりよい処遇を模索するなかで誕生したものであり、その研究過程で自閉症の特性との関連が次第に明らかにされることにより、支援のあり方の工夫や方向性が明らかになりつつあるからです。

　本書では、これまでの強度行動障害の支援の実践や研究の成果をふまえて、行動障害のある人の地域生活での支援に取り組むための基礎的な理解やスキルを身につけることを目的としています。先にあげた行為障害、触法行為、精神科における急性期の症状といった問題にも知的障害や自閉スペクトラム症が関連したケースもあるので、このようなケースへのアプローチをスムーズに行うためにも、目の前にある、強度行動障害とその辺縁の行動の問題に取り組んでいく力をつけることが大切でしょう。

CHECK POINTS

①「強度行動障害」とは、知的障害者に伴う重い行動障害への取組みの充実を図るためにつくられた概念です。

②「行動援護」の支給決定基準は、行動面の問題の新たな評価方法として用いられています。

2 行動障害のある人への支援のこれまで

　1989（平成元）年に強度行動障害の用語が初めて提起され、1993（平成5）年の強度行動障害特別処遇事業において、施設におけるサービスの提供が行われるようになりました。では、それ以前には、行動障害のある人たちの支援の枠組みは存在しなかったのでしょうか。

　そうではありません。強度行動障害の概念が提案されるまでの支援の枠組みは、「重度」の精神薄弱児（知的障害児）や「動く重症児」への支援のなかで取り組まれてきた経緯があります（「精神薄弱」の用語は、法改正により1999（平成11）年4月より「知的障害」に変更されています）。重度の精神薄弱児（知的障害児）の支援は、1958（昭和33）年国立の秩父学園設立によりそのスタートが切られました。また、重度の知的障害と重度の身体障害が重複している状態を「重症心身障害」といいますが、これらの子どもの専門施設である島田療育園が設立されたのは1961（昭和36）年です。その後1970年代に入り、これらの重症心身障害児施設の中でクローズアップされてきたのがいわゆる「動く重症児」の存在でした。「重度」の知的障害においても「動く重症児」においても、それぞれの規定において行動障害（異常行動）の有無が1つの要件となっていました。

　日本において行動障害の処遇を行う場は、主に入所施設でした。深刻な行動障害のある人を施設において、より手厚く支援する方法を模索するという考えに基づいて取り組まれてきたのが、飯田を代表とする行動障害児（者）研究会（1988～1989年）の研究でした。この研究において強度行動障害の概念が提起され、強度行動障害特別処遇事業（1993（平成5）年）は始まります。しかし、この事業も1998（平成10）年に廃止され、2000（平成12）年の社会福祉法の成立、2003（平成15）年の支援費制度の導入と行動援護サービスの開始、2005（平成17）年に成立した障害者自立支援法に基づく新しいサービス体系への移行（新事業体系への移行は2006（平成18）年10月から）といった制度改革のなかで、サービス支給対象を判定するために用いられていた「強度行動障害判定基準」は用いられないものになっていきました。現在の行動障害のある人への支援に際しては、「行動援護」の支給決定基準を用いて状態の評価を行うことになっています。このような現状をふまえ、2015（平成27）年から強度行動障害支援者養成研修が始まることになりました。

プロローグ ——強度行動障害のある人についての基本的な理解—— **9**

これまでの行動障害のある人への支援の経緯を図1-1に示します。

図1-1　強度行動障害への支援施策の変遷

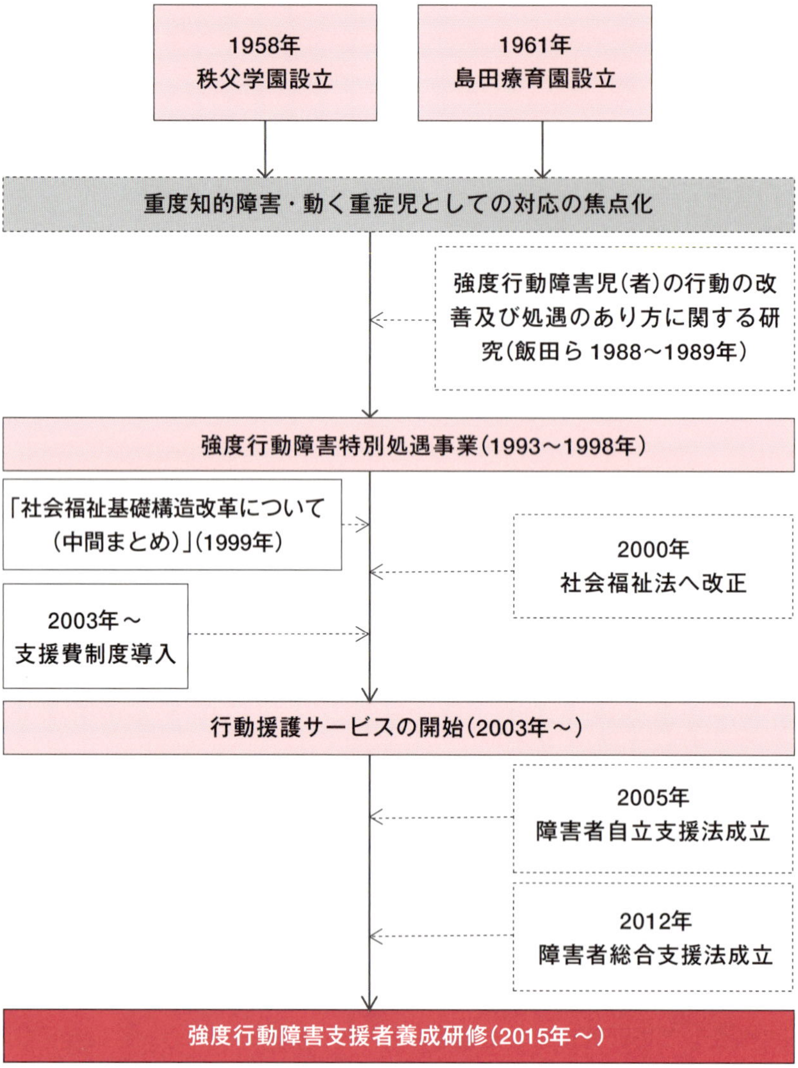

```
┌──────────────┐      ┌──────────────┐
│   1958年     │      │   1961年     │
│  秩父学園設立  │      │ 島田療育園設立 │
└──────────────┘      └──────────────┘
        │                    │
        ▼                    ▼
┌────────────────────────────────────────┐
│  重度知的障害・動く重症児としての対応の焦点化  │
└────────────────────────────────────────┘
        │           ┌──────────────────────────┐
        │  ◁┄┄┄┄┄│ 強度行動障害児(者)の行動の改 │
        │           │ 善及び処遇のあり方に関する研 │
        │           │ 究(飯田ら 1988～1989年)   │
        │           └──────────────────────────┘
        ▼
┌────────────────────────────────────────┐
│   強度行動障害特別処遇事業(1993～1998年)    │
└────────────────────────────────────────┘
┌──────────────────────┐
│「社会福祉基礎構造改革について │┄▷
│ (中間まとめ)」(1999年)   │     ┌──────────────┐
└──────────────────────┘  ◁┄│   2000年     │
┌──────────────────────┐     │ 社会福祉法へ改正 │
│    2003年～          │     └──────────────┘
│  支援費制度導入        │┄▷
└──────────────────────┘
        ▼
┌────────────────────────────────────────┐
│    行動援護サービスの開始(2003年～)         │
└────────────────────────────────────────┘
        │           ┌──────────────────┐
        │  ◁┄┄┄┄┄│    2005年        │
        │           │ 障害者自立支援法成立 │
        │           └──────────────────┘
        │           ┌──────────────────┐
        │  ◁┄┄┄┄┄│    2012年        │
        │           │ 障害者総合支援法成立 │
        │           └──────────────────┘
        ▼
┌────────────────────────────────────────┐
│   強度行動障害支援者養成研修(2015年～)       │
└────────────────────────────────────────┘
```

CHECK POINTS

①「強度行動障害」の概念が提案される以前は、重度の知的障害、あるいは「動く重症児」として取り組まれてきました。

②強度行動障害特別処遇事業は、入所施設におけるサービス体系のなかで展開されていました。

③強度行動障害特別処遇事業終了後の支援サービスは、行動援護の枠組みのなかで展開されています。

3 行動障害のある人が困っていること

　第1節の2の「彼らの豊かな世界」で説明しましたが、他者と異なる場面の理解（の結果や内容）は、異なる行動の引き金になります。そして、障害のある人たちのこの世の中の理解は、私たちの理解とは異なる可能性があり、そのことが、彼らと私たちの行動との差異につながります。先に紹介したドナ・ウィリアムズさんの著書の引用部分（3〜4頁）に今一度目を通してください。視覚認知（理解）の特異性と対人興味の少なさ、同一性保持に対する関心の高さといった状態は、周囲にいる者にとっては奇異に映ったり問題視したくなったりするようなものであっても、ドナさん自身にとっては、なんら問題はありません。実は、そのように理解するのが、彼女なのです。

　しかし、この彼女の理解に基づく彼女の行動に困ったと感じる人（家族など）がいることも、この引用からわかります。「だが彼らの方は、そうではなかった。わたしが答えるのを期待し、待っている」の文章は、まさにそのことを指しています。この時点で困っているのは、彼女を取り巻く人たちですが、周囲の人たちが、彼女に周囲の環境への適応を求め始める（言葉による適切な応答など）とその関係性は逆転してきます。なぜなら彼女のように理解し行動する人は、家族や地域においては少数派だからです。私たちの行動の適応基準のほとんどは、その人と一緒に住む家族や地域に住む人の大多数の行動のレベルによって決まってきます。自閉スペクトラム症者である東田直樹さんは、その著書（東田直樹『自閉症の僕が跳びはねる理由——会話のできない中学生がつづる内なる心——』エスコアール、2007年）のなかでその例を示しています。

　　自分が障害を持っていることを、僕は小さい頃は分かりませんでした。
　　どうして自分が障害者だと気づいたのでしょう。
　　それは、僕たちは普通と違う所があってそれが困る、とみんなが言ったからです（同書、2頁）。

　この文章から、自分の行動が東田さんにとっては何の不思議もなかったことと、周囲の評価が、彼が自分の行動に問題を感じる根拠になっていることがわかると思います。このようにドナさんや東田さんの文章にふれてみると、彼らの世の中の理解の結果と彼らが私たちと異なる行動をすることの間には、整合性があることを理解できま

プロローグ ——強度行動障害のある人についての基本的な理解—— **11**

す。彼らの行動は、彼らにとって、合理的であるといえるのです。しかし、その行動は、私たちにとっては不自然に見えたり、奇異に見えたりしているのです。このことが、彼らの困っていることの重要な背景となります。

このジレンマの根本には、私たちが、「彼らの認知や理解の内容や結果を、彼らの視点から理解することができない」ことがあります。別な言葉で表現すると「私たちの想像力は、彼らの認識の世界を私たちの頭の中に完璧には再構成（イメージ）できない」ということになります。このために私たち支援者は、知らず知らずのうちに私たちの視点で彼らの行動を評価していきます。この評価は、多くの場合は、彼らの価値を引き下げるようなネガティブなものになりやすくなります。さらに、自分の感じたものや気持ちを他者に表現する方法（話し言葉や文字など）に制限がある利用者の場合、そのネガティブな評価を覆すことが困難となり、支援者の誤解と支援者に対する誤解の負の連鎖のなかで、支援者と利用者のやりとりは困難を極めていくのです。

この悲しい誤解の連鎖から逃れる方法はないのでしょうか。現在、筆者が考えている答えは、次のようなものです。「まず『人はそれぞれ、この世の中を理解する得意な方法が異なっており、その理解の内容や結果も異なっている。そして他者は、その内容を完璧には把握しえない』という考え方から出発しよう。そして、さらに『何とかその人をより深く理解したいと願いながら想像をめぐらし、かかわっていく』ことこそが数少ない理解に近づく方法である」。

私たちがかかわっていこうとしている利用者に寄り添うということは、このような冷静でありながら、熱意のあるかかわり方を意味するものだと思いませんか。

CHECK POINTS

①利用者の世の中の理解の仕方を支援者が完璧に想像できないことが、彼らと支援者が共生していくうえでの大きな問題です。しかし、完璧な理解は、困難なのです。

②利用者を深く理解したいと願いながら、想像しかかわっていくことが、彼らに具体的に寄り添うことを意味します。

---

4 世界は「障害」をどう理解しているのか

本書では、行動障害はそれらの行動を示す人たちの世の中の理解と支援者の理解の

差異を基本としながら、彼らと支援者（家族、保護者を含む）、または彼らと周囲の環境との相互作用のなかで変化していくと考えています。利用者に障害があるという事実は変わらなくても、物理的環境や私たち周囲の対応が変化してくれば、軽減する可能性もありますし、逆に状態が悪化する可能性もあります。このように行動障害を理解したうえで支援の手立てを考えていこうとしていますが、一般的には、「障害」とはどのように理解されているのでしょうか。

　「障害」をどのようにとらえるかといった点において世界をリードしてきたのは、WHO（世界保健機関）です。WHOは、1980年に国際障害分類（International Classification of Impairments, Disabilities, and Handicaps：ICIDH）を発表し、障害には構造があることを初めて明確にしました。このICIDHにおける障害の構造とは、機能・形態の障害(Impairment)、能力障害(Disability)、社会的不利(Handicap)を指します。病気などによって生じた生理学的・解剖学的な問題（機能・形態の障害）が、できる・できないといった能力障害を引き起こす。そしてこれらの2つの障害によって通常の社会的役割を担うことや社会参加が困難（社会的不利）になるというものでした。この考えは、さまざまな文脈で用いられ明確な使い分けがなされてこなかった「障害」について整理し、取り組む際の指針を示すものでした。

　このICIDHを改定するなかで新たに提案されたのが、国際生活機能分類(International Classification of Functioning, Disability, and Health：ICF)で、正式名称は「生活機能・障害および健康の国際分類」といわれています。現在、「障害」をICFの提案に基づいて理解しようとするのが、世界的な流れです。ICFの新しいモデルを図1-2に示しました。「健康状態」に変調を来したり病気になったりすることで、「心身機能・身体構造」に不具合が起こり機能障害を起こしたりします。またこれらのことは、それまでできていたことができなくなったり、困難になったりすることで「活動」を制限することや「参加」を制約することができてきます。これら「健康状態」「心身機能・身体構造」「活動」「参加」は、相互に影響を与え合っているという理解をされています。ICFの図においては、ICIDHで用いられた「障害」の言葉が用いられていませんが、「心身機能・身体構造」「活動」「参加」における不具合をそれぞれ「機能障害」「活動制限」「参加制約」ととらえることになります。

　ICFのもう1つの特徴は、「機能障害」「活動制限」「参加制約」に影響するものとして「環境因子」「個人因子」を明確に位置づけていることです。「環境因子」は、「人々が生活し、人生を送っている物的・社会的・態度的環境」を指しており、「個人因子」には、性別、年齢、職業などが含まれます。「心身機能・身体構造」「活動」「参加」の困難

プロローグ──強度行動障害のある人についての基本的な理解── **13**

図1-2　ICFの概念図

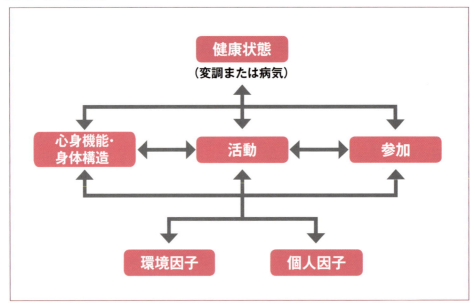

出典：障害者福祉研究会（2002）『ICF 国際生活機能分類—国際障害分類改定版—』中央法規出版、17頁．

や障害状況を個人的な問題にするのではなく、環境側の要因を加えて理解しようとしている点は、ICIDHの障害構造論とは一線を画しているところです。WHOの障害の理解は、「医学モデル」（ICIDH）から、社会モデルの影響を取り入れた「医学・社会統合モデル」（ICF）へと発展してきたといえます。障害の医学モデルでは、障害の原因が個人の身体的な異常や欠陥、不具合（機能・形態の障害）にあるととらえ、リハビリテーションの重要性を主張します。一方、社会モデルは、障害の原因を「機能・形態の障害」ではなく、社会の側に求める考え方です。社会のかかわり方が変われば、「機能・形態の障害」のある人を「無力な存在」ではなくすことができると考えます。ICFには、この社会モデルの考え方が明確に位置づけられています。

このようにみてくると、周囲の環境や私たちの対応を変えることで行動障害に取り組もうとする本書の考えは、社会モデルの立場からのアプローチだといえます。

CHECK POINTS

①ICFでは、個人の障害は環境によって大きな影響を受けるため、環境への取組みが重要であると考えています。

②ICFは、障害のある人の障害の問題を個人の問題としてとらえず、社会側にその問題の原因があると考える社会モデルです。

5 行動障害への挑戦の意義と 予防の重要性

　図1-3は、全日本手をつなぐ育成会が行った調査（2013年）から引用したものです。この図は、生育歴のなかで行動援護の利用者、またはそれに準ずる程度の行動障害のあった人（16〜31歳）の最も行動障害が重篤であった時期について質問した結果です。この図から中学校、高等学校の時期の困難さを示すケースの多いことがわかりますが、このことは、利用者の行動障害の状況が、変化するものであることを示す結果でもあります。中学校、高等学校の時期は、思春期の心理的・身体的な成長の時期とも重なり、支援者にとっては、より配慮の必要性が高まる時期となります。一方でこの時期の対応をあやまると、より対応の難しい行動障害の状態を知らぬ間につくってしまう可能性があることを理解しなければなりません。

　話しことばをもたず集団から離れて一人でいることが多い自閉スペクトラム症の子どもを、私たちは一人にしておいたほうがよいと考えがちです。その子が頭を叩きはじめると危ないといって止めに入り、「叩いてはだめだよ」と言葉をかけます。この対応がよいかどうかについては、その結果によるのですが、行動が減らなければこの対応は、叩く行動（自傷行動）を強めている可能性があります（この見方については、「第6章　私たちの行動のわけ」で詳しく扱います）。このような場合、叩く行動を止めずに言葉がけもしないといった対応方法が考えられるのですが、一般にこのような対応は複数の人がかかわる環境では失敗しがちです。統一された取組みがなされないことが多いからです。この例は、一般的に「普通と思われる対応」をしているにもかかわらず、成果がでていません。このような場合、提案された方法が自分たちの方法と正反対であるときには注意が必要です。それまでどおりの対応を続ける人がでてきます。そうなると、この行動はより激しいものになっていくことが知られています。よかれと思って結果的にバラバラな対応をすることで、利用者は戸惑い、状態を悪くしていきます。このような状況が続くと、行動障害は二次障害として支援が非常に難しい段階に入ります。つまり行動障害の重度化の過程は、利用者の障害自体の重さではなく、私たちの働きかけや環境調整の失敗や無配慮などが大きな役割を果たしています。この視点を明確にもってもらいたいと思います。

　また、対応の難しい行動障害は、家族にとっても非常に大きなストレスとなります。特に中学校、高等学校の時期に対応の難しい行動障害になってしまった場合、身体的

図1-3　最も行動障害が重篤であった時期の度数分布

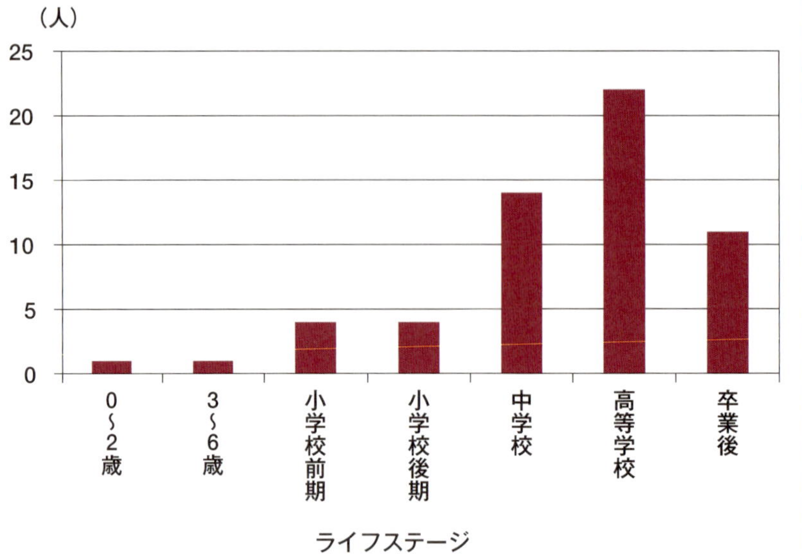

（人）

出典：全日本手をつなぐ育成会（2013）『平成24年度障害者総合福祉推進事業「強度行動障害の評価基準等に関する調査について」報告書』

な成長が、他傷や自傷への対応を困難にしたり、家族の不安や危険をより増幅させたりすることにつながり、家庭内での生活に支障を来すことにつながっていきます。また、不眠や飛び出しといった行動に常に配慮しなければならない状態が続くと、家族も徐々に疲弊していきます。このように家族は、本人の行動障害の影響を一番身近に受けやすい立場にあるといえます。行動障害に取り組む際は、家族への支援や配慮も必要になります。

　図1-3は、対応の難しい行動障害になることを防ぐ必要性（二次障害の予防）を示すものでもありますが、もう1つ重要なことを示しています。それは、行動障害の予防の重要性です。行動障害の状態が、物理的環境や周囲の支援者（家族、保護者を含む）とのやり取り（相互作用）によって変化します。しかし、一度重度化した行動障害への対応は、人的にも、時間的にも、経済的にも大きなコストが要求され、対応も難しくなっていきます。また、この重度化は、好ましい人間関係、身体的健康、社会参加の機会などの喪失やより厳しい生活上の制限や不自由を利用者に強いることにつながります。行動障害を予防するという観点からの取組みの整理が非常に重要です。

　行動障害は、利用者と支援者との関係性に大きく影響を受ける極めて社会的・人間的な問題であると考えられます。もちろん、その背景には利用者と支援者の認知特性の差異と理解の結果の差異が存在しています。しかし、私たちはこの事実を明確に認識しながらも、共にその地域で過ごしていくための方法を模索しなければなりません。つまり挑戦者なのです。行動障害のことを、近年 "challenging behavior（挑戦

的行動）"と表現することがあります。この意味としては、利用者にとっては周囲の人や環境に対して取り組んで（挑戦して）ほしい行動であるとの意味合いと、私たち支援者が取り組むべき（挑戦すべき）行動であるといった2つの意味合いがかけてあるのだと聞いたことがあります。

　行動障害への取組みの道筋は決して容易なものではありませんが、私たちにとっては、挑戦すべき問題なのです。本書のなかからそのための手がかりやヒントを1つでも多く学んでほしいと思います。

CHECK POINTS

①対応の難しい行動障害の状態は、不適切な対応など周囲のかかわりがもたらした「二次障害」といえます。

②行動障害を予防する観点と取組み方を身につける必要があります。

[参考文献]

東田直樹（2007）『自閉症の僕が跳びはねる理由―会話のできない中学生がつづる内なる心―』エスコアール.

ドナ・ウィリアムズ、河野万里子訳（1993）『自閉症だったわたしへ』新潮社.

長畑正道（2000）「はじめに」長畑正道・小林重雄・野口幸弘・園山繁樹編『行動障害の理解と援助』コレール社.

社会福祉法人全日本手をつなぐ育成会（2013）『平成24年度障害者総合福祉推進事業「強度行動障害の評価基準等に関する調査について」報告書』.

障害者福祉研究会（2002）『ICF 国際生活機能分類―国際障害分類改定版―』中央法規出版.

事例 1

行動援護で成功体験を積んだ ミドリさん

名前 ミドリさん　　**年齢** 17歳　　**性別** 女性
利用している主なサービス 行動援護

✳ ミドリさんのこと

ミドリさんは自閉スペクトラム症と知的障害のある女性です。

コミュニケーションスキルとしては、言葉も出ていますが、視覚的な文字のやり取りがスムーズです。小学1年生の頃から、行動上の問題（自傷、他傷）が顕著になり、母親も子育てに自信をなくしている様子がうかがえました。

ミドリさんの状況を受けて、教育と福祉が連携し、ケア会議を実施しました。そのなかでミドリさんの特性を共通理解したチームでの実践が始まり、生活そのものが改善していくようになりました。そして、今も同じようにチームの支援を受けながら、同じ地域で暮らしています。

✳ ミドリさんのこれまで

ミドリさんは小さい頃から、絵を描いたり、文字を書いたりという学びの旺盛なところがありました。反面、動きが速く、ひとときも目が離せませんでした。

小学1年生の夏休みあたりから、頭を打ちつけるといった自傷行為が顕著となり、療育も兼ねた医療機関を受診後、やや小康状態になるものの、物投げなど物を壊す行動が現れてきました。

その当時の教員の紹介もあって、福祉サービスとして行動援護を利用することになりました。

ミドリさんの行動上の問題は、他の子どもを突き倒してしまうことや自転車や自動車を蹴ってしまうこと等がみられました。これらの行動の要因の多くは、注意喚起行動（自分を見てほしい、自分にかまってほしい）や要求行動（〇〇してほしい）であり、外出で成功体験を積み重ねていくには、本人の特性と要因を理解し、それらの行動への対応に配慮していく必要がありました。

行動援護の利用が始まると、通常はミドリさんの特性に配慮して、ルーティンを意識した活動で見通しをもってもらうこととし、なるべく人の刺激を避けて、人気のない公園に行くことや山登りを計画して実践していました。

✳ ある日の支援

ミドリさんの行動援護の支援がスタートして、約半年経った、ある日の支援をエッセイ風にまとめてみました。

ある夏の日、天候が不順な時期でどうしようかと迷っていたのですが、地域の大きなお祭りに行動援護の支援として行ってきたときのことです。

ミドリさんは、最近、環境の変化に対

応しきれずに、不安な様子でした。そういうときは、動くべきか？ 動かざるべきか？の判断に迷います。それで、結局、本人の意思確認をして、お祭りに行くか行かないかを決めることにしました。

日頃のつながりで、ミドリさんのお母さんに連絡をして「天気がいいし、お祭り、いいですよねぇ。本人次第で行ってもいいですか？」と投げかけて確認を取り、次に学校の担任教師に連絡し「お祭りに行こうかなと思っていますが、本人に意思確認をお願いしまーす」と頼みました。そうしたら「○○さん（ヘルパーの名前）、かきごおり、きんぎょすくい、わたがし、おまつりにいきます」とミドリさんの返事。本人がその気なら、大丈夫！！

自宅に戻ってから文字を使ってスケジュールを確認しました。お出かけへの切り替えもスムーズで、道中も穏やか。でも、お祭りの出店に目が泳ぐほどですし、刺激が多すぎます。見立てとしては、支援者が立つ位置を常に意識して、見通しをもって対応すればいける！と踏んでいました。

参道を歩きながら、ミドリさんがまず選んだのは、「かきごおり」──おいしそうに食べます（ヘルパー、まずはホッとします）。次に「りんごあめ」──（ヘルパー、あれー、予定とは違うものだけど）これもおいしそうに食べます。そして「きんぎょすくい」──ここからは、やはり筋書きのないドラマが待っていました。

目に入った金魚すくい屋さんで、あ

りゃりゃ、お金を払ってポイをわたした瞬間、すぐ水につけて破れてしまい、ものの2秒くらいで終了です。不本意そうだけど、致し方ない展開に、ヘルパー「おしまいです」と切り替えに入り、また参道を進みます。切り替えがうまくいったなぁと思っていると、ヘルパーの目に飛び込んできた文字「すくえなくても、金魚あげます！」 これはいい！とすぐ飛びついてしまう性分もどうかと思いますが、ミドリさんに「もう1回、きんぎょすくいする？」と聞くと「きんぎょすくい、するの！」との返事。でも、1回目のことがあるので、こっちも準備を万端に、ポイをわたす前に「ちょっと待ってて」とすくった金魚を入れるお椀を私が持って、よしやるぞ！という態勢をつくりました。

本人がポイを持つ横で、ヘルパーがお椀を準備する図、この姿はまさに同じ目的・目標をもって一緒に歩もうとしている、この日の支援のクライマックスだったかもしれません。

でも、本当のクライマックスはその後にやってきたのです！ なんと、2人の

協同作業で2匹もすくえました。ミドリさんと金魚をながめながら自宅へ帰るのはちょっと得した気分でした。

　この日の活動は行動援護の支援としては条件的にリスクが大きいようにみえるけれども、本人の意思や目的がはっきりすることで、視覚支援ツールを利用して見通しをもってもらい活動することで、成功体験につながったのではないかと思います。

　その当時、いろいろな人たちがミドリさんにかかわり始めて活動が広がってきていました。それぞれの場面のなかで、視覚支援を基本にグッズを揃え、支援の統一を図りながら、かかわる人たちが温かい眼差しで積み重ねてきての本人像だと感じていました。また、相談支援事業所が主体となって定期的にケア会議を実施し、ミドリさんの状態像は月日を重ねるごとに柔らかい印象になっていったのです。

✳ ミドリさんの今

　ミドリさんは現在も同じ地域で暮らし、特別支援学校高等部の2年生となりました。そろそろ進路についても気になる時期です。いまだに何もない時間には注意喚起行動等が出ることもありますが、行動援護を通じての成功体験の積み重ねは大きな財産だと感じています。

　ミドリさんに福祉サービスが入り始めた頃と今では、支援者の顔ぶれも随分と様変わりしましたが、定期的にモニタリングをしながら情報をまとめているので、過去のことも含め、共通理解ができているチーム支援が継続されています。

　母親は、これからもミドリさんと一緒に暮らすことを望んでいます。かかわっている人たちがミドリさんの気持ちを大切にしながら、ミドリさんらしい生活を送ってもらえたらと思っています。

コラム1

支援者の君たちへ

　買い物客でにぎわうデパートで自閉スペクトラム症の長男がパニックを起こし大騒ぎになった。まゆをひそめた人々が遠巻きに見つめている。なんとか落ち着かせようとなだめるが、ますますパニックの嵐は吹き荒れ、強い力で長男は私の顔をつねりあげた。痛さと恥ずかしさの渦に突き落とされて私は自分を見失いそうになった。

　映画館で爆発してポップコーンやウーロン茶を床にばらまいたこともある。電車内で私の顔にかみついてきたこともある。顔や手の甲を引っかかれて血が出た。そのたびに、険しい視線に囲まれる。

　でも、誤解しないでほしい。長男は決して乱暴者ではない。わがままなのでもない。ふだんはとても優しくて、おだやかな生活を送っている。何かやりたいことや言いたいことがあるのだろうが、言葉がないのでうまく伝えることができず、いつもがまんしたり、させられたりしている。こちらも彼の気持ちがわからず、何かまちがったことをして混乱させてしまう。その場で気持ちを表してくれれば気づけるのだろうが、時間が経って場所が違うところで爆発するものだから、何が原因なのかわからないのだ。

　彼らの行為を「乱暴」「危険」「わがまま」と決めつけないでほしい。「やっかいな人」と思わないでほしい。世間の人々はそうかもしれないが、君たちは障害者支援のプロなのだ。自分たちの価値観に照らして考える前に、彼らの行為や言葉に興味をもって

ほしい。ふつうは大勢の人がいる前で父親の顔をかみついたりはしない。ポップコーンをまき散らしたりしない。どうしてそんなことをするのだろうと興味をもって考えてほしいのだ。それが、彼らの世界を理解するための「とびら」を開けることになる。

　ある人のことを理解しようと思ったら、その人が何を理解しているのかを、まず私たちが理解しないといけない。

　それでも、自傷や他害などの行動障害に対処することはむずかしいと思う。長男と28年間も一緒に暮らしてきた私だって、彼から顔をつねりあげられたり、引っかかれて血が出たりすると心が泡立つような感覚に襲われる。冷静さをなくしてしまうこともある。何もできないことへの無力感にさいなまれ、自信もなくなってくる。

　いかに障害者支援のプロでも行動障害を簡単に改善できるとは思わない。ずっと冷静さを保っていることだってむずかしいだろう。できないことは決して恥ずかしいことではない。何もできない自分を認め、恥をかいたり失敗したりすることを恐れないでほしい。自分1人で無力感を抱え込むと、心が重くなってくる。失敗を恥ずかしく思い、隠してしまうと、次に失敗したときにまた隠さなければいけなくなる。心はどんどん重くなり、仕事に対する自信や興味も薄れてくる。

　どんな仕事でもそうだが、専門性というのは個人のなかに築き上げていくものであり、自己との孤独な対話を通してそれまで

コラム1 支援者の君たちへ

の自分を壊したり乗り越えたりしていかないと身につかないものだ。

　できれば仲間と悩みや疑問を共有しながら、どんなに大変な行動障害でもかならず改善できると信じて取り組んでいってほしい。道は1つだけではないはずだ。行動障害の改善に努めている人は大勢いる。多くの人の実践を学び、アドバイスを受け、日々の支援のなかで生きにくい障害者の叫びに耳を澄ませてほしい。

　自分が生きていくために障害のある彼らだって必死なのだ。支援者である君が何を感じ、自分のことをどう思っているのかを息を殺すようにしてうかがっているはずだ。自分から支援者を選べないのだから。

　うまくいかなくたって、そんな君たちの思いは、きっと通じるはずだ。障害のある彼らと心が響きあう瞬間に感じる＜ときめき＞のようなものが、専門職としてのやりがいや自信をもたらしてくれるにちがいない。

野澤　和弘（毎日新聞社論説委員）

第2章 支援についての基本的なこと
―― 支援のプロセスと記録 ――

| 第1節 | 支援の基本的なプロセス |

1 支援の基本的枠組み

1 同じ目標、同じ生活を支援するからこそ必要なチームワーク

　1人の人が1日を過ごすとき、どれだけの人とかかわりながら1日を過ごすでしょうか。朝起きたら家族がいて、朝食を食べ、身支度をする。学校に行けば、仲間と先生がいる。放課後は友達と遊び、近所の人に挨拶をして、おやつを買えば商店の人とのかかわりがあります。同じように、常時支援の必要な人が1日を過ごすときにも、たくさんの人とのかかわりがあります。その際に、「今日は学校ではこんなことがあったよ。友達とはこんな遊びをしたよ」と伝えられれば、「なぜ笑っているのかな、なぜ機嫌が悪いのかな」という理由がわかります。それがうまく伝えられない障害のある人にとっては、周りで支援している人たちがその人に起きたできごとや状態をうまく共有できることが、1日を心地よく過ごすためにとても大切な環境になります。

　例えば、特別支援学校に通うM君にはどのような支援者がいるでしょうか。M君の家族がいて、学校の先生がいて、福祉事業所の職員がいて、病院の先生がいて、親戚のおじさんがいて、商店のおばさんがいて、いろいろな時間帯にいろいろな場面で生活にかかわっています。言葉で伝えることが難しいM君を支援するには、M君にどのような人がかかわっていて、それぞれがどのようなことに配慮してどのような支援をしているのかを知っておかなければ、本当によい支援はできません。

　このように、いろいろな場面でかかわる人が、お互いの知り得た情報を共有して自分が支援する時間や役割のなかで、それらの情報を最大限に活かして支援することを「チーム支援」といいます。

　また、それぞれの支援者が長所やネットワークを最大限に活かして支援していくためには、当事者や家族が望む生活や将来の夢を知り、どの支援者がどのような役割を果たしていくのかを、お互いに知っておくことが必要です。なぜなら、一緒に支援しているチームのなかで、支援の仕方に困ったときに、「このようなときは学校ではどうしているのかな？　このようなとき、家ではどのような声かけをしているのかな？」とお互いに支援の方法を聞き合うことができるからです。一時的に通院をしなければならなくなったときにも、どの病院だったら混乱なく治療に臨めるだろうかと迷ったと

きに「あの専門職なら適切な病院を知っているかもしれない」など、自分が知らなくても他の支援者が情報やネットワークをもっていることがあります。

　また、「5年後にはこんなことを体験してみたい」「○○に行ってみたい」などの将来の夢がある人の支援では、学校では授業の一環でお金を使うことを勉強したり、家では1人でトイレに行く練習をしたり、ホームヘルプサービスではバスに乗る練習をしたりするなど、1つの夢を叶えるために、お互いのできること、得意なことを活かして支援することができるのです。よくあることですが、学校の先生は座って食べなさいと指導し、家では母親が追いかけまわしながら食べさせていて、事業所ではできるところまでは座って食べさせているなど、支援している人によってやってよいことが異なるという現状はよく聞きます。家でよいと言われているからここでも走り回っていると、「座りなさい」と怒られる。支援している人によって言われることやルールが違うと「混乱を起こしてください」という状況をつくっていることと同じなのです。

　1人の人をチームで支援していくときに大事なことは、❶目標や夢を共有すること、❷そのうえでチームメンバーのできることやネットワークを知り合うこと、そして❸お互いがどのような役割を果たしながら支援していくのかを明確にすることです。

2 縦と横の連携——ライフステージにわたる支援について——

　また、同じ時期を支援している支援者同士で情報等を共有するだけでなく、1人の人をライフステージにわたって支援をするうえでは、去年まで通っていた児童発達支援事業所と今通っている学校や放課後等デイサービス事業所などが、本人の過去や現在、そして将来どう暮らしたいかを共有して支援することもとても大事なことです。「また同じことを説明しなければいけないのですか？」「引き継ぎはされていないのですか？」と保護者が嘆いていることもよく聞きます。紙の上だけで情報を共有するだけでなく、ケース会議をして伝えることで「困ったときはこの人に聞いたらいいんだ」という顔の見えるつながりができます。また来年入ってくる人のために今の支援を見学に行く。うまくつなげたかなと送り出した後もフォローするために顔を見に行くなど、丁寧な支援も連携の大事なポイントだといえます。

　チーム支援は、会うこと、話すこと、行動することでしか成り立ちません。紙の上でチームメンバーを記載することではないことを理解し、一歩進んだ行動に移すことが大切です。

CHECK POINTS

①行動障害のある人の生活を支えていくには、関係者によるチーム支援が大切です。

②現在の支援者同士の連携だけでなく、過去・現在・未来の支援者の連携も大切です。

③チーム支援は、会うこと、話すこと、行動することで初めて成り立ちます。

2 サービス等利用計画について ——支援の基本的プロセス——

1 サービス等利用計画とは

「サービス等利用計画」とは、1人の人をチームで支援するときに、本人や家族がどのような生活を望んでいて、周りの人がそれぞれどのような役割を果たして支援していくのかを記入した計画です。計画のなかには、「こんなことを大切にしてこんな5年後、10年後を過ごせていたらいいな」という将来の姿を長期目標に示し、「1年後くらいにはこのような人たちのなかでこのような生活をしているといいな」という姿を短期目標に示します。そんな生活をイメージしたときに、「誰がどのような役割をもって支援しますよ」という本人も含めた役割がその下に示されます。居宅介護事業所が自宅での入浴の支援を行い、清潔を保ち体の緊張もほぐす。生活介護事業所では本人の得意とする作業で生産活動を行い、楽しみと工賃を得る。成年後見センターが将来の夢のためにお金を貯める支援をするなど、サービスに関する支援も記入します。

一方で計画の名前にサービス等利用計画と「等」が入っているのは、公的なサービスだけを示したものではないからです。学齢期であれば「学校ではこんなことがしてみたい。こんなことができるようになるといいな」なども記載されますし、病院に通院している人であれば、医療機関の役割も記載されます。また、買い物やお祭りに参加することが楽しみだという人であれば、商店街の人やお祭りの仲間も支援する仲間に入ります。

生活にかかわるさまざまな人が、1人の人を支援する際に、どのような夢をもって、どのような困りごとがあって、どのような支援者がどのような役割をもって支援するのかを整理して一覧で見ることができるものが、サービス等利用計画だといえます。

2 サービス等利用計画作成の流れ

サービス等利用計画は、生活のなかで「こんなことが困ったな」「こんなことがしてみたいな」「将来はこんな生活をしたいのだけれど」と思った本人や家族が、その希望を叶えるために支援を必要として、相談支援事業所等に相談に行くところからスタートします。

❶　相談支援専門員は、当事者や家族の今の困りごとやこのようなことがしてみたいという夢などを丁寧に聴き取ります。そのうえで、その困りごとを解決したり、夢を叶えるためにどのような支援があるとよいのかを本人や家族と一緒に考えます。そして、さまざまな支援（サービス）やサポートなどを提示します。時には、一緒にそのサービス事業所に見学に行ったり、サロンやサークルなどに見学のアポイントメントを取ったりします。その結果、サービスを利用してみたいという希望が出てきたら、

❷　市町村にサービスの申請と同時にサービス等利用計画の申請を行います。

❸　そうすると、市町村から認定調査員が派遣され、認定調査が行われます。

❹　❷と並行して「サービス等利用計画作成依頼」が本人に送付されます。

❺　その「サービス等利用計画の依頼書」をもって相談支援事業所に行き、相談支援専門員と一緒にサービス等利用計画案を作成します。

❻　そのサービス等利用計画案が市町村に提出され、

❼　認定調査や市町村審査会の結果、障害支援区分が認定されたうえで、

❽　サービスの種類とサービスの量が決定され、受給者証が発行されます。

❾　それを受けて、どのサービスをどの事業所がどれだけの量を支援するのかを記したサービス等利用計画が作成され、

❿　関係する事業所や関係者が集まってケース会議（サービス担当者会議）が行われます。会議では、それぞれの役割が確認されます。

⓫　市町村にもサービス等利用計画が提出され、サービスの利用がスタートします。

⓬　サービスの利用がスタートすると、最初の3か月は毎月モニタリングが行われ、通所している事業所や自宅に相談支援専門員が訪問し、今の状態や気持ちに加えて今のサービスや支援でよかったのかを聴き取り、それらがモニタリングシートに記入されます。その後は、適切な時期にモニタリングを実施し、困りごとが出てきたり、必要なサービスが出てきたりした際に、再度サービス等利用計画案が作成されます。

図2-1　サービス等利用計画の例

サービス等利用計画

利用者氏名（児童氏名）	A・T　様	障害支援区分	区分6	相談支援事業者名	○○相談支援事業所
障害福祉サービス受給者証番号	○○○○○○○○○	利用者負担上限額	なし	計画作成担当者	○○○○
地域相談支援受給者証番号		通所受給者証番号			

計画作成日	20××年○月○日	モニタリング期間（開始年月）	3か月（○年○月）	利用者同意署名欄	

利用者及びその家族の生活に対する意向（希望する生活）	本人の意向は不明（落ち着ける環境で過ごしたい）。穏やかな毎日を送ってほしい。毎日事業所に通って好きな活動をしてほしい。時々家族もリフレッシュしたい。(母)
総合的な援助の方針	落ち着いた生活を送ることができるように環境を整えるとともに、毎日安定して日中活動に通い、家族の負担を軽減しながら将来の生活に向けた準備を行っていく。
長期目標	本人が落ち着いて宿泊ができる環境をつくることでショートステイを利用できるようになり、家族の負担軽減を図る。
短期目標	日中活動のなかで本人が好んでできる活動を確立して、集中して取り組むことができるように環境を整える。

優先順位	解決すべき課題（本人のニーズ）	支援目標	達成時期	福祉サービス等		課題解決のための本人の役割	評価時期	その他留意事項
				種類・内容・量（頻度・時間）	提供事業者名（担当者名・電話）			
1	日中活動で自分にあった活動を行いたい。	本人ができる活動を見つけ、集中できる環境を整える。	3か月	生活介護（月～金）10：00～16：00 軽作業や余暇活動の利用	○○生活介護事業所 担当： TEL：	活動に集中して取り組む。	3か月	本人が落ち着いて活動ができるような環境をつくりながら支援する。
2	不安な気持ちを和らげ穏やかに生活したい。	本人が落ち着くことができる環境を考え、できるところから取り組んでいく。	6か月	生活介護（月～金）10：00～16：00 家族 本人の様子を観察して障害特性に合わせて環境を調整する。	○○生活介護事業所 ショートステイ△△ 家族	家庭での様子をメモしておく。（家族）	3か月	必要に応じて専門家や医療関係者に相談する。
3	好きな活動をしたい。健康的な生活をしたい。	日中活動が休みのときに本人が好きなプールに行くことができるようにする。	3か月	行動援護（月2回）福祉有償運送プールを中心に外出をする。	ヘルパーステーション□□ 担当：○○ TEL：	ヘルパーと一緒にプールを楽しむ。	3か月	日中活動の担当者と連絡を取り合い、本人の様子を共有する。
4	家族から離れて、落ち着いて宿泊をしたい。	落ち着いて宿泊ができる環境を整え、家族のリフレッシュの機会をつくる。	3か月	ショートステイ（月1回）まずは月1回の利用を目指す。	ショートステイ△△ 担当：○○ TEL：	落ち着いて宿泊をする。	3か月	日中活動の担当者と連絡を取り合い、本人の様子を共有する。
5	家族が困ったときに相談したい。（家族）	本人に関して困ったときに適切な機関に相談できる関係をつくる。	6か月	計画相談支援 複数の事業所がかかわっているため、当面は相談支援事業所が窓口となって調整・管理を行う。	○○相談支援事業所 担当：○○ TEL：	随時、相談支援専門員と面談をする。（家族）	6か月	

サービス等利用計画の例は、図2-1のとおりです。

サービス等利用計画と、このあとに解説する個別支援計画、支援手順書の3つの関係性については、図2-2を参照してください。

図2-2　支援計画の関係性

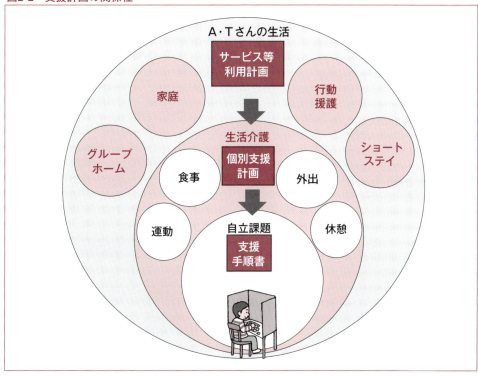

CHECK POINTS

①サービス等利用計画は、本人・家族の希望や関係者の役割を整理してまとめた計画です。

②サービス等利用計画には、公的なサービス以外の内容も含まれます。

③サービス等利用計画は、それぞれの事業所の支援の基礎となる計画です。

3 個別支援計画と支援手順書について

1 それぞれの支援がそれぞれの役割を果たすために

　サービス等利用計画が作成され、いざサービスを利用する際には、サービスを提供するそれぞれの事業所で「個別支援計画」が作成されます。サービス等利用計画のなかで記載されているそれぞれの事業所の役割を受けて、「うちの事業所ではこのような目標をもって、これに配慮して支援をしていきます」ということを記入したものが個別支援計画です（図2-3）。サービス等利用計画よりも、より細かな内容が記載されます。通所系の事業所であれば、作業の場面についてや食事のこと、休憩時の過ごし方や仲間との関係、工賃はこんなことに使ってみたいなどがあるでしょうし、居宅の

図2-3　個別支援計画の例

〇〇生活介護事業所

個別支援計画

作成年月日：〇〇年〇月〇日

利用者氏名：　　　Ａ・Ｔ　　　様

サービス等利用計画の総合的な援助の方針	落ち着いた生活を送ることができるように環境を整えるとともに、毎日安定して日中活動に通い、家族の負担を軽減しながら将来の生活に向けた準備を行っていく。
利用者及び家族の希望・ニーズ	本人の希望は不明（自分にあった作業を行いたい）。落ち着いて活動をしてほしい。本人が好きな活動をしてほしい。(母)
生活介護における支援の方針	本人が落ち着くことができる環境で充実した日中活動を行うことで、毎日安定して通所できるようになる。
長期目標	1日を通して落ち着いて過ごすことができる活動内容と環境を整備していく。
短期目標	本人ができる活動を見つけ、集中して取り組むことができる環境を整える。

具体的な到達目標及び支援計画等

具体的な到達目標	本人の役割	支援内容（内容・留意点等）	支援期間（頻度・時間・期間等）	担当者	優先順位
午前と午後に1回ずつ自立課題に取り組む。	落ち着いて自立課題に取り組む。	本人ができる自立課題を3つ準備して、前後の流れを組み立てたうえで取り組んでもらう。	毎日 11：00～11：30 14：00～14：30 3か月	生活支援員	2
活動にメリハリをつけて、休憩（カームダウン）をしっかり取れるようにする。	落ち着ける環境で休憩する。	本人がゆっくりと休憩できる場所を確保し、1日のスケジュールに適宜休憩を入れて休める環境をつくる。	毎日 自立課題後 昼食後 1か月	生活支援員	2
運動をする機会をつくり、肥満を防止する。	運動をする。	ウォーキングやエアロバイクなど、本人が取り組むことができる運動を活動のなかに取り入れる。	毎日 10：00～11：00 6か月	生活支援員 ボランティア 外部講師	3
てんかん発作が起こらないように服薬を忘れないようにする。	忘れずに服薬をする。	服薬を忘れないように薬を置いておく場所を決め、チェック表で服薬を確認する。	毎日 昼食後 1か月	生活支援員 看護師	1

本人への説明　　　　年　　　月　　　日　利用者氏名　　　　　　　印　　　　サービス管理責任者氏名　　　　　　　印

事業所であれば、散歩ではこんなことをしてみたい、入浴ではこのようなことができるようになるとよい、食事の支援ではこうした配慮が必要です、などが記載されます。

そのため、個別支援計画を作成する際には、それぞれの事業所ごとに支援するにあたって必要な情報を得るために再度アセスメントが行われます。それは、通所の場面では作業の際の座る位置や仕事の内容、休憩の時間の過ごし方や仲間とのかかわり方など通所の時間を過ごすうえで、さらに知っておかなければならない情報がありますし、居宅介護での散歩や入浴の支援では、外に出ると何が気になるのか、どのような準備が必要なのか、入浴時には何が危険なのか、どこまで自分で洗えるのかなど、危険を回避しつつ、どのあたりまで自分でできるのかなどの情報が必要になります。1つの事業所のなかでは、サービス管理責任者、サービス提供責任者あるいは児童発達支援管理責任者がいて、実際に毎日支援する支援員が数名チームで支援するため、そこに書かれた情報は一人ひとりが見てその人の支援の目標がわかる大切な計画とアセスメント票になります。

2 支援の手順を明らかにして共通の支援を行う

毎日の支援の場面において、支援する人によって支援の仕方が違うことで本人が迷ってしまうことがあります。特に行動障害のある人のなかには、支援者の接し方が違うと混乱して活動に取り組めなかったり、好ましくない行動を止める支援者もいればそのままにしている支援者がいることで、本人はいつまでも好ましくない行動を続けてしまったりということもあります。

例えば、個別支援計画において「アルミ缶つぶしの作業に取り組む」という目標を立てたとします。ある支援者は15分ぐらいで作業を切り上げるのに、ある支援者は30分続けさせようとすれば、本人はどれくらい頑張ればいいのかわからずに途中で投げ出すかもしれません。また、作業の途中で歩き回ってしまうことに対して、ある支援者はしばらく歩き回ってからあらためて作業に入るように伝えているのに、ある支援者は歩き回らないように厳しく伝えたとしたら、本人は混乱して作業どころではないかもしれません。

このように支援者によって支援の仕方がバラバラでは、本人が混乱してしまい、せっかく立てた目標に取り組めないどころか、普段の活動でも何を基準にしていいかわからず落ち着かない毎日を過ごすことになりかねません。そのようなことにならないように、支援のやり方を支援者で統一するために支援の手順を細かく記載した「支援手順書」（図2-4）をつくる場合があります。もちろん自分で判断できる人もいるの

支援についての基本的なこと——支援のプロセスと記録——　**31**

図2-4　支援手順書　兼　記録用紙の例

〇〇生活介護事業所

氏　名：＿＿＿＿Ａ・Ｔ＿＿＿様

場　面：「作業課題」

支援手順書　兼　記録用紙

日　付：〇〇年〇月〇日　　記入者：〇〇

スケジュール	本人の動き	支援者の動き・留意点	本人の様子（記録）
事前準備		・自立課題を準備する。 ・休憩エリアを準備する（CD・ヘッドホン）。 ・タイマーをセットする。	
トイレに行きます。	タイマーの合図でスケジュールを確認する。 トイレに移動する。	・タイマーに気づかないようだったら、タイマーを近くに持っていく。 ・移動時に他の利用者とぶつからないように気をつける。	タイマーの音で自分でスケジュールの確認に行くことができました。
手を洗います。	手を洗う。	・水を出しすぎているときには支援者で水量を調整する。	〇
ワークエリアへ行きます。	スケジュールを確認する。 作業エリアへ移動する。	・移動時に他の利用者とぶつからないように気をつける。 ・作業エリアへ行ったらイスを差して座る場所を教える。	自分でイスに座りました。
ワークをします。	作業課題をする。	・上から順に３つの作業課題をやってもらい、終わったら右のカゴに入れてもらう。 ・慣れるまでは一つひとつ支援者が指差し等で指示を出す。 ・言葉での指示は出さない。	終わったら右のカゴという流れがまだわからないようです。支援者より指差しで伝えました。
休憩エリアに行きます。	スケジュールを確認する。 休憩エリアへ移動する。	・作業課題が全部終わったらスケジュールを確認してもらう。 ・移動時に他の利用者とぶつからないように気をつける。	〇
休憩します。	CDを聴いて休憩する。	・ソファに座り、いくつかのCDを提示し選んでもらう。 ・ヘッドホンをつけてCDを聴いてもらう。 ・CDを聴きはじめたらタイマーをセットする。 ・この間に支援者は作業課題を元に戻す。	今日は〇〇のCDを選んで聴いていました。

【特記事項・伝達事項】
作業課題では、流れを理解するまで指差し等でやり方を伝えることが必要なようです。

※このシートは支援手順書の一例です。

で、すべての人に手順書が必要なわけではありませんし、いつもと同じ活動のように、場面によっては特に手順書が必要ない場合もあります。また、支援度の高い人であってもそのときの状況によって手順書のとおりにすべての支援ができるわけではありませんが、本人が迷わないためにも、必要な場面では支援の手順書を作成してどの支援者も共通の支援ができるようにすることも必要です。

3 アセスメントは繰り返され、再共有する必要がある

　同じ支援をしていたはずなのに、「あれ？　昨日までこの支援でスムーズに買い物に行けたのに……」と感じた経験はありませんか。当然ですが、一歩外に出ると1回として同じ光景や同じ人のなかで過ごすということはありません。また、本人にとっても同じ気持ち、同じ体調であることはありません。「今日は学校で友達とけんかをしたから」「今日から運動会の練習を始めたから」「昨日から湿疹ができてかゆいから」「今日は天候がよくないから」「明日、台風がくるって天気予報で言ってたから」など、本人周辺の昨日・今日・明日のさまざまな変化が、「今」に影響しています。また、昨日・今日・明日の本人の気持ちの変化も今の行動に影響しています。それをなかなか言葉にできない人にとっては、その時々の変化によって気持ちや行動にどのような変化が起きるのかを観察し、感じ取って、次に支援する人のために記録に残す必要があります。これが「再アセスメント」です。

　つまり、アセスメントは一度で終わることはなく、また1年に一度定期的に聴き取ればよいというものではないのです。また、聴き取る相手は本人や家族だけでもありません。さまざまな場面で支援している支援者から聴き取る必要があります。これもよくあるのですが、同じ場面でも支援者によって違う側面を見せることはあります。そのようなときは、支援の仕方の何が違ったのかということを共有することも必要です。アセスメントはその場や自分や事業所の情報としてだけで終わるのではなく、かかわっているたくさんの人と共有し、またフィードバックすることによって、初めて活用され、活きた情報として役に立ちます。

CHECK POINTS

①個別支援計画は、それぞれの事業所の支援目標や内容、配慮事項を整理してまとめた計画です。

②個別支援計画を作成するにあたっては必要に応じたアセスメントが重要です。

③必要に応じて支援者が共通の支援を行うための支援手順書を作成することも大切です。

支援についての基本的なこと——支援のプロセスと記録——　33

4 強度行動障害支援者養成研修の位置づけ

1 強度行動障害支援者養成研修受講の対象者とは

　強度行動障害支援者養成研修は、さまざまな施設・事業所・地域において強度行動障害のある人に適切な支援が提供されることを目指して実施されています（図2-5）。そのため受講の対象者は、相談支援専門員、入所職員、グループホーム職員、通所職員、訪問系職員すべてとなります。

　「基礎研修」については、実務経験1年程度の新任職員を主な対象としています。「基礎研修」修了者は、障害特性を理解し、チームで支援する支援者の一員として、「実践研修」修了者が作成した「支援手順書」に基づいて実際の支援を行います。

　「実践研修」は「基礎研修」を修了後3年から5年程度の強度行動障害者支援の実務経験のある人を対象としています。「実践研修」修了者は、障害特性を配慮した具体的な支援計画や手順書を作成し、チームで協力して支援を実施できるよう支援担当者に伝え、実際の支援の様子を聴き取り、支援手順書の改善やチーム支援に活かせるよう情報を共有することが役割となります。

図2-5 強度行動障害支援者養成研修

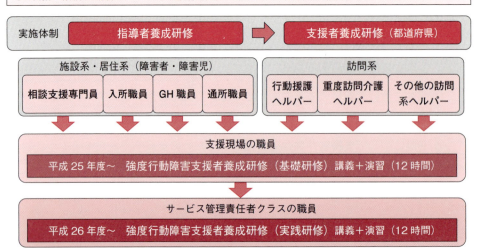

資料：厚生労働省「第11回　障害福祉サービス等報酬改定検討チーム　資料（平成29年10月6日）」を一部改変

施設入所支援、生活介護、短期入所、共同生活援助、障害児入所施設、児童発達支援、放課後等デイサービス、計画相談支援において、「基礎研修修了者」や「実践研修修了者」の配置により、それぞれの事業において報酬単価への加算が可能となります。より専門的な支援を実施するにあたり、強度行動障害支援者養成研修の修了者の配置が評価されるしくみになっています。その際には、支援手順書の作成とそれに基づいた支援の実施が必要となっています。

2 サービス等利用計画・個別支援計画（居宅介護計画）・支援手順書の流れ

　誰がどの計画や書類を作成し、実施するのかを以下に整理しています。チームで支援するには、どのような流れで計画が作成され、実施にまで至るのかを知っておく必要があります。

書類	内容	実施者（作成者）
サービス等利用計画	1人の人をチームで支援するときに、本人がどのような生活を望んでいて、周りの人がそれぞれどのような役割を果たして支援していくのかを記入した計画	相談支援専門員

個別支援計画（居宅介護計画）	サービス等利用計画のそれぞれの事業所の役割を受けて、事業所ではどのような目標をもち、何に配慮して支援をするのか、具体的な目標と支援内容を記入した計画	サービス管理責任者 児童発達支援管理責任者 （サービス提供責任者）

支援手順書	個別支援計画の内容から、具体的な活動とそのスケジュール・必要な配慮の方法などをその人に合わせて詳細に記入したもの	強度行動障害支援者養成研修「実践研修修了者」

支援の実施・記録	支援手順書の内容を理解し、実際の支援を実施し、その結果を記録し、「実践研修修了者」に報告	強度行動障害支援者養成研修「基礎研修修了者」

5 行動障害のある人の意思決定支援

1 意思決定支援の定義やプロセス

　意思決定支援は、どんなに障害が重い人にも意思があり、支援の原則は自己決定の尊重であることを前提としています。また、自ら意思を決定することが困難な人に対する支援を意思決定支援としています。意思決定支援は、自ら意思決定をすることが困難な人が、日常生活や社会生活を送る際に、自らの意思が反映した生活を送ることができるように、可能な限り本人が意思決定できるように、本人の意思を確認し、選好を推定しながら支援します。また最大限、本人の意思の確認をしつつ、それでも意思の確認が難しい場合には、本人の最善の利益を検討するために支援者が行う行為およびしくみを、「意思決定支援」といいます。

　意思決定はさまざまな場面で必要になります。

①日常生活における意思決定の場面

　一番身近で日々積み重ねるのが日常生活における意思決定です。何を食べようか、どの服を着ようか、どこに外出しようか、お風呂は何時に入ろうか……と日々の生活のなかにはいくつもの選択場面があります。また、昼間の事業所ではどの作業をしようか、余暇のプログラムはどれに参加しようかと選択する場面もたくさんあります。日常生活における意思決定支援は日々の生活のなかにちりばめられています。この小さな選択の積み重ねが大切なのです。本人からすると「選ぶ」という大切な経験になります。選んだ結果を実感することの小さな積み重ねが、大きな選択をするときの力になります。また、支援者にとっても本人の選好を知る機会となり、可能な選択肢の示し方（絵カードや具体物）を知る機会ともなります。

②社会生活における場面

　ライフステージの変化の時期には、どんな仕事をしようか、どの事業所に通おうか、住まいはアパートなのかグループホームなのか人生の大きな選択をしなければならないことがたくさんあります。ライフステージの大きな選択をする際には、より具体的に本人が理解できるように情報提供をする必要があります。その1つが体験です。聞くだけではなく、実際に体験してみて選ぶという情報提供も必要といえます。また、自分の意思の表出が難しい人については、そのときの様子や表情を丁寧に読み取っ

て、判断する根拠にする必要があります。

2 意思決定支援の枠組み

　意思決定支援の実施には、いくつかのステージがあります。1つは意思決定支援責任者の配置です。意思決定支援責任者は、意思決定支援計画作成に中心的にかかわり、意思決定支援会議を企画・運営する役割を担います。具体的には、サービス等利用計画や個別支援計画を作成するにあたり、本人の意思の確認や最善の利益の検討の手順や方法についてもいつ・どのように確認をしていくのかを計画します。すべての意思確認を行うというわけではありません。本人の意思決定を支援する情報や記録を誰から収集するのか、意思決定支援会議は誰が参加するのか、絵カードなのか具体物なのか選ぶ方法の検討など意思決定を進めるうえで必要な事項を検討します。

　意思決定支援会議には本人も参加し、アセスメントで得られた意思決定が必要な事項に関する情報を持ち寄り、本人の意思および選好を推定したり、最善の利益を検討したりします。

　また、意思決定支援会議で確認された本人の意思は、サービス等利用計画や個別支援計画の作成や日々のサービスの提供に反映されます。また、意思決定支援に基づく実際のサービス提供の結果をモニタリングし、次の意思決定に活かすことで、より本人の意思に寄り添った支援につながります。そのため、サービス提供において、本人の意思決定に沿った支援の結果、どのような状況になったのか、どのような表情をしていたのかなど記録を残しておくことも重要だといえます。

3 行動障害のある人の意思決定支援

　行動障害のある人のなかには、言葉で意思を伝えることが難しい人や、不安や苛立ちを行動で表す人が多くいます。また、楽しすぎて興奮して表現される人もいます。一つひとつの行動に含まれる本人の意思がどこにあるのかをかかわる人で集まって、そのときの状況や表情、前後の本人の行動や周りの状況などを持ち寄って検討する必要があります。本人の意思を推定するには、根拠をもって行う必要があります。そのためには、日々の記録がとても重要になります。そのときだけではなく、その前後の状況も含めて記録し蓄積しておくことで、より本人の意思に寄り添った支援ができるといえます。

　また、本人に説明するうえでも、特別な配慮が必要な人は少なくありません。どのような場所であれば落ち着いて聴き取ることができるのか、どのような情報提供であ

支援についての基本的なこと——支援のプロセスと記録——　**37**

ればより理解しやすいのか（写真なのか、絵なのか、具体物なのか）、体験はどのタイミングで、どのくらいの回数で実施すると体験的に理解できるのか。一人ひとりに適した合理的配慮を行う必要があります。この一人ひとりに適した合理的配慮の方法等を検討して決める場所が意思決定支援会議であり、その企画・運営を進めていくのが意思決定支援責任者だといえます。

意思決定支援においてもう1つ大切なことが、メリット・デメリットの説明とリスクの説明をするということです。メリット・デメリットの説明は大変難しいですが、本人の立場に立って考えられるメリット・デメリットを可能な限りあげ、体験も含めて情報提供していく必要があります。また、リスクはより少なくなるほどよく、自由の制限は最小化するように周りの環境や支援を整えていくことも必要です。

最後に、意思決定は、体験を積み重ねてできるようになるともいえます。体験したことのないことは選べません。大きなけがや負担がない安全な環境のなかでのさまざまな体験を積み重ねていくことで、自分は何が得意なのか、何が好きなのか、どうすると心地よいのかを実感したり、選択したりすることができるようになります。

そのために、ライフステージのなかで障害有無にかかわらず、子どもの頃にできる経験を、合理的配慮のある環境で必要な支援を受けながら実施できる環境整備が何より必要なのです。選択を必要とする年齢からではなく、子どもの頃から成長するなかで自然に積み重ねていく多くの経験が、意思決定の力をつけていく大切な支援だといえます。

CHECK POINTS

①意思決定支援は、最大限本人の意思を確認し、それでも意思の確認が難しい場合には支援者が集まり本人の最善の利益を検討するしくみです。

②意思決定するには、子どもの頃からのライフステージに応じた経験の積み重ねがとても大切です。

③意思の確認が難しい場合、本人の意思を推定するために、日々の記録がとても重要であり、それを持ち寄って意思決定を支援します。

危機管理・緊急時対応

1 危機管理や緊急時対応の重要性

　人の生活ですから、毎日が同じということはありませんが、さまざまな人が生活にかかわるときに、どのような支援の仕方が心地よいのか、どういった場合に一時休憩する必要があるのかなどは共有しておく必要があります。そのうえで今日の天気や本人の気分、体調に応じて支援を変化させていくのが、プロの支援です。

　特に、外出の支援を伴う行動援護などのサービスでは、支援者が１人でその時々に変わる環境に合わせて支援しなければなりません。そのため、危機管理はとても大切です。音に過敏であったり、目からの情報が過刺激になってしまう人にとっては、どのような場面でどのような情報が入ったときにどのような反応をするのか、またそのときにどのような支援が必要なのか、回避する方法はないのかなどを知っておく必要があります。

　まずは本人にとってどのような刺激が気持ちや体調の変化につながるのかを知っておかなければなりません。赤ちゃんや小さい子どもの声が苦手な人、ある一定のマークが気になる人、好きな飲料水の入っている自販機が気になる人、目の前にあるものは食べてしまいたい人。人によって気になるものや環境は異なりますが、どのようなものが気になるのかということと同時に、どのような場所にその要因がたくさんあるのか。どこを通れば、またはどの角度から支援すれば、その気になるものとの間に立つことができるのか。支援に入る前に、そういった本人と環境の情報を仕入れておくことが必要です。

　例えば、子どもの声が苦手だけれど公園で遊びたいという人の支援では、どの時間帯のどの公園であれば苦手な声が少なく遊ぶことが可能かを事前に調べることも必要です。また事前の準備をして公園に行っても、子どもの元気な声でパニックになってしまったら、「一時的に人の少ない砂場で落ち着くまで支援しよう」「トイレに誘導したり、お茶を飲むなど一服して場面を切り替えよう」など、場面や気持ちの切り替えを行う手段も知っておく必要があります。

支援についての基本的なこと──支援のプロセスと記録── 39

2 事前準備

　どんなに準備をしてどんなに配慮をして支援をしていても、パニックになったり、発作などで倒れてしまったり、事故に遭遇したりすることはあります。そういった場合にどのように対応していくのかを定めておくことも支援に入る前には必要な事前準備です。こういった場合には、1人だけで対応できないこともあります。いつもは場所や行動の切り替えでパニックが落ち着いていくのだけれど、今日はだんだん自傷行為が激しくなってきている。「いつもとは違う」「どんどんつらそうになっている」などに気づいたら、本人や周りの安全を確保しつつ、サービス管理責任者（あるいはサービス提供責任者や児童発達支援管理責任者）や管理者に連絡をとり、支援の方法についてアドバイスを得たり、プラスの支援者を呼んだりすることが必要です。

　発作については人それぞれですし、種類も発作の長さも状況も異なりますので、「どのような発作がどの程度続いたら座薬を入れる必要がある」、あるいは「救急車を呼ぶ必要がある」などを知っておく必要があります。どのような表情になってきたら、どのような行動があったら発作の前兆である、などについて知っておいて、適宜休憩を入れる必要もあります。場面によっては頭を守るための保護帽子を用意するなどの配慮も必要です。また、外出の際などは発作に対応できる病院がどこにあるのか、休憩できる場所はあるのかなどをあらかじめ調べてから外出する必要があります。また、普段服用している薬や通っている病院を記入したアセスメントシートなどを携帯しておく必要があります。事故については、冷静に本人と自分の状況等について事業所に連絡し、警察や救急の対応を行う必要があります。

　大きなパニックや発作などの体調の変化、不慮の事故など予測される緊急時を想定して、「このようなときにはまずここに連絡する」「これらのことを伝える」などをわかりやすく整理して、緊急対応カードにして持ち歩くなどの工夫も必要な準備だといえます。

CHECK POINTS
①緊急時を想定して、あらかじめ必要な情報をまとめておくことが大切です。

②緊急時にどのように対応するかをあらかじめ定めておくことが大切です。

7 協議会を中心とした地域づくり

1 課題の共有（個の課題から地域の課題へ）

どの市町村でも、完全に社会資源がそろっているところは少ないのではないでしょうか。「うちの町にはグループホームが少ない」「医療ケアや行動援護の必要な人が通える通所サービスがない、または少ない」「本当に必要なときにショートステイが使えない」「就労できる企業が少ない」「発達障害に理解のある病院が少ない」など。それぞれの町に必要な社会資源がそろっているとは限りません。また、「保育園に入れたが、障害に配慮をしてもらえない」「駅（バス）がバリアフリーではない」「行動障害のある人が行ける理髪店や歯医者がなくて困っている」など、通常の社会生活を送るうえでも理解促進を進める必要がある側面もあります。どうしたら制度や環境が変化するのか、また今あるものを活かせるのか、1人の支援者や1つの事業所だけでは対応できないこともたくさんあります。そのようなときに、さまざまな専門家や地域の人と一緒に考え、行動できる仕組みとして「協議会」があります。協議会は、当事者、事業所や市町村のほか、企業や学校・医療機関・保健所などが参加してそれぞれの市町村の課題について検討する場です。ほぼすべての市町村に、市町村単独もしくは圏域に設置されています。

しかし、「協議会はあっても何も変わらない」「何をしているかわからない」という意見をよく聞きます。協議会が機能しない理由はそれぞれです。協議会が機能するには、まずその町に暮らしている人の個々の課題を抽出することが、はじめの一歩です。相談支援専門員等がサービス等利用計画の作成において、「こんな夢を叶えたい。こんなことに困っている」ということを聞いているなかで、今のわが町では解決しなかった課題や足りないサービスなどをピックアップします。その際、Aさん、Bさんの実際の生活のなかから、目に浮かぶように課題を抽出することが大事です。また、生活の背景や今まで実施してきた支援の過程なども加えられると、より具体的でよりわが町ごととして考えられるきっかけになります。

「困った……」「こんなに頑張っているのに……」で終わらせない。本当に解決するためには、誰にでもわかるように文章にすること、つまりは「見える化」する作業が、地域づくりの最初の一歩として大切です。

2 チームづくり・環境整備・仕組みづくりをみんなで考えられる場づくり

　そのうえで次に大切なことは、「これはおかしい」「こんなことができるといいな」と一緒に感じて、一緒に解決の方法を考え、一緒に行動してくれる仲間をつくることです。どれほど進んでいる市町村でも、協議会で取り組んだことがすべてうまくいったという市町村はないと思います。しかし、進んでいる市町村では、うまくいかないことがあっても、再度「こんな方法ではどうだろう」「あの人も仲間に加えてはどうだろう」「あそこに見学に行ってみようか」「今はできなくてもこの子が小学校に入るまでには。みんなで勉強してみよう」など、次を考える土壌があります。また「役所に制度をつくってもらおう。予算を増やしてもらおう」ということだけでなく、「自分たちでも何かできないか」「こんな人も仲間に加わってもらおう」と、自分たちでできることや仲間づくりを常に考えているように思います。

　課題は、次から次に絶え間なく出てきます。当たり前なのですが、社会が変われば人の生活や環境・感じ方も変わります。障害のある人の暮らしも、必要な支援も必要な環境も変わるのです。つまり、ずっと何らかの課題が現れては解決に取り組んでいく必要があります。だからこそ、何かの制度をつくるという結果だけでなく、一緒に考え続けられるチームをつくることが必要で、それをつくる仕組みとして活用するのが「協議会」なのです。

CHECK POINTS

①協議会では、一支援者や一事業所で対応できないことを地域で一緒に考え行動します。

②協議会では、一人ひとりの課題から地域の課題を抽出していきます。

③協議会は、地域で一緒に考え続けられるチームをつくるための仕組みです。

| 第2節 | 記録と情報共有 |

1 記録の意義や活用方法を知る

1 なぜ記録を取るのか

　今では支援の現場で記録を取ることは当たり前になっていますが、そもそも、なぜ支援をしたら記録を取るのでしょうか。「支援をしっかりやっているのだから記録なんてどうでもいいじゃないか」という人もいるかもしれません。「記録を取っても見返すこともないし、何のために書いているのかわからない」という人もいるかもしれません。他にも「上司に言われているから」「監査に必要だから」「何となく」という人もいるでしょう。確かに記録は手間がかかりますし、活用をしなければ何のために書いているのかわかりません。しかし、記録を取ることは実際の支援には欠かせないものなのです。ここでは、あらためて記録を取る大切さについて考えてみます。

2 支援を行った証拠として

　それぞれの現場で行われているみなさんの支援は、障害者総合支援法や児童福祉法などの法律に基づいて行われています。それらの法律においては支援者のみなさんが利用者に対して支援を提供すると、その対価として行政より事業所に報酬が入る仕組みとなっています。そして、事業所に支払われる報酬が支援者のみなさんの給与などになるわけです。行政より支払われる報酬はもちろん税金から賄われていますので、おおもとをたどると多くの国民の税金がみなさんの支援に対する報酬になっていることになります。そう考えると、報酬に見合うだけの支援をしっかりやっているかということが大切になるわけですが、その証拠の１つとなるのがみなさんが付ける記録なのです。よい支援をすることはもちろんですが、しっかり記録を付けておくことが大切です。

3 利用者の変化を確認するために

　利用者一人ひとりの様子は刻一刻と変わります。年齢を重ねることで変わることもありますし、生活環境の変化で変わることもあります。また、行動障害のある人たちについては、ちょっとした刺激やきっかけで変わってしまうこともあります。支援を

支援についての基本的なこと──支援のプロセスと記録── **43**

しているなかで「最近何か様子が違うな」と感じたことは、支援者であれば誰にでも経験があるのではないでしょうか。「様子が違うな」と感じたとき、その変化があまり好ましくないものだったらあなたはどうするでしょうか。例えば、「これまでは活動をスムーズにやってくれていたのに、だんだんと活動ができなくなった」「これまで穏やかに過ごしていたのに、急に他者に攻撃的になった」などです。そのような状態になったときには支援者は誰でも「なぜだろう？」「どうしたらいいだろう？」と思い悩みます。しかし、本書で何度も述べられているように、本人の行動には必ず理由があります。その理由がわかりにくいところが障害のある人たちへの支援の難しさですが、行動には必ず理由があるのです。支援者はその理由を考えることが大切ですが、やみくもに考えてもなかなか思い浮かびません。そこで、その理由を探る手掛かりになるのが、私たちが日々付けている記録です。記録に毎日もしくは一定時間ごとの様子や普段と違う点が書かれていたら、行動や様子の変化について「いつから変わってきたのか」「どういうきっかけで変わってきたか」を推測することができ、その対応を考えやすくなります。利用者の様子が変わってきたなと思ったら、まずは過去の記録を見て確認してみる。記録は過去のことを記録するだけでなく、将来の支援に役立つものなのです。

4 支援者同士で情報を共有するために

　支援の現場のほとんどがチーム支援です。つまり1人の支援者で利用者を支援するのではなく、複数の支援者で利用者を支援します。日中系の事業所では担当制で支援しているところも多いですし、施設入所支援やグループホームなどでは交代制で支援しているところがほとんどだと思います。また、ヘルパーなどのマンツーマンの支援でも毎回同じ支援者が担当するとは限りません。このように利用者をチームで支援するときに大切なことが、利用者の日々の様子や重要な変化を支援者同士で共有しておくことです。例えば「Aさんが最近はBさんのことを苦手としているのに、それを知らずに一緒の車で外出に連れて行ってパニックになった」「熱があることを知らずに入浴させてしまい悪化させてしまった」など、利用者の様子を知らなかったばかりに間違った支援をしてしまうということはあってはならないことです。しかし、すべての場面で支援者同士が顔を合わせて情報共有ができればいいのですが、慌ただしい支援の現場ではいつもそのようにはいきませんし、口頭による引き継ぎは曖昧に伝わる可能性もあります。そのようなときにとても有効なのが記録です。日々の記録をきちんと付けて、かかわる支援者がしっかり確認することで、支援のミスを防ぐことができ

ます。また、利用者本人にとっても、支援者によって対応が違ったり、やってほしくないことをされたりといういやな思いをせずにすみます。記録は書いて書棚に片づけておくものではなく、常にかかわる支援者が回覧することで生きてきます。

CHECK POINTS
①支援を行った証拠として記録を付けておくことが必要です。
②利用者の変化の理由を考えるときに、記録がとても役に立ちます。
③支援者同士の情報共有のツールとして記録は重要です。

2 記録の具体的な方法

1 記録を書くときのポイント

前項では記録の大切さについて説明しましたが、ここでは実際に記録を書くときのポイントを考えてみましょう。記録の書式についてはすでにみなさんの職場にもあると思いますが、全国共通の書式というものはありません。一般的には、市販されている書式やソフトに入っている書式、独自につくった書式などが使用されていると思います。どのような書式であっても、記録を書く際には、以下のようなことに気をつけましょう。

2 時間をかけずに

「詳細に隅々まで書かないと気がすまない」「文章を書くことが苦手でなかなか書けない」ということで、記録を書くことにとても時間がかかってしまっている人もいるかもしれません。しかし、記録を書くことに毎日多くの時間をかけてしまっては、負担にもなりますし、次の支援の準備などに時間を使ったほうがさらに有効な時間の使い方かもしれません。記録はあくまで支援の補助的な役割ですから、できるだけ時間をかけずに書くようにしましょう。そのためには、だらだらとした文章ではなく要点をまとめて書く、毎日記入する内容はチェック形式にするなどの工夫も大切です。

支援についての基本的なこと──支援のプロセスと記録── **45**

3 主観ではなく客観的に

　記録は感想文や作文ではありませんので、できるだけ客観的に書くことが大切です。「○○○がすごいと思いました。」「△△△がとても悲しかったです。」といった主観的な文章ではなく、「○○○ということがありました。」「△△△でした。」という事実を書くようにします。また、毎日記入する内容についてはチェック形式にして、特記事項のみを文章で記述するということもよいでしょう。特に、行動障害のある人たちの記録については、特定の行動について「いつ」「どこで」「どういう場面で」「どのくらい」といった記録を付けていくことで、行動の背景を確認でき、支援の方法を考えるヒントになることもあります。その際にも、客観的に記載していくことが大切です。

4 見返すことができるように

　記録は「書いたらおしまい」というものではありません。後から支援の振り返りを行うこともありますし、利用者のなかで対応が難しい行動が現れたときに、「いつから出始めたのか」「何かきっかけになることがなかったか」などを探るためにも、記録はとても役に立ちます。ですから、記録を書くときには後から見返したときにわかりやすいように、整理して読みやすく書くことが大切です。自分しかわからないような書き方であったり、殴り書きのように他の人が見てもわからないような字で書いてしまっては、後から見ても何が書いてあるのかわかりません。記録を書くときには、後から見返すことがあるということを意識しながら書きましょう。

5 誰が見てもわかりやすいように

　記録は職員だけが見るわけではありません。記録はそのときにどのような支援をしたかの証明にもなるので、例えば家族から記録を見たいという申し出があれば見せなければなりません。事業所を運営するうえでは支援の内容を家族に確認してもらうことになっていますので、事業所によっては支援記録自体を毎回家族に見せて確認してもらっているところもあります。また、行政からの実地指導の際には支援記録を必ずチェックされますし、もし何かの問題が生じたときには記録の内容で当時の支援のあり方を確認されることもあります。このように、記録は関係する職員だけでなくいろいろな人が見る可能性がありますので、事実を記載することはもちろんのこと、必要な事項は必ず記載しておくこと、誰が見てもわかりやすいように書くことなどを心がけておきましょう。

6 行動の記録

　前述しましたが、行動障害のある人たちの支援においては、日々の支援記録とは別に行動の記録を付けることで役に立つことがあります（支援記録と一緒に記載する方法もあります）。

　例えば、利用者がある特定の物へのこだわりが増えていったとします。支援者ははじめは「気になる」程度だったかもしれませんが、日に日にこだわりが強くなって普段の活動にも支障が出てきたときに「どうにかしなければ」となります。しかし、その段階でどうにかしようとあれこれと考えてもよい方法が浮かばないことも少なくありません。そのようなときには、その行動が「いつ」「どこで」「誰と」「どのような場面で」起きているのか、前後はどのような状況だったかなどを一定期間チェックしていくと、その行動が起こっている状況や傾向が客観的にわかり、支援内容のどこを修正すればよいかを見つけやすくなります。

　行動の記録をするときにはできるだけ具体的に記録することが大切です。行動を記録する方法については、ほかにもこのテキストでいくつか紹介されています。それらを参考にして、「困ったな」と思ったときには、自分であれこれ考えるだけでなく、行動の記録を付けることをお勧めします。

> **CHECK POINTS**
> ①記録は事実を客観的に書きましょう。
> ②記録はいつ、誰が見てもわかりやすいように書きましょう。
> ③行動面で気になることがあれば、行動の記録を付けてみましょう。

支援についての基本的なこと——支援のプロセスと記録—— **47**

| 事例 2 |

本人の発するサインによりパニックを予測できるようになったトモアキさん

名前 トモアキさん　　**年齢** 12歳　　**性別** 男性
利用している主なサービス 放課後等デイサービス・行動援護

✳ トモアキさんのこと

　トモアキさんは、重い知的障害を伴う自閉スペクトラム症の男の子です。小さな頃から偏食、大きな声での独り言、原因不明の突然のパニックなどがありました。

　家族構成は本人、両親、妹の4人暮らしです。母親の実家が近くにあり、両親の仕事の都合が悪いときはこの実家で暮らす祖父母が面倒をみるという生活をしていました。保育園まではそれで対応できましたが、特別支援学校に進学した頃から行動面での激しさが顕著になってきて、なかなか対応が難しくなってきました。

✳ トモアキさんのこれまで

　小学3年生の頃から両親が共働きになったことをきっかけに、トモアキさんは週に5日、放課後等デイサービスで過ごしていましたが、原因不明のパニックが頻発していました。楽しそうに遊んでいたかと思うと、急に表情が険しくなり、近くにいる友だちや指導員の髪を強い力で引っ張り、それを数人がかりで離す、といったことがありました。

　これまでの経験から「大きな声や子ども、女性のかん高い声が苦手」「人混みは嫌い」「変更が苦手で繰り返しのスケジュールのほうが安定している」「言葉かけするより

も、絵カードなどでコミュニケーションを取ったほうが理解しやすい」ことはわかっていました。

　放課後等デイサービスは本人の放課後の豊かな過ごしの場、成長の場という目的でサービス提供がされていましたが、両親の就労の保障という側面もありました。一方で、現在の環境がトモアキさんにとって決してよい環境ではないこともわかっていました。

　そこで担当の相談支援専門員は最も放課後等デイサービスが混み合う水曜日に行動援護のサービスを入れて、本人の好きな活動ができるようにし、かつ人混みのなかで混乱しないようなサービスの組み立てを考えました。

　行動援護では大好きなプールで思い切り遊んで、プールの後にはこれまた大好きなジュースを買うことにしました。言葉での説明は控え、学校が終わってからプールに行って、ジュースを買って、自宅に送り届けるまでのスケジュールをすべて写真カードにしました。担当するヘルパーの顔写真や送迎に使う車についても事前にトモアキさんに提示しました。

　このようにして言語ではなく写真カードを使うこと、スケジュールを小まめに事前に提示すること、行動援護で本人の大好きな活動を用意することによって、自宅での

パニックの頻度は激減していきました。

でも、うまくいかないこともありました。パニックの頻度は減りましたが、本人の力がどんどん強くなってきて、パニックの際の周囲への影響が大きくなってきました。特に放課後等デイサービスや学校で不穏時に近くにいる人への髪引き、つかみかかりはかなり大きなけがにつながりそうなくらいの激しさになってきました。

そこで、相談支援専門員はサービス担当者会議を招集して、事業所、家庭、学校で起こっていることの情報交換を行いました。会議の最中、ある支援員が言いました。「トモアキさんがパニックを起こす前って、何か歌を口ずさんでいるような気がするんです」。……すると、学校側も「そういえば……」と言いました。曲は3年ほど前に流行ったアニメソングであることがわかりました。自宅での様子はどうかと母親に尋ねると「家族の髪引きをしながら、そんな歌をうたっていることがある」との答えが返ってきました。

支援者チームはアニメソングがパニックの前兆になっているという予測を立てました。そこで会議では「アニメソングを口ずさんだときには周囲の安全を素早く確保する」「本人が落ち着ける場所に誘導する」という方法を導き出しました。

✻ トモアキさんの今

予想は的中しました。トモアキさんがアニメソングを歌い始めたとき、それがパニックの前兆のサインであることがわかりました。会議で共有された事項について学校、事業所で同様の対応をとりました。このことによって、パニックが全くなくなったわけではありませんが、頻度としてはかなり減少していきました。

ここでのポイントはサービス担当者会議での「アニメソングがパニックの前兆ではないか？」という支援員の一言でした。そして、これに他の支援者も「そうかもしれない」と情報を共有しようとしたことでした。そして、この情報をもとに支援方法をチームで組み立てたことでした。日々の支援のなかで、本人の発するささやかなサインからヒントを見つけ、それを具体的な支援に結びつけることで行動を徐々に安定につないでいくことができました。

事例3 環境を整えることで落ち着いてきたナオキさん

| 名前 | ナオキさん | 年齢 | 12歳 | 性別 | 男性 |

利用している主なサービス 行動援護

＊ ナオキさんのこと

ナオキさんは自閉スペクトラム症の男の子です。人の名前やバスの時刻表が好きで、一度目にすると人の名前や時刻などを記憶してしまいます。人と話すことも大好きで、スクールバスの行き先や学校の友達の名前を何度も確認します。また、行ったことのない場所を訪れたり初めての経験をしたりすると、自分で独自のルールをつくり、こだわりが増えることがあります。自分のルールどおりにならないと他の人を叩いたり唾を吐いたりして、怒ることがあります。

ナオキさんは現在、両親と姉・妹の5人家族です。幼い頃から自閉スペクトラム症の専門機関で療育を受け、6歳のときに現在の住まいに家族で引っ越してきました。妹の出産のため母が入院することになり、相談支援事業所を通じて行動援護の利用を始めました。しかし出産後、妹に身体障害が見つかり、妹が1歳になるまでは定期的な通院が必要になりました。また母もバセドウ病の治療中であり、妹と母の通院の機会を確保するため、毎週2日、平日の15時から17時まで行動援護を定期的に利用することになりました。本人の障害状況に配慮してヘルパーステーションとその周辺を過ごす場所とし、本人を受け止める環境を整えることにしました。

＊ ナオキさんのこれまで

サービス利用当初から事業所でも一定の場所に落ち着くことができず、うろうろ歩き回り、他の利用者が気になって落ち着かないことがありました。また、併設する通所施設の送迎車が気になり、帰宅時間が遅れることもありました。文字、時計が理解できるため、絵カードやスケジュールを紙に書いて伝え、帰る時間はタイマーを鳴らすようにしていますが、自分でスケジュールを書き換え、時間を遅らせることもありました。

帰りの送迎時は自分が通りたいコースを要求することが多くなってきました。自分の要求が通らなければシートベルトを外し、ヘルパーの髪の毛を引っ張り、車のドアを開けて外に出ようとする行為がたびたびみられました。送迎時以外でも自分の要求が通らなければヘルパーを叩く、噛む、髪の毛を引っ張る、暴言や大きな声を出して怒るなどの行為がだんだんとエスカレートしていきました。また職員の動きを真似して車のリフトの操作をしたり、他の利用者に食事介助をしようとして止められると怒り出すことがありました。

この頃にナオキさんの支援会議が開かれ、相談支援事業所、両親、学校の担任の

先生、市の担当者、行動援護事業所が集まり、ナオキさんの状態についての情報交換と支援の方向性についての意思統一を行いました。

ナオキさんの支援対応として、ナオキさんが気になる利用者の名前が書いてある書類や、送迎車の鍵はナオキさんの見えない場所に保管することにしました。また過ごす場所を固定化し、決められたスケジュールで過ごすことを徹底しました。帰りの送迎については安全確保のため、ヘルパー2人で送ることになりました。それでも他のヘルパーの出勤状況やどの車に乗るかが気になり怒り出すこともありました。利用者の情報については教えないルールとし、教えてもよい情報については事前にナオキさんに伝えることにしました。そして、気になる情報は可能な限り事前にナオキさんに伝えることにしました。

またやってはいけないことはなぜダメなのかをはっきりと伝え、「してはいけないこと」だけではなく「ここまでならやってもいいよ」とやってもよい範囲を伝えました。やってもよい範囲はヘルパー同士で統一をし、ヘルパー全員が共通理解のもとで支援を行いました。

✱ ナオキさんの今

スケジュールを使用した支援を始めた頃は予定どおりにいかず、すぐになじめませんでしたが、スケジュールを崩すことなくそれぞれのヘルパーが同じ対応をすることで、1年ほど経過した頃から落ち着いてきました。現在でも同じ方法で行き帰りの送迎コースを固定し、過ごし方もスケジュールで伝えています。また年齢と成長に合わせてスケジュールの内容を変更しても理解してくれるようになりました。現在、妹と母の治療は終了しましたが、行動援護を利用することでナオキさんが落ち着いて過ごすことができているので、家族は利用の継続を望んでいます。

コラム2

グループホームでの支援

はじめに

　グループホーム（以下、GH）とは、障害のある人が少人数で生活をしている「地域で暮らす場」です。グループでの生活ですので、集団のように感じますが、決して集団の家というわけではなく、利用者の一人ひとりの住まいとなります。

強度行動障害の人が暮らしているGH

　今回紹介するGHは「レジデンスなさはら」です。レジデンスなさはらは、強度行動障害の人が生活しやすいように工夫をしたGHで、「地域での豊かな暮らし」を目標として、2012（平成24）年4月に開設しました。最大の特徴は、入居者が決まってから、GHの設計、建設を進めたことです。つまり、オーダーメイドのGHです。そうすることで、一人ひとりに合理的配慮のある住環境を提供しています。また、入居後も一人ひとりに合わせた個別支援を行っています。

　もう1つの特徴は、現場で対応する職員のうち、約8割が非常勤職員ということです。当初は、初めて福祉の仕事をする人も多く、試行錯誤の連続でしたが、今では、日々、入居者の豊かな生活を目指した支援を考えられる頼もしい職員ばかりです。

GHにおける合理的配慮とは

①安心できる人数での生活

　GHは、入所施設に比べて、少人数での生活であることが多いです。しかし、「少人数＝よい」というわけではありません。大切なのは「本人が安心できる生活」です。レジデンスなさはらは、入居者が決まってから、建物の設計をしているので、特殊な形をしています。例えば、男性6名の居室空間は玄関を分けることで、4名の空間と2名の空間を完全に分けています（図1）。そのため、2名の空間は、実質2人暮らしとなりますので、対人関係が苦手な人でも比較的安心して過ごすことができています。

写真1　レジデンスなさはら

写真2　洗面所を2つにし、動線を分けている

コラム2　グループホームでの支援

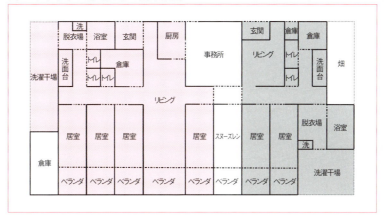

図1　レジデンスなさはらの間取り図

②一人ひとりに合わせた支援

　GHとは集団生活ではなく、あくまでも入居者一人ひとりの暮らしが原点です。それは、強度行動障害の人がGHで生活していても変わりません。そのため、支援も一人ひとりに合わせたオーダーメイドの支援が必要です。レジデンスなさはらの例でいえば、スケジュールシステムは入居者によって異なります。また、入居者にとって生活しやすくなるような工夫も、一人ひとり違います。当然、入居者の状態変化もあるので、支援の改訂・変更も随時行い、一人ひとりに合わせた支援の継続をしています。

支援に必要な道具が、職員にも効果的！

　GHは365日運営しているため、多くの職員が一人の入居者にかかわります。しかし、一人の入居者に、各々の職員が異なるかかわり方をすると、入居者はどう思うでしょうか。きっと混乱してしまうでしょう。そのため、多くの職員がかかわっても、支援は統一されていることが望ましいです。

　例えば、レジデンスなさはらでは、支援に必要なさまざまな道具（以下、支援ツール）が支援の統一に役立っています（写真

写真3　リスト式のスケジュール

写真4　日めくり式のスケジュール

写真5　収納場所を示すイラスト

53

> コラム2　グループホームでの支援

▲上の時計は動いている。下の時計は手動式。「下の時計で針が12になったらお茶を飲みましょう」と伝え、上の時計で、針が12になったらお茶を渡している。

写真6　Kさん用の支援ツール

3・4・5）。1つ事例を紹介します。

　Kさんは49歳（自閉スペクトラム症と重度知的障害）の男性で、水飲みが激しく、入居前には1日最大15L以上水を飲み、水中毒の危険性がありました。命の危険があるので、レジデンスなさはらでは、止水をしました。そうすると、当然のことですが、職員へのお茶要求が増えます。職員によっては、何度も要求を受けるので、なんとかその場を凌ごうとし、いろいろな対応をするのですが、Kさんにとっては、いつもと違う対応なので、逆に混乱の原因となりました。そのため、Kさん用の支援ツール（写真6）を作り、Kさんに「いつになったら飲めるのか」を提示するようにしました。この支援ツールを使うことで、Kさんは見通しがもて、お茶要求が減りました。また、職員も支援ツールを使って、Kさんに「○○になったらお茶飲みましょう」と伝えられるので、どの職員が現場に入っても自然と同じ対応をすることができました。今では、Kさんの1日の水分摂取量は約2Lです。このように支援ツールは、入居者だけでなく職員にとっても、支援を統一するために重要なツールとなっています。

最後に
―― 豊かな生活を目指して

　レジデンスなさはらでは、さまざまな取組みを続け、幸い入居者の行動障害は改善してきました。しかし、GHでの生活のゴールは、行動障害の改善でしょうか。行動障害の改善は望ましいことですが、決してゴールではありません。GHの使命は「豊かな地域での暮らしの提供」です。少しでも豊かな生活を目指して、取組みを続けることがとても大切だと考えています。

伊名岡　宏（社会福祉法人北摂杉の子会　レジデンスなさはら）

第3章 私たちのことを知ってほしい

──強度行動障害に関係する障害について──

第1節　自閉スペクトラム症について

1　自閉スペクトラム症とは

1　カナーの最初の論文

　自閉スペクトラム症は、「自閉症」「自閉症スペクトラム障害」などいくつかの呼び方がありますが、もともとは1943年にアメリカの児童精神科医レオ・カナーが発表した論文（Kanner 1943）がその最初です。カナーの論文のタイトルは「情緒的接触の自閉的障害」と日本語に訳すことができ、人との関係を築いていくことに生来的な困難があることを表しています。この論文は大学病院を受診した11人の子ども（男子8人、女子3人）の詳細な症例報告です。人との関係を築くことの困難や人への関心の薄さの例として、以下のことが記載されています。

　　フレデリックは物には関心を向け、物ではよく遊ぶが、人に対してはチラッと見るだけで招かざる客と見なしているようだった。……マッチの火を吹き消して満足そうな顔をしても、マッチをつけた人は見なかった（Kanner 1943:224）。

　私が40年前に初めて会った自閉スペクトラム症の子どもは、まさにそのようでした。大学の教育相談室で、4歳で発語はなく知的障害を伴う男の子を先輩が連れて来るのを待っていました。その子は相談室に入ると1m先にいる私には全く目もくれず、部屋の隅に落ちていた糸くずを拾い上げ、それを5分くらい弄んでいたのです。私はその様子を見て、「自閉スペクトラム症児は人に対する興味関心が乏しく、しかし物に対する興味関心は強い」と授業で教わったことを思い出し、まさにそのとおりだ、と納得したのです。

　しかし、その子を通して教えられたのはそれだけではありませんでした。1年後、父親の転勤により家族で転居することになり、教育相談の最後の日を迎えました。その日の指導が終わった後、指導担当の先輩は母親とお別れの話をしていました。その間、男の子は母親に手をつながれてその場に一緒にいましたが、先輩と母親の会話の内容はおそらく理解していなかったと思われます。発語もなく言葉の理解も十分でない知的障害をもっていたからです。しかし、最後の別れのとき、先輩と母親が手を振っ

て、そして先輩がその子に「バイバイ」と言ったとき、その子は先輩のほうに走っていき抱きついたのです。この光景は私に大きなショックと疑問をもたらしました。自閉スペクトラム症の子どもは他者との情緒的な交流に困難がある、とカナーは書いていて、この子は会話の内容を理解できていないはずなのですが、先輩に抱きついていった行動は、先輩と母親の会話をなんとなく雰囲気で理解していたのかもしれない、そして先輩との情緒的な関係はできていた、と思わせるものでした。自閉スペクトラム症の子どもはその子なりに周囲を理解し、その子なりに感情をもっていて、その子なりの感情の表し方をしているのではないか？　自閉スペクトラム症についてまだまだ理解していないことがたくさんあるということを、私はこの男の子を通して教えられたのです。

2　自閉スペクトラム症の診断基準

　現在、医学的な診断基準として世界的に広く用いられているものの１つは、2013年に公表されたアメリカ精神医学会によるDSM-5（『精神疾患の診断・統計マニュアル』）です。以下の診断基準をみると自閉スペクトラム症の主な特徴がわかります。

DSM-5・自閉スペクトラム症の主な特徴

（1）社会的コミュニケーションと対人的相互反応に持続的な困難がある。
　　①社会的・情緒的な相互関係の障害
　　②他者との交流に用いられる非言語的コミュニケーションの障害
　　③年齢相応の対人関係を築いたりそれを維持することの障害
（2）行動、興味、活動が限定された反復的な様式（以下の項目２つ以上に該当）。
　　①常同的で反復的な身体動作、物の使用、あるいは話し方
　　②同一性へのこだわり、習慣へのこだわり、言語・非言語的な儀式的な行動様式
　　③非常に強くて極めて限定的な興味・関心
　　④感覚刺激に対する過敏さ、または鈍感さ
（3）これらの症状は発達早期に存在する。
（4）これらの症状は社会生活や職業生活などの重要な機能に重大な障害を引き起こしている。

3　自閉スペクトラム症の個人差の理解

　イギリスの精神科医ローナ・ウィングは重度の知的障害を伴う人から知的障害を伴わない人まで、後述する「三つ組」をもつ人たちを「自閉症スペクトラム」と表現し、個人差の幅広さと連続体であることを示しています（Wing 1996）。自閉スペクトラム症という同じ診断を受けた人の個人差が大きいのもこの障害の特徴です。個人差を理解するためには、「知的能力レベル」「自閉性レベル」「年齢・発達レベル」の３つのレベルで考えることが大切です（園山 2003）。

　「知的能力レベル」については、自閉スペクトラム症のなかには重度の知的障害をも

つ人もいれば、知的障害のない、あるいは優れた知的能力をもつ人もいて、その知的能力のレベルによって状態像が大きく異なります。例えば、知的障害のない自閉スペクトラム症の人は学校での勉強ができ、言葉の発達もよいのですが、知的障害を伴う人は読み・書き・計算などの基本的な学習が困難であったり、重度あるいは最重度の知的障害をもつ場合には意味のある発話がなかったり、会話の理解が難しかったりします。優れた知的能力を発揮する人から、言語の発達が極めて難しい人まで、幅広い自閉スペクトラム症の人がいるのです。

「自閉性レベル」については、自閉スペクトラム症という診断を受けた人たちはみなDSM-5の診断基準を満たすことは確かですが、その症状の程度にはとても強いものから弱いものまであります。例えば、こだわりについても、こだわりがたくさんありいずれも強い人から、こだわりが少なくまた弱い人もいます。あるいは、感覚的な過敏性が強く、その感覚刺激が強い不快感を引き起こすために、その刺激から逃れようと問題行動を起こしてしまう人もいれば、感覚的な過敏性があっても我慢できる程度の人もいます。

「年齢・発達レベル」については、一般に、自閉スペクトラム症は1歳を過ぎた頃から小学校入学頃までに気づかれることが多く、幼稚園や保育所では対人スキルの未学習もあり、集団参加が困難であったり、他児とのトラブルが起きやすい状況にあります。特に多動性のある子どもでは、保育者の加配が必要になります。学齢期では知的能力のレベルによって学業の達成度に違いがあるだけでなく、知的障害がない場合でも、高学年になると「認知の歪み」といわれる間違った関係づけ（理由づけ）が顕著になったり、そのことが行動障害の背景にあることも少なくありません。このような場合、認知（関係づけの仕方、考え方）の変容につながるような支援、例えば、ソーシャルスキル・トレーニング（Social Skills Training；SST）や認知行動療法などによる支援が必要となります。また、知的障害を伴う場合、一般に低年齢段階では、身辺処理スキルなどの基本的生活スキルの獲得に向けたボトムアップ型の支援方略が重要ですが、中学生以降は、将来の社会生活で必要となるスキルの獲得に向けたトップダウン型の支援方略が必要になります。

図3-1は、個人差を理解するための3つのレベルを図示したものです。3つのレベルによって個人差を理解するために、便宜的に4つのグループに分けて考えるとわかりやすいでしょう。

Aグループの人たちは、知的障害があり、かつ、自閉性も強い人たちです。したがって、支援する際には知的障害の特性と、自閉スペクトラム症の特性の両方に合致した

支援方法が必要です。知的障害の特性だけに合致した支援方法では、こだわりや感覚的過敏性に留意されず、さまざまな問題が生起する可能性があります。

Bグループの人たちは、知的障害があり、自閉性という点では比較的軽度の人たちです。したがって、知的障害の特性に合致した支援方法を取りつつ、自閉性の部分への配慮が必要となります。

Cグループの人たちは、知的障害はないが、自閉性が強い人たちです。したがって、学業はある程度達成できても、人間関係を円滑に保つことが困難で、さまざまなこだわりや感覚的過敏性などにより、支援がなされないとさまざまな困難が起きやすくなります。学業成績だけに目を向けると、自閉性により生じるさまざまな困難が見過ごされてしまいます。自閉性の部分に留意した支援が必要となります。

Dグループの人たちは、知的障害はなく、自閉性という点でも比較的軽度である人たちです。学業もある程度達成し、適切な配慮がなされることで人間関係や集団参加という点でも比較的うまくいきやすい人たちです。

また、自閉スペクトラム症の人のなかには、非常に優れた知的能力をもっていて、学校の年齢相応の学習課題は簡単すぎて、その課題に取り組まず、自分の興味関心のあるものだけに集中するといった問題が生じることもあります。

図3-1 自閉スペクトラム症の個人差の理解のための図式

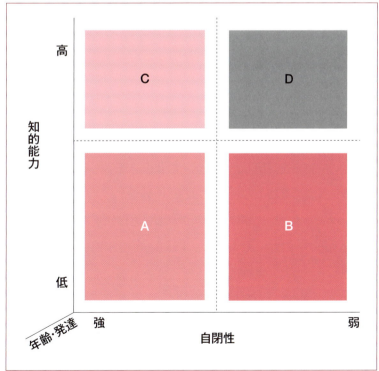

2 診断に関連する主要な特性

ウィングは自閉スペクトラム症の中核的障害を「三つ組」と表現し、相互に関連する「社会的相互交渉の質的障害」「コミュニケーションの質的障害」「想像力の障害」の3つを主な特徴ととらえています（Wing 1996）。

1 社会的相互交渉の質的障害

いわゆる社会性の障害といわれる特徴です。乳幼児期は興味・関心の偏りが大きかったり、人とのかかわり方が未学習のため、人に関心を示さないようにみえたり、自分の興味ある物や活動にだけ取り組んだり、集団活動に参加できなかったりするような様子がさまざまな場面でみられます。日常生活を通して対人関係の取り方を学習しても、自分勝手なかかわり方で相手がいやがったり受け入れてくれない、孤立して自分の興味や関心のあることに熱中する、あるいは自分から対人関係を取ろうとしても形式ばったかかわり方であったり、一方的なかかわりであったりすることが少なくありません。

私たちの社会は家庭でも学校でも職場でも、他の人とのかかわりが必要となる社会です。一緒に遊んだり、教室の中で一緒に勉強したり、買い物したり、レストランで料理を注文したりする際には、必ず他の人との相互交渉（やりとり）が必要です。私たちは他の人に何かを頼んだり尋ねたり、逆に他の人から何かを頼まれたりします。その際には他の人とのやりとりが必要となります。この他の人とのやりとりをうまく行うためには、次で述べるコミュニケーションのスキルはもとより、相手の立場に立ったり、相手の気持ちを理解したり、相手の状況を理解することが必要です。自閉スペクトラム症の人たちはこのことが基本的に困難です。

ある自閉スペクトラム症の青年は人とかかわることは好きでしたが、自分が関心をもっていることを一方的に話したり、道ですれ違った見ず知らずの若い女性に挨拶して握手を求めたりしたため、警察に通報されたこともありました。人との関係づくりにはそれまでの互いの関係性や親しさによってかかわり方を変えなければいけないのですが、その柔軟な対応が難しかったのです。

自閉スペクトラム症の特徴の1つとして「心の理論の障害」が取り上げられることがあります。他の人がどのような感情状態でいるのか、他の人がどのように考えてい

るのかを推測することが困難である、ということです。これは実験によって自閉スペクトラム症の特徴として示されたものですが、他の人の状況、気持ち、考えを推測できなければ、相手に受け入れられるかかわり方は難しくなります。

社会性の障害について、日常生活では次のような様子が見られやすいといえます。1つは、相手の気持ちを想像することが難しく、相手の表情や気持ちに応じた対応ができず、自分勝手な一方的なかかわりになったりします。また、状況の理解が不十分なため、その場にふさわしい行動がとれず、集団のなかで協調性がないように受け取られることも少なくありません。

2 コミュニケーションの質的障害

行動障害がコミュニケーションの機能をもっていることが非常に多い、といわれます。すなわち、言葉で「○○がほしい」「○○をしたい」「○○をしたくない」ということを相手に伝えることができないと、私たちはとてもイライラした気分になります。そのイライラ感が高まると、ほしい物を勝手に取ってしまい、他の人にその行動を止められると、その人を叩いてしまう（他傷行動）ことが起きやすくなることを想像することは難しくありません。難しい課題や作業をしたくないのに、それをするように強く指示されると、その課題や材料を投げて窓ガラスを壊してしまう（物壊し）ことが起きやすくなってもおかしくありません。

重度の知的障害をもつ人は言語発達が制限され、発語がなかったり、極めてわずかの語彙しかない人も多くいます。その場合、自分のしたいこと、したくないことが相手に伝えられず、フラストレーションの状態に陥り、その要求を通すために発語以外の手段として行動障害を起こしてしまうことがあります。このようにコミュニケーションのスキルが欠如していることが行動障害の背景にある場合は非常に多く、話し言葉以外の手段も含めて何らかのコミュニケーション手段の獲得を促進しないと、行動障害の改善にはつながりません。

一方、知的障害をもたない自閉スペクトラム症の人にも、コミュニケーションの質的障害が存在します。語彙をたくさんもっていても、言葉の本来の意味が理解できず、字義どおりに受け取ってしまうことがあります。ある母親が小学生のわが子に「お風呂、みてきて」と頼んだところ、その子はお風呂を見にいって戻ってから、「お風呂、見てきた」と母親に報告しました。この場合、母親が頼んだのは、「お風呂が沸いているかどうかを確認してきてほしい」という意味だったのですが、その子は字義どおりに"お風呂"を"見てくる"と理解したのです。その他にも微妙なニュアンスの理解

や、含意を理解することが難しかったりします。言葉の適切な理解ができないと、作業で失敗したり、人間関係がうまくいかなくなったりします。その結果として、フラストレーションが積み重なり、ちょっとしたことで行動障害が起きやすい状態になることも少なくありません。

　コミュニケーションは自身と相手の双方向で行われるものですから、日常生活では次のような様子が見られやすいといえます。1つは、相手からの発信をうまく受け取れないことです。例えば、言葉で指示されてもその内容を正確に理解できなかったり、自分勝手な理解をしてしまい、結果的に間違った行動をとってしまったりする。あるいは、相手の話す長い会話のなかの一部の言葉だけに反応してしまい、結果的に間違った行動になってしまうこともあります。一方、自身からの発信にも困難が生じやすく、自分の感情や考えを言葉で正確に伝えることが難しいため、相手に的確に伝わらず、それがフラストレーションにつながり、イライラ感が高まってしまったりします。こうした双方向のコミュニケーション（理解と発信）の困難は、人とのかかわりや社会性の障害にも大きく影響を与えます。

3　想像力の障害

　想像力の障害はこだわりや同一性の保持と呼ばれる特徴と表裏の関係にあります。自閉スペクトラム症の人には、いつもと同じ状況であれば安定して行動しやすいのですが、少しでもいつもと違うことが起こると混乱しやすい、という特徴が多かれ少なかれあります。同一性へのこだわりというのは、いつもと同じであること（同一性）への強い欲求がある、ということを意味しています。逆にいえば、いつもと違う状況を想像できない、ということです。先に述べた言葉を字義どおりに理解してしまうというのも、想像力の問題といえます。

　ある幼稚園に入園したばかりの自閉スペクトラム症の子どもは、幼稚園の入り口の門扉が少しでも開いていると、その門扉をすぐに閉めに走っていきました。朝の登園時は次々と子どもたちが門扉を開けて入るために、その子は何度も何度も門扉を閉めに行ったのです。門扉を閉める行動を止めさせようとすると、奇声をあげて大泣きしました。このような光景は、年少の自閉スペクトラム症児の場合によくみられることです。

　こうした強いこだわりも行動障害の背景要因の1つになり得ます。ある重度知的障害のある自閉スペクトラム症の女性は、3階にあるレクリエーションの部屋に行った帰りに、いつも使っている階段がワックスがけで使えなくなっていました。彼女はい

つものようにその階段を使おうとし、支援者は反対側にある別の階段で降りようと説明しました。しかし、彼女はいつもの階段を使おうとして支援者を押し倒してしまいました。この行為には、強いこだわりと、先述のコミュニケーションの障害が互いに関係していることがわかります。

ある幼児は特定のキャラクターへの強いこだわりがあり、キャラクターの付いていない普通の服を着る際に激しい抵抗がみられました。これも特定の事物への強いこだわり（同じキャラクターの付いた服や靴へのこだわり）という自閉スペクトラム症の特性が背景要因として関係しているといえます。

想像力の障害は環境の変化に対する対応困難にも関係しています。例えば、日課が変わることがパニックを引き起こしたり、いつもと場所が異なるだけで適切な行動が取れなくなる人もいます。日課の変化によって起こることが想像できなかったり、異なる場所でもいつもと同じ行動が可能であることが想像できないために、混乱をもたらしている可能性が考えられます。

3 その他の重要な特性

「三つ組」以外にも自閉スペクトラム症の人にみられやすい特徴があります。支援者の立場では、これらの特徴について理解し、その特徴をふまえた支援の仕方を工夫する必要があります。

1 感覚的な特異性

感覚刺激に対して過剰な反応を示したり、逆に適切な反応を示さない自閉スペクトラム症の人は少なくありません。例えば、他の子どもたちが楽しんでいる音楽に対して、耳をふさいでしまう自閉スペクトラム症の子どもはよく見かけます。そうした聴覚刺激に対する過敏な反応の例としては、他にも以下のようなことがあります。

・赤ちゃんの泣き声を嫌い、時には泣いている赤ちゃんを叩いてしまう。
・運動会のピストルの音がいやで、運動会に参加しない。
・掃除機の音がいやで、母親が掃除機を使おうとすると奇声をあげる。

アスペルガー障害と診断された小学4年生の男子は、音楽の授業でリコーダーの音が聞こえるととてもいやな気分になり、勝手に教室を飛び出そうとし、それを止めようとした担任を突き飛ばした、ということがありました。本人に尋ねると、「リコー

私たちのことを知ってほしい──強度行動障害に関係する障害について── **63**

ダーの音は死ぬほどいやだ」ということでした。通常、リコーダーの音がこれほどの嫌悪感をもたらすことはありませんが、その子にとっては嫌悪感が起きるほどいやな刺激だったのです。この例の攻撃行動（担任を突き飛ばす）の背景要因として、特定の聴覚刺激（リコーダーの音）への過敏性があったのです。

　感覚の過敏性は聴覚刺激だけでなく、視覚、触覚、味覚、嗅覚などさまざまな感覚刺激に対して起こる可能性があります。自閉スペクトラム症児に多くみられる偏食の問題に感覚的な過敏性が関係していることも少なくありません。食べ物の味（味覚）はもちろん、舌触り（触覚）、見た目（視覚）、におい（嗅覚）、温かさ（温覚）などに過敏性があるために、ちょっといやな感じがした特定の食べ物を拒否するようになることも少なくありません。もちろん、偏食には感覚過敏性だけでなく、咀嚼や嚥下にかかわる運動機能の問題が関係している可能性もあり、詳しいアセスメントが必要です。

　感覚刺激に対する過敏性とは逆に、感覚刺激に対する鈍感さを示す人もいます。例えば、寒い冬でも薄手の夏服やサンダル履きにこだわり、寒さを感じていないようにみえる人もいます。また、食べられないものを食べてしまう「異食」と呼ばれる行動障害にも、本来であれば嫌悪的であるはずの感覚刺激に対する鈍感さが関係している可能性が考えられます。

2 認知や記憶の特異性

　一般に、自閉スペクトラム症の人は聴覚刺激（言葉）の理解よりも、視覚刺激（絵や写真や文字）の理解がしやすい、といわれます。私たちは言葉による説明や理解に頼りがちです。新しい作業の手順をその人に理解してもらおうとして言葉でいろいろ説明しても、自閉スペクトラム症の人のなかにはそれが理解できず、かえってますます混乱してしまう人もいます。それよりも作業手順を順番に写真で示したり、文字の読める人には文字で記した手順書を提示するほうが理解しやすいことが多くあります。もちろん、言葉での説明が理解しやすい自閉スペクトラム症の人もいますので、どのような説明の仕方がわかりやすいかを行動観察から見極めていくことが大切です。

　パン屋さんで働いている中度知的障害のある自閉スペクトラム症の青年は、職員から「これと同じ牛乳を買ってきて」と空になった牛乳パックを見せられ、近所のコンビニに買いに出かけたら買ってきたのは別の牛乳で、職員に注意されてしまいました。しかし、別の機会には「これと同じ牛乳を買ってきて」と言って、その牛乳パッ

クをデジタルカメラで撮り、持って行かせました。するとその青年は指示された牛乳パックを間違いなく買ってくることができました。この例は、視覚刺激が理解しやすいことだけでなく、その青年にとっては成功体験をし、自尊心を高めることにもなったと考えられます。

　もう１つ、行動障害に関連して「嫌悪記憶のフラッシュバック現象」と呼ばれる記憶の特異性がみられることがあります。ある通所施設で作業をしていた重度知的障害のある自閉スペクトラム症の青年は、一緒に働いていた他の人が職員に注意されている場面に遭遇して、突然大声をあげて物を投げた、ということがありました。そのときにかつての特別支援学校の同級生の名前を呼んでいたことから、推測ですが、かつて同級生が叱られていた場面を思い浮かべて、それでとてもいやな気分になり、大声と物を投げる行為につながったと解釈されました。私たちも他の人が叱られている場面に遭遇すると、同じようにいやな気分になることがあります。その場に、大声や物投げを誘発するできごとがなくても、過去の嫌悪的な記憶とつながることで、このような行動障害が生起する可能性もあります。

CHECK POINTS

①医学的な診断基準としてDSM-5（2013）が世界的に広く用いられており、その診断基準をみると、自閉スペクトラム症の主な特徴がわかります。

②診断を受けた人の個人差が大きいのも自閉スペクトラム症の特徴です。個人差を理解するためには、「知的能力レベル」「自閉性レベル」「年齢・発達レベル」の3つのレベルで考えることが大切です。

③「社会的相互交渉の質的障害」「コミュニケーションの質的障害」「想像力の障害」の「三つ組」と「感覚的な特異性」「認知や記憶の特異性」などが、自閉スペクトラム症の主な特徴です。

私たちのことを知ってほしい──強度行動障害に関係する障害について──　**65**

第2節 　知的能力障害／精神障害

1 　知的能力障害とは

1 　知的能力障害の診断基準

　第1節でも紹介したアメリカ精神医学会が作成したDSM-5では知的能力障害（知的発達症/知的発達障害）という用語が用いられており、その診断基準は以下の3つの要件を満たすこととされています。

❶ 　知的機能に制約があること

❷ 　適応機能に制約があること

❸ 　発達期に生じたものであること

　知的機能は一般に、言語理解力、論理的思考力、抽象的思考力、推理力、記憶力、経験から学習する能力、判断力、概念形成力、知覚推理力など、知能のはたらきとされるさまざまな能力を意味しています。知的機能に制約があるということは、その人が年齢と比べて、言語理解力が十分ではなく、論理的に考えることが難しく、抽象的に考えることが難しく、新しいことを記憶したり経験を通して学習することが難しいことなどを意味しています。知的機能は標準化された知能検査で測定される知能指数（IQ）で推定することができます。IQ100が平均で、IQ70前後が知的能力障害の目安になります。しかし、IQ70前後であっても、次に述べる適応機能に制約がなく、知的能力障害と判断されない場合もあります。逆にIQ70以上でも、適応機能に制約がある場合には、知的能力障害と判断される可能性があります。

　適応機能とは一般に、日常の社会生活を営むうえで必要とされる能力や行動を意味しています。適応機能に制約があると、服の着脱、食事の仕方、トイレの使用などの身辺処理が十分にできなかったり、語彙が少なく言葉の理解や表現が難しいために、他の人とのコミュニケーションが困難になったりします。計算の仕方やお金の使い方の学習が困難であると、買い物や交通機関の利用が難しくなります。経験を通しての学習が困難であると、新しい作業の手順を覚えることが難しく、就労が難しくなります。文字の読みや書字の学習が十分でないと、文字情報のあふれたこの社会のなかでは適切な行動がとりにくくなります。

　発達期というのはおおむね18歳以前の時期を意味し、知的機能の制約と適応機能の

制約がそれ以前に始まることを意味しています。

知的能力障害の程度については、一般に軽度、中度、重度、最重度に区分されます。

2 知的能力障害の原因

知的能力障害をもたらす原因はさまざまです。先天的なものには、染色体異常によるダウン症候群やクラインフェルター症候群、遺伝子疾患による結節性硬化症やレッシュ―ナイハン症候群などがあります。また、後天的なものに周産期の重症黄疸の後遺症、仮死分娩、出産時の脳の圧迫や低酸素症、あるいは乳幼児期の脳炎後遺症などがあります。しかし、原因が特定できない場合も多くあります。

3 知的能力障害のある人への基本的留意事項

①制約のある知的・適応機能を補う

ある中度の知的能力障害の青年は、パンの販売に高齢者施設に出かけています。彼はお客の呼び込みは上手ですが、お金の計算ができません。お金の計算はパンを買いに来た人がやってくれます。制約のある知的・適応機能を他の人が補うことで、パンの販売という社会的活動が可能になっています。

②知的・適応機能を発揮できる工夫

その人がもっている知的機能や適応機能が発揮できる工夫も必要です。もしその青年が数字や文字の理解ができるのであれば、電卓を使うことでおつりの計算ができるかもしれません。

③好みや強みを活かす

この青年は他の人とかかわることが好きなので、パンの販売には喜んで出かけていきます。逆に人とかかわることが苦手な人であれば、販売よりもパンの製造のほうが力を発揮できるかもしれません。手先の器用さ、注意や根気の持続時間など、その人の特性に合った作業内容を考えたり、工夫することが必要です。

2 精神障害とは

1 精神障害の多様性

医学的には、精神障害にはさまざまなものが含まれるため、1つの医学的診断基準

私たちのことを知ってほしい――強度行動障害に関係する障害について―― **67**

を示すことはできません。先に紹介したアメリカ精神医学会が作成したDSM‐5は、『精神疾患の診断・統計マニュアル 第5版』が正式な名称です。広い意味では、自閉スペクトラム症も知的能力障害も精神疾患に含まれます。

　わが国の精神保健福祉の領域における精神障害の主なものは、統合失調症、うつ病や双極性障害などの気分の障害、不安障害（不安症）、アルコール使用障害、パーソナリティ障害、てんかん、認知症などです。その他にも個々の診断名は多数ありますが、以下では統合失調症と気分の障害のみを取り上げます。

2　統合失調症

　統合失調症の主な症状としては、陽性症状と呼ばれる幻覚や妄想、まとまりのない思考や行動があり、陰性症状と呼ばれる意欲の減退や感情表出の減少、およびそれらの症状に伴う生活上の困難があげられます。幻覚は実際の刺激源がないにもかかわらず、声が聞こえてきたり（幻聴）、何かが見えたりし（幻視）、実際の感覚として感じられてしまう状態で、自分の意思でコントロールできません。妄想は現実の証拠がないにもかかわらず本人が断固としてもっている信念・考えを意味します。例えば、被害妄想は現実には被害を被っていないにもかかわらず、ある人から危害を加えられたり、悪口を言われたりしているという考えが固着してしまった状態です。周囲の人がそれらの妄想を現実にはあり得ないことだと説明しても、聞き入れてもらえません。会話においても話の内容や話題が次々と変わっていったり、質問に対して全く関係のないことを答えたりします。

　陰性症状の意欲の減退や感情表出の減少は日常生活に影響を及ぼし、何ごとにも取り組む意欲が湧かず、人とのかかわりが十分にできなかったり、場合によってはひきこもり状態になったりします。これらの状態は、周囲からは「怠けている」とか「社会性がない」などと受け取られてしまいがちです。また、本人自身がこれらの状態が病気によるものだという意識（病識）をもちにくいのが一般的です。

3　気分の障害

　うつ病は、気分の落ち込み（憂うつ）のほか、不眠、食欲不振、何をしても楽しめない、意欲の減退などを伴い、憂うつな気分が長期間持続する状態です。

　双極性障害では、テンションが高く活動的な躁の状態と、抑うつ的で意欲が減退した状態が繰り返されます。躁の状態のときには極めて活動的でほとんど眠らずに活動したり、さまざまなことに取り組んだりします。本人自身は躁状態であることの自覚

がないことが一般的です。

4 精神障害のある人の基本的留意事項

①医療との協働

統合失調症やうつ病、双極性障害のある人を支援する場合には、医療との協働が不可欠です。薬物療法、精神療法、精神科リハビリテーションが効果的であることが多いからです。特に処方された薬の服薬がきちんとなされていないと、症状の悪化や再発につながる可能性が高くなりますので、服薬管理も重要です。

②症状の理解とストレスレベルの理解

精神障害の症状はそれぞれの疾患によりさまざまです。意欲の減退が大きい時期にただがんばるように声をかけても無意味です。その人の意欲や気分の状態に合った声かけや環境設定の工夫が必要となります。また、周囲の人には何でもないできごとや作業内容であっても、人によっては思いの外難しかったり大きなストレスになったりすることがあります。それぞれのストレスレベルを把握しながら支援を行う必要があります。

CHECK POINTS

①知的能力障害のある人には、本人のできないところを周囲が補い、本人がもっている能力や好み・強みを活かすかかわりが大切です。

②統合失調症や気分の障害など精神障害のある人を支援する場合には、医療との協働に加え、それぞれの症状を理解し、ストレスレベルを把握しながら、その人の意欲や気分の状態に合った声かけや環境設定の工夫が必要です。

[**参考文献**]

American Psychiatric Association（2013）Diagnostic and statistical manual of mental disorders：DSM-5，Washington, DC：APA.（＝髙橋三郎・大野裕監訳（2014）『DSM-5 精神疾患の診断・統計マニュアル』医学書院）.

Kanner, L.（1943）Autistic disturbances of affective contact, *Nervous Child*, 2, pp.217～250.

園山繁樹（2003）「自閉性障害の診断基準と下位タイプ」小林重雄・園山繁樹・野口幸弘編『自閉性障害の理解と援助』コレール社、25～36頁.

Wing, L.（1996）The autistic spectrum: A guide for parents and professionals, London: Canstable.（＝久保紘章・清水康夫・佐々木正美訳（1998）『自閉症スペクトル──親と専門家のためのガイドブック』東京書籍）.

私たちのことを知ってほしい──強度行動障害に関係する障害について── **69**

事例 4 アパートで一人暮らしをする ハルコさん

名前 ハルコさん　　**年齢** 32歳　　**性別** 女性

利用している主なサービス 居宅介護

✳ ハルコさんのこと

ハルコさんは自閉スペクトラム症と重い知的障害のある女性です。

経験のある単語は話したり理解はできますが、会話のようなやり取りは難しい人です。混乱したりストレスが溜まったりすると人を叩かなければ気持ちに切り替えがつかず、人を叩こうとドアを壊すなどの行為を繰り返していました。

現在はアパートで一人暮らしをしています。

✳ ハルコさんのこれまで

ハルコさんは、3歳で自閉スペクトラム症の診断を受けています。指示されたことを完璧にこなすため、実力のある子として周囲の期待も高いほうでした。しかし、特別支援学校の中学部3年の頃から徐々に叩く行為が始まりました。

高等養護学校入学の頃より、周囲の生徒を突然叩くことなどが増え、自宅でも外出しては子どもなどを叩くことがみられていました。突然のこととして周囲は思っていたため、ハルコさんは止められたり怒られたりしていましたが、行為は一向に減ることはありませんでした。

卒業後、生活介護事業所で日中を過ごしていたのですが、「人の変化に弱いであろう」「いつもと同じ活動をすることで安定して過ごせるだろう」ということを配慮してマンツーマンでかかわっていたにもかかわらず、人を叩く行為が一向に減ることがなく「ばってん（×）」と叫びながら、人を叩く行為や物を壊す行為が続きました。

この頃より家庭での生活も深刻になり、家族が支えられる限界に達していました。

そこで、自閉スペクトラム症の専門施設で2年間地域生活を営むトレーニングをすることになりました。トレーニング中は、他者とのかかわりを減らすことで人を叩く行為は軽減できていましたが、それでもまだ続いていました。

ハルコさんはトレーニングを終え地域生活を始めましたが、グループホームの生活でも人の刺激にはストレスを感じ、グループホームのメンバーやスタッフにも叩く行為は続いていました。

ハルコさんにとっての快適な生活というものが何なのかを考えた末に、一人暮らしを開始することにしました。

✳ ハルコさんの今

ハルコさんのアパート生活も5年目を迎えました。

アパートでの生活は、気になることや気になる人が少ないこともあり、ストレスのない生活を送ることができているようで、

一度も人を叩くことはありません。

　こだわりがとても強いほうでしたが、ハルコさん自身が今やるべきことを安心して行えるようになり周囲の人への干渉も少なくなりました。

　また、自分のほしいものなどを伝えることができるようになりました。

　ハルコさんは一人暮らしで快適に過ごせているのですが、健康の管理や災害の対策など、周囲のサポートが課題になっています。

　現在、ハルコさんを取り巻く周囲の人が、ハルコさんの一人暮らしに合った対策に取り組んでいます。

事例 5 事前準備と環境の微調整で生活の幅が広がってきたコウジさん

名前 コウジさん　　**年齢** 30歳　　**性別** 男性
利用している主なサービス 共同生活援助（グループホーム）

✳ コウジさんのこと

コウジさんは自閉スペクトラム症と重い知的障害のある男性です。有用な言語はなく、自分の思いをうまく伝えることができません。感覚の特徴もあり、髭剃りなどの振動や濡れた感覚、突然の物音、予測できないできごとなどがあると苦しくなります。また先の見通しがもてなかったり、意味のわからない状況、意図しない介助介入は同様にストレスがたまってしまいます。苦しいときの表現として、他傷、破壊、噛みつき等の行動がみられます。

一方で粘土遊びやテレビ、新聞のテレビ欄を見ること、絵本を見ることを好みます。飲み物は決まってコーラを選びます。

✳ コウジさんがグループホームに入居するまで

両親は小さい頃より歩行や言葉の遅れなどを心配し、いろいろな機関に相談し、専門家の指示のもと子育てをしてきました。要求が周囲に伝わらない、自分が何を期待されているかわからない、見通しがもてないなどの状況では、かんしゃくを起こしてしまうことも多くあったようです。そして、自宅から学校に通う生活は、次第に困難となっていきました。

親元を離れた寄宿舎からの学校生活で

は、コウジさんの個性（特性）に合わせ、写真と文字のスケジュールや、目的をもった時間の過ごし方、終わりの理解、要求の手立てなど、視覚的に伝わるよう丁寧に環境側の配慮がなされていました。しかしながら、それでも時折不安な様子がみられたり、ストレスがたまったりして、他傷、破壊、噛みつき等不適切な行動がみられました。

✳ コウジさんがグループホームに入居してから

コウジさんが入居するグループホームでは、通常はまず施設入所サービスを利用することで日常生活のアセスメント（評価）をした後にグループホームへ入居する流れなのですが、コウジさんの場合、他者刺激の多い環境ではストレスがたまり、本来もっているスキルが発揮できない、あるいは行動上の問題をよりエスカレートさせてしまうことが予想されたため、学校卒業後は、直接グループホームに入居することになりました。

もともと用意されていたスケジュールなどの視覚支援のアイテムを使用しながら生活が始まりました。余暇時間の過ごし方や食事・入浴・排泄など、支援者の介助介入を必要最小限にできるよう、また一つひとつの活動の始まりと終わりを自身で判断で

事例5 ● 事前準備と環境の微調整で生活の幅が広がってきたコウジさん

きるよう、支援する側としては事前の準備に多くの時間を費やしました。

生活の場所やスタイルが大きく変わったこともあり、入居当初は緊張が強い様子で、意識が過剰に人や特定の物に向くなど混乱する場面もみられましたが、その都度問題の背景を探り、環境を微調整して対応しました。

✳ コウジさんの今

日中は生活介護事業所へ通い、夜はグループホームで暮らしています。部屋にはスケジュールやカームダウンスペース（押し入れの下のような外的な刺激を遮断できる小さなスペース）を用意しています。不安定な様子がある際は、自分からカームダウンスペースに入り過ごすこともしばしばみられます。

「楽しみ」としては、定期的な自宅への帰省や、一泊旅行、毎月の外出では好きな本を買うこともあります。以前は、本屋さんへ行くと目に入ったものを十数冊抱え込むようにしてレジへ持っていくことがありました。現在では3～4冊を選んで購入できるよう、あらかじめ台紙に付箋を3～4枚貼ったものを持参し、購入したい本に付箋を1対1で貼り、台紙に付箋がなくなったらレジへ行く流れを組んでいます。そうすることで、不必要な介入をすることなく、自身で気に入った本を付箋の枚数分選ぶことができるようになりました。帰省の際も同様に対応してくれています。

また、外食では、事前に行くレストラン等の予定を視覚的に伝えること、人混みを避ける時間帯に食事ができるようにすることで、写真つきのメニューから好きなものを指を差して選ぶこともできるようになりました。

時々、生活のなかで予測できないこと（例えばテレビ画面に地震速報のテロップが流れる等）があると混乱してしまうこともありますが、コウジさんのもっている力でより安心、より豊かな生活ができるよう今後も支援していきたいと考えています。

第4章 知ることから始めよう

──根拠をもって支援する──

第1節	アセスメントの大切さ

1 アセスメントとは

アセスメントとは「評価」や「実態把握」のことです。みなさんが福祉の現場で支援対象としている利用者は、「知的能力障害（知的発達症）」や「自閉スペクトラム症」など医学的診断のある人がほとんどだと思います。「医学的な診断名」がわかれば、そしてその診断名がどのような特性かを知っていれば、その人たちの行動の理解や支援の助けになります。例えば、「自閉スペクトラム症」という診断がある人が、散歩に行くときに同じ道順にこだわっているとすれば、それは本人の「わがまま」ではなく、「障害の特性」として理解され、対応し支援できるでしょう。医学的な診断名は、福祉サービスの現場で活用されるアセスメント情報のなかでも最も基本的なものです。

行動障害のある人の支援の現場で職員が目にする他のアセスメント情報としては、障害支援区分や療育手帳（地域によって呼び名が違い、東京都では「愛の手帳」と呼ばれます）があるでしょう。障害支援区分とは、日常生活や社会生活での障害福祉サービスの必要性を総合的に示したもので、区分1から6まであり、数字の大きさが支援の必要度の大きさを表しています。療育手帳は知的障害のある人が支援を受けやすくするためにその判定を証明するもので、段階別に示されています。障害支援区分や療育手帳は支援の必要度を大まかに示したものですから、この数値だけでは十分ではありません。

実際に支援を行うためには、支援を行う対象者の「言葉はどれくらい理解できるのだろう」「どれくらい言葉を話せるのだろう」「どれくらいの作業ができるのだろう」「日常生活は1人でどれくらいできるのだろう」など、支援の内容に直結するより詳しい情報が必要となるでしょう。これらの情報を得るにはさまざまな方法がありますが、その1つは知能検査や発達検査、社会適応といった標準化された各種検査です。これらは「フォーマルなアセスメント」といわれています。もう1つは「インフォーマルなアセスメント」といわれるもので、インタビューや行動観察によって得られる情報をまとめたものです。例えば、その人の「興味関心」「得意なこと／苦手なこと」「生活習慣」などの情報です。

これらの情報を活用することで、対象者に合わせた「わかりやすい言葉かけ」や「意志表出の理解」、「興味関心に基づいたコミュニケーション」も可能になるでしょう。

もちろんこのような技術は、家族のように一緒に生活をすれば身につけることができるでしょう。しかし、通常の福祉サービスでは利用者にさまざまな支援者がかかわるので、支援者同士で連携し、そして共通理解をし、一貫した支援体制をつくっていく必要があります。そのような支援者同士の共通理解と連携のためにも、アセスメント情報を理解し活用することが必要なのです。

2 アセスメントの倫理

アセスメント情報にはさまざまな種類がありますが、それらを紹介する前に最も大切なことがあります。それはアセスメントにかかわる倫理です。アセスメント情報は個人的なものです。それらにふれる際には「守秘義務」があります。福祉現場のアセスメント情報は、その人がよりよい支援サービスを受けるためのものであり、支援以外の目的で、他人にそれらの情報を漏らしたり、単に興味本位で情報収集したり、実施してはなりません。情報収集やアセスメントの実施は、本人や家族に対して、その目的と方法、それを行うことで得られる利益をわかりやすく説明し、承諾を得て行い、またその情報管理は厳重に行う必要があります。

CHECK POINTS

①福祉サービスの現場で活用される基本的なアセスメント情報として「医学的な診断名」「障害支援区分」「療育手帳」があります。

②実際に支援を行うためには、知能検査や発達検査、社会適応などの検査やインタビューや行動観察によって得られる情報など支援の内容に直結するより詳しい情報が必要です。

③アセスメント情報は個人的なものなので、「守秘義務」「説明責任」「情報管理の徹底」などのアセスメントの倫理を守ることが大切です。

知ることから始めよう——根拠をもって支援する——　**77**

| 第2節 | アセスメントの具体的な方法 |

1 行動障害とその支援に関連する アセスメント情報

　ここでは行動障害のある人の支援に活用できるアセスメント情報の種類について解説します。テストや検査に関しては、比較的新しく手に入りやすい代表的なものを紹介しています。

1 診断や評価による情報

　冒頭に述べたように、診断名や障害名を知ることで大まかな認知的・行動的特性を知ることができるでしょう。行動障害には「知的障害」と「自閉スペクトラム症」が関連することがわかっています。

　自閉スペクトラム症については、アセスメントツールによって福祉現場で評価することもできます。しかし、注意しなければならないのは医師以外が行うものは、あくまで「評価」であって「診断」ではないということです。対象者や家族に伝える場合には、誤解のないよう注意する必要があります。

○参考

> **PARS-TR**
> 　PARS（広汎性発達障害日本自閉症協会評定尺度）のテキスト改訂版であるPARS-TR（Parent-interview ASD Rating Scale - Text Revision；親面接式自閉スペクトラム症評定尺度 テキスト改訂版、2015）は、幼児から成人までを対象とし、親やその人をよく知っている人へのインタビュー情報をもとに専門家が評価するものです。インタビューを通じて対象者の自閉スペクトラム症の支援ニーズと支援の手がかりを把握することができます。現在の評点だけでなく、過去（幼児期）の評点も参考にしながら自閉スペクトラム症の可能性の評価が行えます。実施時間は30〜60分と短く、現場での実施も可能です。あくまで「評価」なので「診断」としての利用はできません。

2 行動障害の有無や種類に関する全体的な情報

　自傷行動や他傷行動、破壊的行動や異食、排泄や睡眠の異常など行動障害の現れ方は個人によって異なります。また、行動障害は、場所、人、状況、活動など環境の違いによって生じ方が異なります。すべての利用者に対して行動障害があるのかないのか、あるとしたらその種類や程度はどれくらいか、などの全体的な情報が、まず必要

です。

　評価する場合は複数の支援者の目から見た情報を出し合い、話し合いながら行うと信頼性が高くなるだけでなく、スタッフ間の共通理解も得られます。家庭と支援現場で様子が異なる場合もありますので、その場合には家庭と支援現場の両方で評価するとよいでしょう。ABC-JやCBCLなどは定期的に評価することによって支援や服薬の効果など、全体的な改善の様子をつかむことができます。

○参考

> ### 強度行動障害判定基準
> 　行動障害を「ひどく自分の体を叩いたり傷つけたりする等の行為」や「激しいこだわり」といった種類別に頻度と強度という２つの側面から評価するものです。11項目からなり、各項目ごとに頻度や強度に応じて得点（１点、３点、５点）を付け、合計得点が10点以上を強度行動障害と定義しています。
> 　この判定基準は1993（平成５）年から始まった「強度行動障害特別処遇事業」の評価に使われました（20点以上が対象）。その後は制度改正を受けながら、現在は福祉型障害児入所施設において、強度行動障害児特別支援加算にかかる判定基準として使用されています。（表4-1）。

> ### 行動関連項目
> 　2014（平成26）年度に開始された障害支援区分の認定調査項目のうちの「行動関連項目」は、行動援護、重度訪問介護、重度障害者等包括支援などの支給決定の基準点を算出するものです。①コミュニケーション、②説明の理解、③大声・奇声を出す、④異食行動、⑤多動・行動停止、⑥不安定な行動、⑦自らを傷つける行為、⑧他人を傷つける行為、⑨不適切な行為、⑩突発的な行動、⑪過食・反すう等、⑫てんかんの12項目について０～２点で評価し、10点以上が対象とされます（表4-2）。

表4-1　強度行動障害判定基準

行動障害の内容	行動障害の目安の例示	1点	3点	5点
1　ひどく自分の体を叩いたり傷つけたりする等の行為	肉が見えたり、頭部が変形に至るような叩きをしたり、つめをはぐなど。	週に1回以上	1日に1回以上	1日中
2　ひどく叩いたり蹴ったりする等の行為	噛みつき、蹴り、なぐり、髪ひき、頭突きなど、相手が怪我をしかねないような行動など。	月に1回以上	週に1回以上	1日に頻回
3　激しいこだわり	強く指示しても、どうしても服を脱ぐとか、どうしても外出を拒みとおす、何百メートルも離れた場所に戻り取りにいく、などの行為で止めても止めきれないもの。	週に1回以上	1日に1回以上	1日に頻回
4　激しい器物破損	ガラス、家具、ドア、茶碗、椅子、眼鏡などをこわし、その結果危害が本人にもまわりにも大きいもの、服を何としてでも破ってしまうなど。	月に1回以上	週に1回以上	1日に頻回
5　睡眠障害	昼夜が逆転してしまっている、ベッドについていられず人や物に危害を加えるなど。	月に1回以上	週に1回以上	ほぼ毎日
6　食べられないものを口に入れたり、過食、反すう等の食事に関する行動	テーブルごとひっくり返す、食器ごと投げるとか、椅子に座っていれず、皆と一緒に食事できない。便や釘・石などを食べ体に異状をきたしたことのある拒食、特定のものしか食べず体に異状をきたした偏食など。	週に1回以上	ほぼ毎日	ほぼ毎食
7　排せつに関する強度の障害	便を手でこねたり、便を投げたり、便を壁面になすりつける。強迫的に排尿排便行動を繰り返すなど。	月に1回以上	週に1回以上	ほぼ毎日
8　著しい多動	身体・生命の危険につながる飛びだしをする。目を離すと一時も座れず走り回る。ベランダの上など高く危険な所に上る。	月に1回以上	週に1回以上	ほぼ毎日
9　通常と違う声を上げたり、大声を出す等の行動	たえられない様な大声を出す。一度泣き始めると大泣きが何時間も続く。	ほぼ毎日	1日中	絶えず
10　パニックへの対応が困難	一度パニックが出ると、体力的にもとてもおさめられずつきあっていかれない状態を呈する。			困難
11　他人に恐怖感を与える程度の粗暴な行為があり、対応が困難	日常生活のちょっとしたことを注意しても、爆発的な行動を呈し、かかわっている側が恐怖を感じさせられるような状況がある。			困難

資料：「強度行動障害児特別支援加算費について」（平成16年1月6日障発0106001号）・別紙1

表4-2　行動関連項目

行動関連項目	0点			1点	2点
コミュニケーション	1. 日常生活に支障がない			2. 特定の者であればコミュニケーションできる 3. 会話以外の方法でコミュニケーションできる	4. 独自の方法でコミュニケーションできる 5. コミュニケーションできない
説明の理解	1. 理解できる			2. 理解できない	3. 理解できているか判断できない
大声・奇声を出す	1. 支援が不要	2. 希に支援が必要	3. 月に1回以上の支援が必要	4. 週に1回以上の支援が必要	5. ほぼ毎日（週5日以上の）支援が必要
異食行動	1. 支援が不要	2. 希に支援が必要	3. 月に1回以上の支援が必要	4. 週に1回以上の支援が必要	5. ほぼ毎日（週5日以上の）支援が必要
多動・行動停止	1. 支援が不要	2. 希に支援が必要	3. 月に1回以上の支援が必要	4. 週に1回以上の支援が必要	5. ほぼ毎日（週5日以上の）支援が必要
不安定な行動	1. 支援が不要	2. 希に支援が必要	3. 月に1回以上の支援が必要	4. 週に1回以上の支援が必要	5. ほぼ毎日（週5日以上の）支援が必要
自らを傷つける行為	1. 支援が不要	2. 希に支援が必要	3. 月に1回以上の支援が必要	4. 週に1回以上の支援が必要	5. ほぼ毎日（週5日以上の）支援が必要
他人を傷つける行為	1. 支援が不要	2. 希に支援が必要	3. 月に1回以上の支援が必要	4. 週に1回以上の支援が必要	5. ほぼ毎日（週5日以上の）支援が必要
不適切な行為	1. 支援が不要	2. 希に支援が必要	3. 月に1回以上の支援が必要	4. 週に1回以上の支援が必要	5. ほぼ毎日（週5日以上の）支援が必要
突発的な行動	1. 支援が不要	2. 希に支援が必要	3. 月に1回以上の支援が必要	4. 週に1回以上の支援が必要	5. ほぼ毎日（週5日以上の）支援が必要
過食・反すう等	1. 支援が不要	2. 希に支援が必要	3. 月に1回以上の支援が必要	4. 週に1回以上の支援が必要	5. ほぼ毎日（週5日以上の）支援が必要
てんかん	1. 年に1回以上			2. 月に1回以上	3. 週に1回以上

資料：「厚生労働大臣が定める基準」（平成18年9月29日厚生労働省告示第543号）

○参考

ABC-J

「異常行動チェックリスト日本語版（ABC-J）」は、薬物療法の評価尺度として国際的にその有用性が認められているものです。58項目から構成され、各項目について、「問題なし（0点）」「問題行動の程度は軽い（1点）」「問題行動の程度は中等度（2点）」「問題行動の程度は著しい（3点）」の4段階で評定します。下位尺度は、興奮性（15項目）、無気力（16項目）、常同行動（7項目）、多動（16項目）、不適切な言語（4項目）の5下位尺度から構成されており、プロフィールがわかるようになっています。

CBCL

「日本版CBCL子どもの行動調査票」（18歳まで）は、家庭での子どもの様子をよく知っている親、あるいは養育者が記入します。それぞれの項目を最近6か月の子どもの様子にあてはめ、0＝あてはまらない、1＝ややまたは時々あてはまる、2＝よくまたはしばしばあてはまる、と0－2点の3件法で評価され、「情緒的反応」「不安・抑うつ」「身体的訴え」「ひきこもり」「睡眠障害」「注意の問題」「攻撃的行動」の下位項目から情緒と問題行動を包括的に評価できます。

3　行動の機能に関する情報

前述したものは行動の種類（自傷行動か他傷行動か破壊的行動か）や程度の全体的な把握に役立つものでした。

行動の機能のアセスメントは、支援や治療にかかわる最も重要な情報です。

行動障害は環境的な要因によって生じていることがわかってきています。例えば「頭を叩く」という自傷行動のある人も、起きている間中行っていることはまれで、することがなく暇にしているときや、要求が聞き入れてもらえないときなど、特定の状況において生じていることがあります。同じ「頭を叩く」という自傷行動でも、それがどのような状況で生じているかは一人ひとり違っているのです。

行動障害への支援のためには、その問題行動がどのような場面で生じ（きっかけ）、行動の結果としてどのような環境変化がもたらされるか（結果）の記録から、その行動の機能を評価することによって、その行動の意味を理解することができます。この方法は、第6章で詳しく解説します。

4　服薬に関する情報

てんかんや内臓疾患、精神疾患、行動上の問題のために服薬している場合があります。また薬も自分で飲める人もいますし、支援が必要な人もいます。服薬の種類や量、

時間、服薬に際しての必要な支援を知っておきましょう。

5 認知・言語能力に関する情報

　言葉の理解や表出、概念や状況理解、注意の集中や持続などの認知・言語能力、手先の器用さなどの微細運動能力などは、標準化された知能検査や発達検査の数値により大まかに把握できます。知能検査は一般的には100を標準とする知能指数（IQ）で示されます。世界保健機関（WHO）が出している国際的な疾病の分類では、IQ70以下を知的障害として、IQ50～69を軽度、IQ35～49を中度、IQ20～34を重度、そしてIQ20未満を最重度としています。

　ただ、知能指数は一般の人たちの知的機能の平均からどれくらい離れているかを示していることを表しているに過ぎません。

　知能指数が同じであったとしても、言葉や数の理解、概念の理解、形の認識や分類、記憶といった、個々の認知機能については一人ひとり違いがあります。これを解釈するためには各知能検査のなかに含まれる下位領域や下位検査の数値を読み取る必要があります。解釈の方法はそれぞれの検査マニュアルに記載されています。１つの検査だけでなく、複数の検査情報を総合的に活用することや、検査の数値だけでなく日常生活の観察と照らし合わせて解釈することが大切です。

　言葉の理解、表出、状況理解や作業能力という情報は、支援をするうえで必要不可欠なものです。これらのアセスメント情報を活用して、目の前の利用者にわかりやすく伝えること（例えば身振りや指差し、具体的で短い言葉かけ）によって意思の疎通もスムースになるでしょう。本人のやりたいことが言葉で表現できなければ、具体物の選択、写真や絵カードの選択、身振り、タブレットなどの代替手段を活用することで容易になるでしょう。例えば数概念が困難であれば、10個でいっぱいになるトレイなどを用いることでスムースになり、行動的な問題が生じるきっかけを減少させることにつながります。

　発達検査には、間接的な質問紙式のものもありますが、ここでは省略し、直接実施する検査をあげています。

知ることから始めよう──根拠をもって支援する── **83**

○参考

ウェクスラー式知能検査

　国際的に普及している知能検査で幼児用（WPPSI）、児童用（WISC-Ⅳ）、成人用（WAIS-Ⅲ）に分けられています。同じ年齢集団の中でどれくらいの位置にあるかという偏差IQが算出され、各群指数から個人のなかの得意な能力と苦手な能力が評価できます。特徴としては、60分から90分程度の時間がかかる点、言葉の表出が困難な重度の知的障害の場合には評価困難な点があげられます。

ビネー式知能検査

　改訂版鈴木ビネー知能検査と田中ビネー知能検査Ⅴがあります。ウェクスラー式と比較して短い時間での実施が可能ですが、個人内の知的能力差（得意／不得意）を評価するには向いていないという特徴があります。

新版K式発達検査

　わが国で開発された発達検査で、「姿勢・運動」、「認知・適応」、「言語・社会」の３領域について評価します。３歳以上では「認知・適応」面、「言語・社会」面に重点化され、認知・言語の発達検査として用いられています。系列化された下位検査の通過／不通過の境目を測定し、発達指数を算出します。乳幼児の評価によく使用される検査で、熟練すれば短い時間で実施可能です。

絵画語彙発達検査

　PVT-Rは、話し言葉の困難な子ども（３歳０か月から12歳３か月）に実施可能な検査で知能検査の代替として用いられます。特定の図版を提示し、子どもは教示された絵を指差したり、特定することで「理解語彙」を測定し、語彙年齢を算出します。

6　生活能力・適応能力に関する情報

　食事や排泄、着替えや入浴、移動、健康管理、金銭管理など生活の自立がどれくらいできるかを知るためにさまざまなチェックリストや検査が開発されています。多くは観察や聞き取りによって評価するものです。生活面での支援を行う場合だけでなく、生活スキルの指導目標を立てる場合にも活用できます。

○参考

Vineland-Ⅱ（ヴァインランド・ツー）適応行動尺度

　０歳から92歳まで幅広い年齢に対応し、コミュニケーション、日常生活スキル、社会性、運動スキル、不適応行動の各領域について、保護者や本人をよく知る人からのインタビューによって評定します。国際的に使用されている尺度です。

新版S-M社会生活能力検査

　乳幼児から中学生までの子どもについて、身辺自立、移動、作業、意志交換、集団参加、自己統制の各領域について、領域別のプロフィールを把握することができます。また社会生活年齢（SA）と社会生活指数（SQ）を算出することができます。

ASA旭出式社会適応スキル検査

　わが国で開発された検査で、生活面での評価や指導目標の選定に有用です。幼児から高校生までの子どもについて、言語スキル、日常生活スキル、社会生活スキル、対人関係スキルの各領域について、領域別のプロフィールを把握することができます。

7　興味関心・苦手なものや刺激に関する情報

　行動障害は、何をしてよいかわからない状態や、何もすることがなく手持ちぶさたな状態で生じやすくなります。逆に好みの活動に没頭しているときは生じにくくなります。本人の興味・関心を知っておくことは、一定時間、安心な状態で過ごしてもらうための参考になる情報です。

　また、行動障害のある人は特有の感覚上の困難をもっていることがあります。大きな音が苦手、明るさが苦手、触れられるのが苦手、においや色が苦手など、感覚の過敏性を知り配慮することで、利用者を不要な苦痛から守ることができます。これらの項目は保護者や全担当者からの聞き取りや確認を行う必要があります。

○参考

感覚プロファイル

　近年注目されている自閉スペクトラム症をはじめとした感覚の過敏さ／鈍さからもたらされる困難性について、複数の感覚領域にわたり包括的に把握することができます。聴覚、視覚、触覚、口腔感覚など、感覚に関する125項目で構成され、日常生活での困難状況を把握し、共通理解を深め、感覚過敏への対処法などの支援に活かすことができます。

8　家族や生活環境・生育歴などに関する情報

　支援を行っていくうえで家族とのコミュニケーションは欠かせません。また、家族のニーズや不安に対応していくことは、本人のケアを進めていくうえで大切です。

　利用者の行動は、環境によって変わってきます。生活リズムに関する情報は普段どのような生活環境でどのように過ごしているのか、行動上の問題がある場合はどのような時間帯のどのような活動をしているときが多いのかを把握するのにも役立ちます。また、事業所での環境づくりや活動スケジュールの立案にも参考になります（表

知ることから始めよう――根拠をもって支援する――　**85**

4-3・表4-4)。

　利用者によっては虐待歴や入院歴があり、環境やかかわり方に特別な支援や配慮が求められる場合があります。大まかな生育歴についても知っておいたほうがよいでしょう。

表4-3　生活リズム（1週間）

（対象者名　　　　　　　　）　（記録日時　　月　　日〜　　月　　日）　（記録者　　　　　　　　　）

	月	火	水	木	金	土	日
6:00							
9:00							
12:00							
3:00							
6:00							
9:00							

表4-4　生活リズム（平日・休日）

時間	活動内容	場所	一緒に活動した人
6:00			
9:00			
12:00			
3:00			
6:00			
9:00			

2 アセスメント情報の優先順位と活用・共有

　個人の総合的な理解のためには1つの情報だけではなく、複数の情報を総合して活用することが必要となります。またそれぞれのアセスメントは、特性を理解し、対象となる人のニーズに応じて使い分けること、優先順位の高い情報や得やすい情報から収集することが必要です。

　アセスメント情報は、すべてが必要なわけではありません。支援の形態に合わせて必要な情報や優先度は変わってきます。数時間の見守りや支援において必要なのは、コミュニケーションの方法や、興味関心、苦手なこと、水分摂取や排泄に関する事項が最低限の情報です。日中であればこれに食事や移動などのアセスメント情報が、ショートステイやグループホームなどでは、入浴や睡眠、服薬などのアセスメント情報が加わるでしょう。

　アセスメント情報の共有は、多職種で連携していく際にも重要です。主観的な印象ではなく、標準化されたアセスメントによるデータは多職種の共通言語となるでしょう。

　アセスメント情報には重要な個人情報が含まれます。77頁で述べたように他の支援者と共有する場合には、必ず本人や保護者の了承が必要となります。その際は、「何のために」「誰が」「どのような情報」を「どのように」共有するのかについて、丁寧に説明し、理解してもらったうえで共有することが重要です。情報共有の一般的な方法は、個別の支援計画やサポートファイルのように情報を集約してまとめ、家庭や利用している機関で同じものをつくっておき、共有する方法です。

CHECK POINTS

①行動障害のある人を支援していくうえでは、さまざまなアセスメント方法を活用することが役に立ちます。

②アセスメントは、対象となる人の特性やニーズに応じて使い分けること、優先順位の高い情報や得やすい情報から収集することが必要です。

知ることから始めよう――根拠をもって支援する―― **87**

事例 6

発達障害者地域支援マネジャーのかかわりにより元の生活に戻ってきたタカシさん

| 名前 | タカシさん | 年齢 | 44歳 | 性別 | 男 |

利用している主なサービス 共同生活援助、就労継続支援B型、移動支援、
発達障害者地域支援マネジャー

✳ タカシさんのこと

　タカシさんは知的障害を伴う自閉スペクトラム症の男性です。養護学校を卒業後は地元の自動車洗車工場に福祉的就労で13年間働いていましたが、コミュニケーションの部分で仕事を続けることが難しくなり、退職して就労継続支援B型事業所を利用し始めました。また、同時期にグループホームへ入所しました。生活面は自立してできることが多く、通所も自分でできていました。グループホームでの暮らしも落ち着いていて、週末は実家に帰宅をし、仕事や生活面で問題がなく、「穏やかで、仕事もできる人」と周りや家族からも思われていました。

✳ タカシさんのこれまで

　数年前にタカシさんの父親が亡くなってから、タカシさんの生活が一変します。タカシさんの母親は父親が亡くなる前から「お父さんが亡くなったら、実家では生活できないよ」とタカシさんに伝えていました。また、父親が亡くなってから2か月後にグループホームが老朽化したために引っ越しをしなくてはならなくなりました。

　引っ越し直後からタカシさんは自分の荷物を実家に全部持って行ったり、逆に実家の荷物をグループホームに運んだりし始め

ました。しばらくすると、紙袋に大量の自分の持ち物を詰めて常に持ち歩くようになり、洋服を着替えずに同じ服を着続けたり、入浴を拒否する等困った行動が増えてきました。結局、就労継続支援B型事業所には通えなくなり、早朝に実家に行き家の様子を確認するとグループホームに戻り、1日中何もしないで過ごすようになってしまいました。食事はとるものの、入浴や着替えは全くしなくなってしまいました。

　グループホームを運営している法人では、少数のスタッフでグループホームでの生活を支えているため、日中にタカシさんがいることでスタッフを配置しなければならないという問題と、タカシさんに生活上の注意をすると「僕は死んでもいいです」と言ったり、「警察行きます」等の発言があり、鋏（はさみ）を自身に向けたり、自傷行為をしたりするなど、タカシさんの不穏な様子に心身ともにスタッフが疲弊しきってしまうという現実に直面しました。

　その頃、Y市では強度行動障害支援者養成研修を受講後、事業所に対して実践現場でコンサルテーションを行うことで、行動障害のある人の地域生活を支えることを目的に、発達障害者支援センターに発達障害者地域支援マネジャー（以下、支援マネジャー）が配置されていました。グループホームの管理者から支援マネジャーにコン

事例6 ● 発達障害者地域支援マネジャーのかかわりにより元の生活に戻ってきたタカシさん

サルテーションの依頼が来たのは、タカシさんがグループホームで1日を過ごすようになってから半年近くが経過した頃でした。

支援マネジャーが訪問すると、これまでどおり、グループホームと実家を行き来する以外は1日中何もせず、入浴や着替えもしないので衛生状態や健康面も心配される状況でした。グループホームのスタッフからは「着替えをしてほしい」「お風呂に入ってほしい」「爪を切ってほしい」等の思いや、「最終的には通所をしてほしい」という強い願いがありましたが、どこから手をつけてよいのかと思いあぐねていました。

支援マネジャーとしては通常コンサルテーションの方法として、「障害特性」「アセスメント」「構造化」「問題行動のアセスメント」の研修を行い、必要に応じてフォーマルなアセスメント検査等を実施します。その後、記録をもとに評価、支援計画、実施、振り返りを現場のスタッフに寄り添いながらOJTを行います。このケースにおいては、県で行われている強度行動障害支援者養成研修を管理者を含め複数名が受講していましたので、支援マネジャーとしての研修は行いませんでした。支援マネジャーとしてのアセスメントや記録シート等は強度行動障害支援者養成研修で使用するものと同一のものを使用し、研修後のフォローアップとして機能するようになっていました。研修を受けていたため、基礎的な知識はありそれだけ早く実施に移せました。

まず、就労継続支援B型事業所も含め、関係者全員で本人の状態像を把握するため

のケース会議を開催し、実際の行動を記録したものからアセスメントを行いました。その結果、タカシさんはコミュニケーションや見通しに非常に困難さを抱えていることがわかりました。「(話し)言葉がわかっている」ことや「見通しをもって過ごせている」という支援者の見立ては、タカシさんがルーティンで行っていた行動を事後的に評価したもので、新しい経験や新しい状況にタカシさんが対応できるような手がかりやコミュニケーションは未学習なので、タカシさんの能力を「過大評価」しているのではないかという結論に至りました。

アセスメントの結果をもとに本人が唯一行えている、自宅への訪問と食事場面に写真と文字を使用したカードと、タイマーによる促しでコミュニケーションについてタカシさんにわかりやすい手がかりを導入するところから始めました。結果としてカードを使用した行動の促しはすぐに定着しました。そこから新しい活動「お風呂」や「着替え」に般化させていくという方針です。当初は「お風呂」はうまくいかず、なかなか支援の見通しがもてないなか、グループホームの職員が疲弊してしまい、支援の継続が危ぶまれたこともありました。そんななかでも、実施した記録をもとに改善して次の支援に臨むという、実直な支援が実を結び、「お風呂」と「着替え」ができるようになったのは、支援開始後半年が経過してからでした。

複数の写真カードを組み合わせて、近隣の地域活動支援センターへ行き、入浴後、グループホームでご飯を食べるという活動

をタカシさんが行ってくれたのです。支援マネジャーにはグループホームのスタッフからの喜びのメールをもらい一緒に喜びました。疲弊していたチームも成功体験と支援の見通しが立ったことで、次なる目標「通所再開」に向けて新たなスタートを始めています。

✳ タカシさんの今

　それから約半年後、タカシさんは見事、就労継続支援B型事業所への通所を再開しました。一時は生活介護の利用を検討したりしましたが、長年続けてきた仕事に復帰

することができたのです。コミュニケーションや見通しの問題を事前に写真カードで伝えること、人を手がかりにするのではなく、視覚的な手がかりをきちんと使いこなすこと、自分で始めて、自分で行い、次は何をするのかが本人にわかりやすく行える環境を設定すること。このような基本的な取組みをチームで継続的に実直に行った成果です。

　支援マネジャーはアセスメントや支援計画を専門的な見地からアドバイスし、チームに寄り添い伴走することで、時に落ち込み、時に喜ぶことを一緒に体験しながら進んできました。

　強度行動障害支援者養成研修や各地で行われているアドバンス研修やフォローアップ研修等、支援者が学ぶ機会は増えてきています。学んだことを実践で活かすために、一緒に悩み一緒に歩んでいく支援マネジャーというサービスが各地に広がっていくことを期待します。

コラム3

障がい者地域生活・
行動支援センターか〜むの取組み

障がい者地域生活・行動支援センターか〜む設立までの経緯

　福岡市では県内の入所施設で起きた大きな虐待事件をきっかけに、2006（平成18）年から福岡市強度行動障がい者支援調査研究会（以下、調査研究会）を発足して、強度行動障害の人に対する支援方法やその広げ方等について研究活動を行ってきました。調査研究会の検討を経て、2006（平成18）年度には「強度行動障がい支援研修会」、2009（平成21）年度には強度行動障害の人に対して複数の事業所の支援者が共同で支援を行う「共同支援事業」が事業化されました。さらに行動障害のある人を一定期間集中的に支援し、適切な支援方法の検討や支援者のスキル向上、地域での受入れ事業所を広げていく取組みの必要性が議論されました。その結果、2015（平成27）年度に「強度行動障がい者集中支援モデル事業」を障がい者地域生活・行動支援センターか〜む（以下、か〜む）で実施することになりました（図1）。

　か〜むでは、強度行動障害のある人に対して支援拠点を中心に集中的に支援を行い、行動問題の軽減を図るとともに個々の障害特性に応じた支援方法を検討・実施し、地域にある障害福祉サービスへの利用につなげることで、地域での安定した生活を目指すことを目的としています。

か〜むの運営や生活環境

　か〜むは、共同生活援助（グループホーム）の制度と福岡市からの委託費で運営しています。利用定員は2名、職員は日勤と夜勤の2交代制で、24時間マンツーマン体制で支援を行います。

　か〜むでの生活環境ですが、一人ひとりの居室は個室になっており、その壁には衝撃吸収や防音のためのマットが使用されて

図1　福岡市における強度行動障害への取組み

いるなど特別な環境を整備しています。また、トイレは1人1か所、お風呂は2人で1か所使える環境です。さらに、日中活動の支援が行えるような個別の部屋も用意しています。職員の配置や生活空間等、個別支援ができる環境を整えているのが特徴です。

か〜むの取組み

か〜むの主な事業内容は「集中支援」と「移行支援」です（図2）。

集中支援の利用期間は原則3か月です。取組み状況によっては、福岡市と協議のうえで利用延長する場合もあります。

1か月目は、1日の生活を通して行動観察を行い、行動問題が起きた場面やその背景、傾向について詳細に記録していきます。また、本人の特性や生活上の課題を整理するためのアセスメントを行い、具体的な支援計画を作成します。

2か月目は、支援計画を具体的に実施します。その際、支援の結果を記録し、支援の効果を確認していきます。行動問題の改善がみられなければ、記録に基づいて行動問題が起きる背景（理由）を見直し、再度支援を実施します。つまり、計画実施→評価→計画の見直し→計画実施のサイクルを繰り返すのです。

その結果、行動問題が軽減され生活が安定していくと、地域の福祉サービスを利用する「移行支援」に取り組みます。か〜むの利用を開始してから3か月目あたりを目標にしています。最初に、日中活動を地域の事業所へ移行します。主たる移行先は生活介護事業所が多くなっています。

受入れ先が決まると移行支援会議を行い、移行方法やスケジュール等について打ち合わせます。移行にあたっては、か〜むの取組みで得た有効な支援方法と受入れ先事業所の状況を考えて、受入れ先の職員と話し合いながら一緒に受入れ環境等を整えます。また、必要に応じてか〜む職員が受

図2　集中支援から移行支援、地域生活へのイメージ

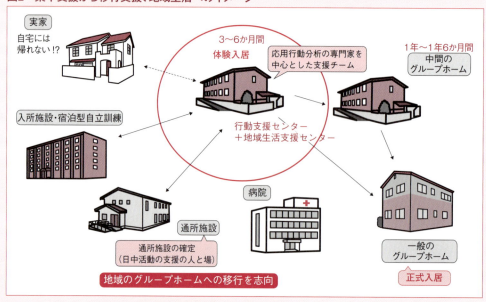

コラム8 障がい者地域生活・行動支援センターか〜むの取組み

図3 か〜むの運営体制と標準的な利用スケジュール

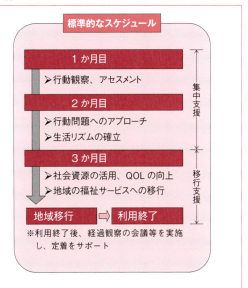

入れ先事業所を訪問して、直接支援を行い引き継ぐこともあります。

日中活動は地域の福祉サービス事業所、夜間はか〜むでの生活が安定してくると、次は住まいの場を地域の事業所へ移行する取組みを行います。移行方法は日中活動を移行するときと同じ手続きです。日中も夜間も地域の福祉サービス事業所へ移行した時点でか〜むの直接支援は終了します。あとは定期的に経過観察の会議を実施し、受入れ先事業所からの相談に応じながら利用の定着をサポートします（図3）。

取組みの成果

2015（平成27）・2016（平成28）年度の2年間でか〜むを利用した人は8名でした。そのうち6名が地域にある生活介護事業所の利用につながり、5名が地域のグループホームや施設入所支援のサービスにつながりました。

1日を通して行動問題が起きる状況を中心につぶさに観察し、行動問題を起こす背景（理由）について理解を深め、その背景に基づいて支援を行うこと、また本人の障害特性にあった支援を、個別的かつ集中的に行うことは行動問題の軽減に効果的であると感じています。

森口　哲也（社会福祉法人福岡市社会福祉事業団　障がい者地域生活・行動支援センターか〜む）

第5章

ボクらと
世界のつながり方
── 環境を整えることと表出性コミュニケーション
の大切さ──

第1節　支援者のための構造化のアイデア

はじめに

　構造化は、自閉スペクトラム症支援の基本になるものです。

　しかしながら、わが国の福祉現場・教育現場で取り入れられるようになったのは比較的最近のことです。

　「構造化」は、Structureの訳語です。直訳すると「骨格」や「枠組み」ですが、自閉スペクトラム症支援の用語としては、「周囲の環境やかかわり方をより視覚的・具体的・明瞭にし、系統的に整理することで、世の中の状況を自閉スペクトラム症の人にわかりやすく伝える取組み」だといえます。自閉スペクトラム症の人の理解を助けるため、一人ひとりの特性と状態にあわせて、構造化のアイデアを考えていきます。

　しかし、支援する側が構造化についてしっかりと理解していなければ、支援者の都合を一方的に押しつけたり、本人にあわない構造化をしたりして、自閉スペクトラム症の人の生活をむしろ窮屈なものにしてしまう可能性があります（図5-1）。

　構造化は、周囲からの情報や刺激に翻弄されやすい自閉スペクトラム症の人が抱える困難さを補い、自閉スペクトラム症の人にわかりやすく物事の意味を伝える作業で

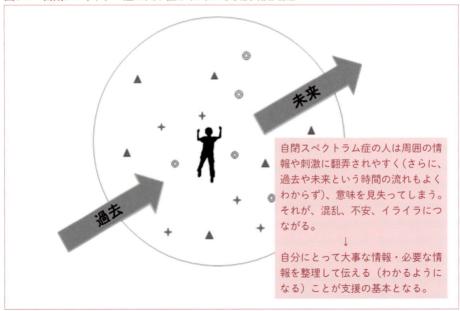

図5-1　自閉スペクトラム症の人が置かれている状況（模式図）

出典：自閉症eサービス編（2018）『自閉症支援のためのレジュメ集2018年度版』自閉症eサービス，4頁．

す。つまり、支援者がもつべき基本認識は、現状の環境や従来のかかわり方では、自閉スペクトラム症の人にうまく物事の意味を伝えることができていないのではないかという反省と問題意識です。

　そのうえで、自閉スペクトラム症の人がよりよく理解できるように、私たち支援者は何ができるかを考え、私たち自身が率先して取り組むことが求められています。衝立（パーティション）や絵カードを使っても使わなくても、支援者が自閉スペクトラム症の人のほうに歩み寄ろうとしないなら、それは構造化による支援とはいえません。つまり、支援者が自閉スペクトラム症の人とどうかかわっていくのかが問われています。そのことが、構造化を考える際の大事な視点だといえます。

1 構造化の前に、自閉スペクトラム症の特性理解

　自閉スペクトラム症の特性をおさらいしておきましょう。自閉スペクトラム症は脳機能の偏りに起因して、独特の認知特性・行動特性を伴う発達障害の1つです。自閉スペクトラム症特性として共通のものを以下のリストにまとめました（もちろん、一人ひとりの個人差はかなりあります）。

- ・人をあまり意識しない、あるいは特定の人に過剰に反応する
- ・相手や集団にあわせて行動することが苦手
- ・話し言葉を聞くこと、話し言葉の意味を理解することが難しい
- ・自分の気持ちや思いをうまく表現できない
- ・細部や手順にこだわりやすく、段取りよく物事をこなすのが苦手
- ・興味関心に偏りがある
- ・周囲の状況を的確に把握できない、変化を予測できない
- ・そのため見通しがもてず不安や混乱が強くなる
- ・感覚の過敏さや鈍感さがある
- ・手先が不器用、体の動かし方がアンバランス
- ・ADHDや知的障害、てんかん発作などを合併することがある　など

　このような認知特性・行動特性のある自閉スペクトラム症の人を支援するとき、私たちはどういうスタンスに立つでしょうか。大きく分けて、2つのやり方があると思

います。

　　プランＡ：自閉スペクトラム症の特性を無視した支援
　　プランＢ：自閉スペクトラム症の特性に沿った支援

　普通に考えて、プランＡはおよそ支援とは呼べません。しかし、実際にはプランＡで自閉スペクトラム症の人にかかわっている支援者をよく見かけます。

　自閉スペクトラム症の子どもに話し言葉で延々と言い聞かせる保育士、むやみやたらと叱ったり制止したりするガイドヘルパー、鉛筆を持たせて細かい字を書かせようとする小学校の教員、運動会前になると個別の配慮なしに学年全体でのダンスや組み体操の練習に自閉スペクトラム症の生徒を参加させようとする特別支援学校の教員、こだわりを止めるといって体を押さえつける施設の支援員など。しかも、そういう対応をされて、パニックになって暴れてしまった自閉スペクトラム症の人たちの様子を見て、「問題行動」と呼ぶ支援者がいかに多いことでしょうか。

　私たちが採るべきはプランB、つまり「自閉スペクトラム症の特性に沿った支援」をすることです。そして、本来、構造化は、自閉スペクトラム症の特性の理解から導かれた方法です。一般的に自閉スペクトラム症の人の主な学習スタイルは以下の表のようになります。個々の構造化のアイデアは、どれも、自閉スペクトラム症の特性からくる得意なことを活かし、苦手なことを補う方策だといえます。

得意なこと	苦手なこと
・一人で取り組む	・集団で取り組む、周囲とあわせる
・目で見て理解する	・言葉を聞いて理解する
・具体的、はっきりしたことの理解	・抽象的なこと、あいまいなことの理解
・経験したことはよく覚えている	・経験していないことを想像する
・いつも同じやり方でする	・柔軟な思考や別のやり方を探す
・その場で学習したことはきちんとやる	・臨機応変さ、応用や般化
・細部に注目し、一つひとつに対応する	・全体をとらえ、関係性を把握する
・好きなことに没頭する	・計画的にバランスよく取り組む
・周囲からの刺激に対する反応	・周囲からの刺激に対する過反応

　例えば、自閉スペクトラム症の人の作業エリアに衝立を用いるのは、学習スタイルのなかの「周囲からの刺激に対する過反応」や「全体をとらえ、関係性を把握する」ことが苦手で、「一人で取り組む」ことが得意ということと関連しています。周囲からの刺激や人の動き・声が気になって学習や作業に集中できない場合、あるいは自分が使う材料や道具がどこに置いてあるのかをはっきりとわかるようにしたいときに、衝

立の使用を検討します。衝立以外にも、三段ボックスやカーテンなども同じような効果をねらっています。このように、自閉スペクトラム症の人が落ち着いて過ごせるように物理的に周囲の環境を整理・工夫することを＜物理的構造化＞といいます。

　＜スケジュール＞や＜ワークシステム（アクティビティシステム）＞は、「経験していないことを想像する」ことや「柔軟な思考や別のやり方を探す」ことが苦手な自閉スペクトラム症の人に、予定や変更、見通しを伝えるアイデアです。自閉スペクトラム症の人は、「目で見て理解する」こと、「細部に注目し、一つひとつに対応する」ことが得意ですから、視覚的なスケジュールやマッチング方式のワークシステムが有効になります。

　「目で見て理解する」ことを活かし、＜視覚的構造化＞のアイデアを使って、教室や作業場の大事な情報を視覚的に伝えることも有効でしょう。視覚的構造化のアイデアは、駅や公共施設でもたくさん取り入れられるようになりました。標識や絵、矢印、番号などは、言語理解が難しい自閉スペクトラム症の人には（そして、日本語が理解しづらい外国人にも）、理解しやすい方法だといえます。

　＜ルーティン＞は、「いつも同じやり方でする」ことが得意で、「臨機応変さ、応用や般化」が苦手な自閉スペクトラム症の特性に沿ったやり方です。自閉スペクトラム症の人は「経験したことはよく覚えている」「その場で学習したことはきちんとやる」特性がありますから、適切なルーティンをつくることで生活もしやすくなります。また、ルーティンとシステムを組み合わせることで、学習したことを般化したり地域生活に応用したりすることが促進されます（107頁参照）。

2 評価（アセスメント）に基づくこと

　構造化を実践する前に、支援者は、自閉スペクトラム症の特性をきちんと押さえておくことが必須になります。そして、もう１つ重要なことは、一人ひとりにあった支援を導くために「評価（アセスメント）」を行うことです（図5-2）。

　評価とは、支援の対象となる自閉スペクトラム症の人は、「何がわかっているか？」「何に困っているか？」「どういうことが好きなのか？」「できること・できそうなことは何か？」といったことを丁寧に確認する作業です。これを怠ってしまうと、構造化は絵に描いた餅になってしまいます。構造化をメガネにたとえるなら、評価は視力検査のようなものです。つまり、評価をせずに構造化のアイデアを適用することは、視

力検査をしないでメガネを作るようなものだといえます。

図5-2　自閉スペクトラム症の人の支援の基本

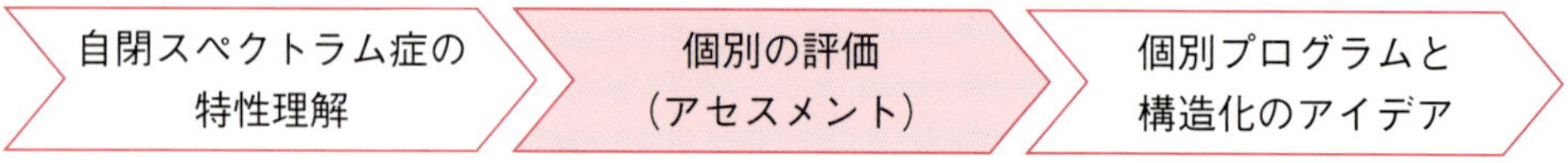

自閉スペクトラム症の特性理解	個別の評価（アセスメント）	個別プログラムと構造化のアイデア

　初対面で、いきなりその人の手を引っ張ったり、言い聞かせたりすることは、普通はしないはずです。自閉スペクトラム症の人とかかわるときも、自閉スペクトラム症の特性理解と評価の手続きに則って、まずはその人のことをよりよく理解したうえでかかわることが求められます。

　担当する支援者自身、もし、その人のことをよくわかっていないなら、親・きょうだいをはじめ、その人のことをよく知っている関係者から聞き取りを行うべきでしょう。これまでの記録（支援ファイルや心理検査の報告書、保護者が作ったサポートブックなど）も読み返さなければいけません。積極的に家庭訪問や学校訪問・職場訪問をして、その人の普段の様子を見学させてもらうことも必要になります。

　このように、評価とは、多元的・重層的・網羅的・継続的に行っていくものです。自閉スペクトラム症の人の支援は、その人と生活全体が支援の範囲になりますから、メガネを作るときの視力検査のように単純な作業というわけにはいきません。人は複雑で柔軟な存在であって、1つの物差し（例えば、知能指数とか○○テストの得点）でとらえきれるものではありません。

　その人にあった構造化を考える場合、特に初期の場面では、自由時間の観察を重視します。自由時間に、自閉スペクトラム症の人がそこでどういうふうに過ごしているか、あるいはうまく過ごせていないのかをよく観察し、そこから必要な支援を考えるようにします。

　支援者がこういうときに陥りがちなのは、とにかく自閉スペクトラム症の人にかかわって一緒に遊ぼうとしたり、その場にいさせようと力で押さえつけたり、道具の使い方が間違っているといちいち注意したりしてしまうことです。そのように介入すればするほど、自閉スペクトラム症の人のことがよくわからなくなってしまうのです。

　オモチャや作業課題に対する興味関心、取り組み方、集中力や周囲からの刺激に対する反応などをよく観察することで、その人にあった構造化のアイデアの手がかりが見つかるでしょう。現場支援者は、常に観察を通して評価することが求められます。

3 構造化のアイデア

1 物理的構造化

　物理的構造化（図5-3）について、作業場や教室の中を区切って衝立を立てることや、壁に向かって作業させることをイメージしている人も多いでしょう。しかし、それは硬直した見方にすぎません。本来、物理的構造化がねらっていることは、自閉スペクトラム症の人に「場所の意味を伝えること」と「外部からの刺激を調整し、居心地よくすること」にまとめられます。

　筆者が、ある入所施設を訪問したときのことです。利用者の一人が食堂入口右手にある手洗い場に毎回突っ込んで行って、すべての水道の蛇口をひねって水を出してしまうので対応に困っている、という相談を受けました。

　筆者は、その利用者の居室から食堂に至る廊下を実際に歩いてみました。すると、ある地点でその手洗い場が視界に入ってくるのがわかりました。案の定、その利用者はその地点から毎回駆け出し、手洗い場へと向かうのです。彼にすると、＜手洗い場＝食事の前に手を洗うところ＞とは理解できておらず、＜手洗い場＝水道の蛇口がたくさんあって、水を出せるところ＞ととらえているようです。そして、手洗い場が見えると彼は衝動的に行動し、それを繰り返し実行できてしまうことで、結果的に水出し行為を強めてしまっているのではないか、そういう仮説を立てました。

　この場合、必要な物理的構造化は、「ここは手洗い場で、食事の前に手を洗うところです。手当たり次第に水を出して遊ぶところではありませんよ」ということを、場面

図5-3　作業場における物理的構造化の例

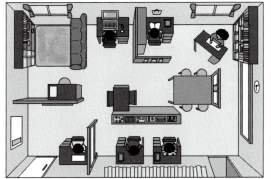

作業場における物理的構造化のポイント
・作業する場所、休憩する場所、集まりの場所など、活動と場所を1：1に対応させておく
・周囲からの刺激（人の動きや騒音など）を衝立や座る向きなどで調整する
・動線が整理されていて、教材や余暇グッズ、道具など、その場で必要なものへのアクセスが容易

出典：自閉症eサービス編（2018）『自閉症支援のためのレジュメ集2018年度版』自閉症eサービス，16頁．

を整理して彼に伝えることです。実際に筆者たちが取り組んだのは、普段、手洗い場が視界に入る地点から見て、それが気にならないようにカーテンで覆うことでした。一方で、食事前の時間になるとカーテンを少し開けて、一番端の水道の蛇口だけ見えるようにしました。彼が居室から食事に向かうときにはスタッフが付添うようにし、一番端の水道を使って適切に手を洗う経験を積んでもらうようにしました。そうすることで、彼はだんだんと場所の意味を理解していき、適切に振る舞うことができるようになっていきました。

　家庭、施設、教室など、その場所の意味が自閉スペクトラム症の人にきちんと伝わっているかどうかをチェックしてください。よくある自閉スペクトラム症の人のトラブルで、トイレの大便器に物を詰めてしまう事案があります。もしかしたら、その人は、大便器を「いらない物を捨てる場所」だととらえてしまっている可能性があります。

　そこが、周囲からの刺激が適度にコントロールされていて、居心地よく過ごしやすくなっているかどうかも吟味します。音や光などの刺激が強く、ざわついた環境では、総じて自閉スペクトラム症の人は落ち着いて過ごすことができません。作業場から飛び出してしまうというトラブルもそうですが、自閉スペクトラム症の人がそこで不適切な行動をしている場合は、なおさら、そこが過ごしにくい環境になっていないかどうかを検討します。その意味で、物理的構造化は、生活のアメニティを高める作業でもあります。

2　スケジュール

　スケジュール（図5-4）は、先の見通しをもつことが困難な自閉スペクトラム症の人に必須の支援ツールです。本人に、視覚的に予定や変更を伝えます。

　次の活動。今日一日の予定。明日は何があるか。来週の日曜日は何をするか。○月○日に予定されていることは何か。これらの情報を自閉スペクトラム症の人にわかるように、視覚的に伝えるようにします。そのことで、予定や変更への不安や混乱を軽減する取組みが、スケジュールによる支援です。

　自閉スペクトラム症の人たちに不安や混乱をもたらす大きな要因の1つが、予定を見通せないことです。見えないものをイメージする力＝想像力に障害があるため、適度な時間感覚をもつことや変化の予測がとても困難です。

　みなさんは、次に何が起こるかを想像できないと、どういう心境になるでしょうか。例えば、いつものように朝の通勤電車に乗ったのに、突然その電車が立ち往生してしまった。30分たっても1時間たっても一向に動く気配がない。その間、何のアナウン

図5-4 スケジュールのタイプのいろいろ

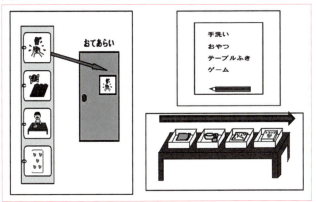

スケジュールのタイプ
・実物、カード、シート（リスト）、手帳、タブレットなど
・固定、持ち歩き
・次／一日／週間／月間
・変更や中止のシステム

スケジュールの個別化
・評価に基づくこと
・実用性を考える

出典：自閉症eサービス編（2018）『自閉症支援のためのレジュメ集2018年度版』自閉症eサービス，16頁．

スもないとしたらどうなるでしょう。そうこうするうちに急に電車が動き始めたが、今度はいつも止まる駅に止まらずにどんどん走り過ぎていったとしたら、乗っているあなたはどのような気持ちになるでしょう。

　予定外・予想外のことが起こったとき、人は不安や混乱を覚えます。自閉スペクトラム症の人たちは、日常的にそういう予測のできない状況のなかで暮らしているといえます。だからこそ、予定どおりに物事が進むように、いつもの順番、いつもの流れ、いつものパターンにこだわる傾向にあるのではないでしょうか。

　ある自閉スペクトラム症の青年は、毎週金曜日発売の週刊誌を近所のコンビニエンスストアで買うことがお決まりの活動になっていました。しかし、その週刊誌が合併号になって発売日がずれたり、コンビニエンスストアに行っても売り切れでその週刊誌がなかったりすると、もう激しい不安や混乱に襲われてしまいます。何度も「○○を買います！」と家族に訴え、それが見つかるまで、一日中ほかのコンビニエンスストアや本屋さんを探し回っていました。

　彼に必要な支援は、週刊誌が発売される（そして、いつものコンビニエンスストアにその週刊誌がなかったときの）スケジュールを用意することです。口頭で伝えるだけでは間に合いません。彼の理解レベルにあわせて、目で見て確認できるスケジュールが求められます。そして、スケジュールがあることで安心し、変化や変更が見通せるようになり、より柔軟に状況に対処できるようにしていきたいところです。

3 ワークシステム（アクティビティシステム）

　構造化のアイデアのなかで、ワークシステムが一番わかりにくいかもしれません。〈ワーク＝仕事〉ととらえ、机上作業を一人でこなす方法と狭くとらえている人が多

いように感じます。衝立に囲まれたワークエリアの中で、壁に向かって自閉スペクトラム症の人が自立課題に取り組み、そこにワークシステムが導入されることがよくあります。ですから、ワークシステムというのは、ワークエリアの中でしか使わないものと思い込んでしまうのかもしれません。

そういうこともあって、ワークシステム（図5-5）は、最近「アクティビティシステム」と呼んで、〈アクティビティ＝活動〉の組立てというニュアンスを強調するようになりました。

一般の作業場や教室の環境はもっと多様ですし、その役割や目的によって場所を使い分けることもよくあります。先生と一緒に勉強したり、グループで課題に取り組んだり、移動しながら働くこともあります。そういう場面でも、自閉スペクトラム症の人が混乱や不安を覚えず、前向きに活動に取り組めるための仕組み・設定としてワークシステムが必要になります。料理や買い物、掃除といった家事活動や、散歩やバスケットボールといった運動・スポーツにも、ワークシステムを取り入れることができます。

それでは、ワークシステムとは具体的にどういうものでしょうか。実は、いたってシンプルなものです。というか、シンプルなものにしなければ自閉スペクトラム症の人はうまく取り扱えません。複雑すぎるシステムや曖昧な伝え方では、自閉スペクトラム症の人に余計な混乱や不安を招くだけです。

ワークシステムを考えるとき、まずは活動の中身について「何をするか」を明確にします。例えば、「勉強」「買い物」「掃除」「食器洗い」「着替え」といった活動のタイトルが具体的に示されます。その際、どこでその活動を行うのか、場所と活動も対応させておきます。そうすることで、自閉スペクトラム症の人に、その活動をどこでするのかを具体的に伝えることができます。

図5-5　左から右へのワークシステム

ワークシステムの4つの要素
・何をするか
・どのくらいするか
・いつ終わるか
・終わったら次は？

　これらの要素を、いつも、同じやり方で自閉スペクトラム症の人に伝える
　自閉スペクトラム症の人が自分でワークシステムを使うことで、活動の自立度が高まる

出典：自閉症者就労支援技術研究会（2006）『働く自閉症者のための作業改善の工夫とアイデア』エンパワメント研究所，27頁．

図5-6　マッチングのワークシステム

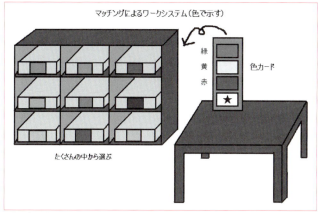

出典：自閉症eサービス編（2018）『自閉症支援のためのレジュメ集2018年度版』自閉症eサービス，17頁．

図5-7　リスト式のワークシステム

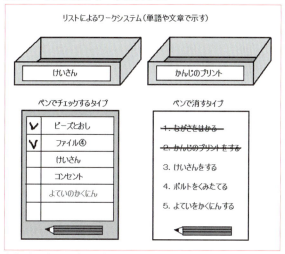

出典：自閉症eサービス編（2018）『自閉症支援のためのレジュメ集2018年度版』自閉症eサービス，17頁．

　次に、その活動の進め方（始まりから終わりまで）を実際の工程に沿って区分けしておきます。そうすると「どれくらいするか」「どうやったら終わるか」も明確になります。活動の進め方は＜1＝○○、2＝○○、3＝○○……＞と一定の流れにし、自閉スペクトラム症の人が自分でチェックできるように「リスト」や「マッチング」の手続きを入れて、視覚的に提示するようにします。そして、その活動が終わったら、「次は何があるか」を明示するようにします（図5-6・図5-7）。

　大切なのは、このシステムを自閉スペクトラム症の人一人ひとりの理解レベルや取扱いのスキルにあわせて個別化することです。

　そして、同じシステムを使って、自閉スペクトラム症の人の生活のなかで、さまざまな活動を自立してできるように般化・応用するようにしていきます。

ワークシステムがあることで、自閉スペクトラム症の人の自立度は格段に向上します。逆に言えば、自閉スペクトラム症の人はワークシステムを自分で組み立てることがうまくできないために、指示待ちになったり、最後まで活動が続かなくなったり、終わりがわからなくなったりしているのです。自立のための支援、その基本がワークシステムになります。

4　視覚的構造化

　視覚的構造化には、①視覚的組織化、②視覚的指示、③視覚的明瞭化の3つのタイプがあります。自閉スペクトラム症の人の「目で見て理解する」ことが強いという特性に沿った支援の方法です。

①視覚的組織化

　自閉スペクトラム症の人は物事や情報を整理し、関連づけ、1つの意味や活動にまとめあげることが苦手です。そのため、例えば、机の上にある材料や部品をバラバラに取り扱って、ミスが出たり物をなくしたりしてしまうことがよくあります。視覚的組織化は、今まさに必要な物や情報を具体的に整理して自閉スペクトラム症の人に示すことです。作業の手順に沿って使う材料や道具を左から右に並べたり、材料を種類ごとに容器に入れておくなどの方法があります（図5-8）。

図5-8　視覚的組織化の例

出典：自閉症者就労支援技術研究会（2006）『働く自閉症者のための作業改善の工夫とアイデア』エンパワメント研究所，18頁．

②視覚的指示

　「何をしてほしいのか」「何はしてほしくないのか」を自閉スペクトラム症の人に確実に伝えるために、視覚的なメッセージや手がかりを活用します（図5-9）。文字が読める人であれば、簡単な文章や単語で指示を書いてもいいでしょう。絵や写真、実物の完成品を見せることで、「これと同じものを作ってください」というメッセージを伝えることができます。ジグシートは実物大にかたどった絵やシルエットですが、「これと同じものを置いてください」という

図5-9　視覚的指示と視覚的明瞭化の例

出典：自閉症者就労支援技術研究会（2006）『働く自閉症者のための作業改善の工夫とアイデア』エンパワメント研究所，20頁．

ことを伝えることができます。玄関で靴をそろえて置いてほしいときに、靴のジグシートを使ったりします。

③視覚的明瞭化

大切な情報を目立たせるようにして、自閉スペクトラム症の人がそこに注意を向けやすくするアイデアです。押してほしいボタンに色シールを貼ったり、注意書きの大事な部分をアンダーラインや色マーカーで強調したりします。一方で関係のないものは視界から遠ざけることも大切です。勉強中は、おやつを布で覆っておくとかオモチャを箱に入れて片づけておくようにします。

視覚的構造化をはじめ構造化のアイデアは、自閉スペクトラム症の人だけの特殊な方法ではありません。今や、街のなかには、構造化のアイデアはいたるところで使われています。さまざまな交通標識、駅のなかの案内図や時刻表、自動販売機のボタンやコインの投入口、銀行のATMやスーパーマーケットのレジに並ぶための足型や仕切り線、レストランの写真付きメニュー表、分別するためのゴミ箱……。みなさん一人ひとりもカレンダーやスケジュール帳を使っていますし、コミュニケーションツールやスケジュール管理には、携帯電話やスマートフォンはとても重宝します。パソコンやタブレットを使ったテレビ電話もこれから広く普及することでしょう。構造化とは、暮らしやすくするための工夫、わかりやすくするための工夫に他なりません。わが国における自閉スペクトラム症支援の第一人者である佐々木正美先生は、このことを「自閉症のバリアフリー」とよく言っておられました。

結局のところ、構造化を使って何をしたいかが支援者に問われています。家庭や学校・施設、街のなかで、自閉スペクトラム症の人が暮らしやすくなること、わかりやすく伝えることに、支援者のみなさんは日常的に取り組んでいるでしょうか。

逆に、構造化と称して、狭いエリアの中に押し込んで「変なことをしないように」と監視してはいませんか。もしそうなら、それは構造化が悪いのではありません。構造化を使う支援者の姿勢に問題があるのです。

5 ルーティンとシステムの関係

ルーティンは、辞書的には「習慣」「決まりきった仕事」のことですが、自閉スペクトラム症の人の支援における構造化の視点でいえば、「自閉スペクトラム症の人は、同じようにやることがわかりやすい、安心する、見通しがもてる」という特性理解が前提になります。その意味で、最近は「馴染む・慣れ親しむ（＝familiar）」という用語

を使うことも多くなりました。

　支援現場でルーティンが強調されすぎると、「ずっと同じようにやればいい、一切変えないほうがいい」と機械的に解釈する傾向があります。「うちの施設では、自閉症の人が混乱するから行事は一切やりません」とか、「○○さんの作業は10年前からずっと変えていません」などと説明を受けることもあります。あるいは、「自閉症の人には農作業は向きません。天候に左右されやすく、仕事が一定しないからです」と解説する支援者もいました。

　逆に、「社会に出たら構造化されていないから、学校にいる間にいろんなことに慣れてもらわないと困る」と言って、視覚的な手がかりや事前の予告をしないで、いきなり授業の予定を変えたり活動を途中で中止したりするのを正当化する教員がいたりもします。

　どちらの対応も、自閉スペクトラム症の特性理解が不十分ではないでしょうか。自閉スペクトラム症の人は「馴染むこと」「慣れ親しんでいること」を好むし、そういう状況であれば自身の能力を十分に発揮することができます。しかし、急な変更や予想外のことが起こるととたんに混乱し、不安が強くなってしまいます（だから、こだわりが強くなるともいえます）。ルーティンをうまく使えば、自閉スペクトラム症の人の暮らしは安定するでしょうし、仕事の能率もあがるでしょう。

　しかし、現実問題として、世の中は常に変化することを忘れてはなりません。外出中に急に雨が降ってくるかもしれないし、いつもの電車が突然の事故で止まってしまうかもしれません。4月になればクラスや職場の状況が変わることもよくあります。何よりも、自らが経験し学習していくことでできることが増え、社会との接点が広がるわけですから、かたくなにルーティンを守ることは、それを阻害する危険があるのです。

　ですから、ルーティンと変化への適応（＝新しいことへの経験や学習）という一見矛盾する問題にどう対処していくかが、日常生活における自閉スペクトラム症の人の支援の大きなテーマになります。

　構造化のアイデアが優れているのは、このような変化への適応を、＜ルーティンをシステムに組み込む＞ことでクリアしようとする方略にあると筆者は思っています。

　例えば、代表的なワークシステムに、左から右の流れ、終了箱の使用があります。これは、いつも作業は左から右にこなし、作業が終わったらその都度、材料や完成品を右端にある終了箱に片づけるようにしています。このワークシステムは、左から右の流れがルーティンになって維持されています。そのうえで、いつものワークシステ

ムに則って作業をこなすことで、さまざまな環境下で、さまざまな作業種に取り組むことが可能になります。このように、システムのなかにルーティンを組み込むことで、内容が変化しても自閉スペクトラム症の人は見通しをもって取り組むことができます。

　ルーティンとシステムを組み合わせて、自閉スペクトラム症の人の自立と社会参加を目指す——構造化の基本戦略がここにあります。

4　構造化とコミュニケーション支援

　自閉スペクトラム症の特性を理解すれば、周囲の状況や期待されていることを自閉スペクトラム症の人に「わかりやすく伝える」ための構造化の支援が必須であることがよくわかります。言葉の理解が難しい自閉スペクトラム症の人でも、視覚的な方法で伝えるとわかりやすくなります。刺激に翻弄されやすい自閉スペクトラム症の人には、衝立や家具を使ってレイアウトを見直す環境調整が有効でしょう。変化や見通しがわからず不安や混乱のなかにいる自閉スペクトラム症の人には、視覚的なスケジュールやワークシステムとルーティンを基本にした生活が安心感や自発性を高めます。

　「わかりやすく伝える」構造化の必要性・有効性が確認されたとして、さらに考えなければいけないのは、本人たちからの発信や伝えたいことをどのように支援したらいいかという点です。つまり、自閉スペクトラム症の人の表出性コミュニケーションをどう支援するかというテーマです。こちら（支援者側）が一方的に伝えるだけでなく、自閉スペクトラム症の人の言い分や思っていることもきちんと発信してもらい、お互いにわかりあうことで、自閉スペクトラム症の人との協働が生まれるのではないかと思うからです。

　筆者が実際に経験したことですが、ある自閉スペクトラム症の青年に視覚的なスケジュールで「最後にもう1つ作業をしてください」と伝えたのですが、本人は「もう作業はしたくない！」がうまく言えず、スケジュールの絵カードをビリビリに破ってしまったことがありました。

　「トイレに行きたい」「おなかがすいた」「明日は何があるか教えてほしい」「手伝ってください」「どんなふうにすればいいですか？」「このお菓子は食べていいですか？」「頭が痛い」「早く帰りたい」「いやだ」……と、そういう自分の気持ちや意図をうまく表現

できず、不本意なまま暮らしている自閉スペクトラム症の人がたくさんいるのではないでしょうか。

伝統的なコミュニケーションの指導は、「『はい』と言いなさい」「『ありがとう』と言いなさい」「お名前は？」「これは何？」「『いただきます』は？」と、指導者が自閉スペクトラム症の人に直接働きかけて、正しい言い方を"言わせる"やり方でした。しかし、このようなやり方は、自閉スペクトラム症の人のパターン化した言い方やオウム返しの発言を助長させてしまったのです。自閉スペクトラム症の人が自分の気持ちや言いたいことを自発的に表出するための支援が求められています。

構造化が自閉スペクトラム症の人に「わかりやすく伝える」方法だとすれば、自閉スペクトラム症の人が自分の気持ちや言いたいことを自発的に表現していいという私たちの意図も、わかりやすく伝えることができます。そういうことで、コミュニケーション支援にも構造化のアイデアを積極的に取り入れることが有効です。

代表的なコミュニケーション支援の方法に、PECS®（＝絵カード交換式コミュニケーションシステム）があります。PECS®セッションの場面設定やフェイズ１から６への系統的な展開は、自閉スペクトラム症の人にとてもわかりやすい設定になっています。今後は、自閉スペクトラム症の人に使いやすい、絵カードやコミュニケーションブックをデジタル化したタブレットやスマートフォンのアプリもいろいろ出てくるでしょう。コミュニケーション場面における構造化のアイデアは、支援機器の進歩によって、より機能性・汎用性の高いものになっていくように思います。

表出性コミュニケーションについては、続く第２節でさらに詳述しています。

5 高機能自閉症の人への構造化支援

構造化のアイデアを取り上げると、「それは知的障害が重度の自閉スペクトラム症の人の話で、高機能自閉症やアスペルガータイプの人たちには関係ない」と言われたり、「そんなことより、ソーシャルスキルトレーニングや感情コントロールのプログラムを優先すべきだ」という意見も聞いたりすることがあります。おそらく、構造化というものを、教室を衝立で物理的に仕切ることやスケジュールに絵カードを使うことをイメージしていて、知的障害のない自閉スペクトラム症の人には当てはまらないととらえているのでしょう。

自閉スペクトラム症の特性や学習スタイルを考えれば、自閉スペクトラム症の人に

は（どのような知的レベルであれ）構造化された支援は必須だと筆者は考えます。実際、自閉スペクトラム症の人向けのソーシャルスキルトレーニングや感情コントロールのプログラム（例えば、コミック会話、CAT-Kitなど）でも、見てわかりやすく伝えるという構造化のアイデアは積極的に取り入れられています。

　高機能自閉症やアスペルガータイプの人たちへの構造化支援とは具体的にどういうものでしょうか。筆者が実践場面で取り入れているアイデアをいくつかあげてみます。

　相談場面では、最初に本人と今日相談したい項目をリストアップしておき、項目に沿って1つずつ話をするチェックオフのシステムを取り入れています。そうすることで、今はどの話題について話をしているのか、今日はどこまで話をするのかが具体的になり、スムーズに相談をこなしていくことができます。また、相談で確認したことや積み残したテーマについても、紙に書きだし、本人と確認できるようにしています。

　自分の部屋や職場・教室を整理整頓し、本人が居心地よく過ごしやすくするために、レイアウトを変更したり、収納ボックスやレターケースを活用したりするようにします。材料の種類や用途ごとに引出しを使い、すべて写真や文字のラベルを貼るようにしたりします。

　本人専用のスケジュール帳やカレンダーを用意し、時間の管理や計画的に物事を遂行することを意識してもらうようにします。アラーム付きの時計やスマートフォンなども積極的に本人に紹介し、具体的な使い方を実地で練習しておきます。

　自己理解や感情コントロールのセッションでも視覚的な提示を心がけています。例えば、セッション全体の予定表、自己理解を進めるための文字や絵を使ったQ&Aやチェックリスト、表情の絵カードなどを使います。

　自閉スペクトラム症の人の支援において、「話がよくできるから問題ない」とか「知的レベルが高いから絵や写真で伝えなくてもよい」ととらえているなら、それは支援者の一方的な思い込みにすぎません。

　当事者である高機能自閉症の人たちが、いかに言葉の使い方や認知面で苦労しているかを証言しています。高機能自閉症の人たちは、ある程度自分の体験や思いを言語化することができます。彼らの話を丁寧に聞くことから、支援を始めるべきだと思います。

おわりに——これからの構造化支援——

　本節では、「構造化」をキーワードに検討してきました。筆者が特に伝えたかった点は、構造化を自閉スペクトラム症理解とセットで考えること、構造化によって本人の生活が豊かになっているかどうかを確認すべきだということです。

　支援の現場では、「絵カードを使えばいい」とか「とにかく仕切り用のパーティションを使いなさい」など、本人不在の対応を続けている状況があるのではないかと懸念しています。自閉スペクトラム症の人がどういうことで困っているか、どういう支援があれば実力を発揮することができるかを真剣に考え、<Plan－Do－See>の個別プログラムのサイクルを丁寧に続けていけば、おのずと構造化の必要性と有用性もわかるのではないかと思っています。

　今後、自閉スペクトラム症の理解が進み、支援機器もますます便利になり、より洗練された支援ツールが開発されていくことで、自閉スペクトラム症の人たちの構造化支援は進化・発展していくことでしょう。構造化支援の広がりの先に、地域生活における自閉スペクトラム症のバリアフリーが拓けていると、筆者は考えています。

CHECK POINTS

①構造化は、周囲からの情報や刺激に翻弄されやすい自閉スペクトラム症の人が抱える困難さを補い、わかりやすく物事の意味を伝える作業です。

②構造化を実践するためには、自閉スペクトラム症の特性を理解しておくことと、一人ひとりにあった支援を導くための個別の評価（アセスメント）が重要です。

[**参考文献**]
・自閉症eサービス編（2018）『自閉症支援のためのレジュメ集2018年度版』自閉症eサービス.
・自閉症者就労支援技術研究会（2006）『働く自閉症者のための作業改善の工夫とアイデア』エンパワメント研究所.
・『DVD　自閉症の人が見ている世界』朝日新聞厚生文化事業団.

| 第2節 | 表出性コミュニケーションについて考える |

はじめに

「障害者基本法の一部を改正する法律案に対する附帯決議（参議院）」（平成23年7月28日）に次のような記載があります。

> 国及び地方公共団体は、視覚障害者、聴覚障害者その他の意思疎通に困難がある障害者に対して、その者にとって最も適当な言語（手話を含む。）その他の意思疎通のための手段の習得を図るために必要な施策を講ずること。

このように、政府は障害者基本法の一部改正を機に、コミュニケーションについても措置を講ずべきであるとしているのです。

ここで、少し考えてみたいと思います。私が、強度行動障害のある人の支援に関する研修会で講師をしたときのことです。私は参加者に、「あなたは、強度行動障害のある人とコミュニケーションをとっていますか？」という質問をしました。

この質問には、「コミュニケーションをとっています」と答える参加者は比較的多くいました。しかし、その後、次のように質問を変えてみました。それは、「あなたは、強度行動障害のある人の言い分を聞いていますか？」という質問でした。この質問には、「はい、聞いています」と答えた人はいなかったのです。先の質問で「コミュニケーションをとっています」と答えた人でも、後者の質問になると「はい」と答えられる人はいなかったということです。

同じような質問内容であるにもかかわらず、問い方が違うだけで上記のように人数が変わってしまったのは、どのような理由からでしょうか。

コミュニケーションは双方向でなければならないのですが、前者の質問では、コミュニケーションが双方向であるということを意識することなく、自分は何かしら伝えているからと考えて、「コミュニケーションをとっています」と答えたのではないかと考えられます。ところが、後者の質問に対しては、強度行動障害のある人とやりとりができていたかどうかを考えなければならなくなります。つまり、コミュニケーションは双方向であると意識しなければならなくなるのです。その結果、「言い分を聞いています」と答えられる人はほとんどいなくなってしまったということです。これ

ボクらと世界のつながり方──環境を整えることと表出性コミュニケーションの大切さ──　　113

らの質問に対する答えの違いからもわかるように、日頃強度行動障害のある人に接している支援者であっても、強度行動障害のある人の表出性のコミュニケーションについては、意識していないということなのです。

　多くの人は、毎日誰かに会い、主として言葉でやりとりをしています。お互いに、伝えられたことを理解でき、また、お互いに相手にわかるように伝える手段をもっています。その結果、意思のやりとりは成立することになります。コミュニケーションが成立していることを無意識のうちに実感しているということなのです。これを日々繰り返していると、コミュニケーションがとれることは当たり前のこととなってしまい、コミュニケーションが成立しているかどうかなどは考えなくなってしまいます。コミュニケーションへの関心もなくなってしまうのです。そのため、強度行動障害のある人たちとの間でもコミュニケーションはとれていると錯覚してしまうのです。

　また、構造化という考え方が広まってきて、いろいろな生活場面で取り入れられるようになってきていることも、コミュニケーションがとれていると錯覚する大きな要因ではないかと思います。

　物理的な構造化やスケジュールの構造化、ワークシステムや視覚的な明瞭化などの方法は、取り組んだ人なら誰でも効果を実感するものです。支援の場に取り入れることで、強度行動障害のある人が落ち着いて行動できるようになっていく様子を目の当たりにするからです。強度行動障害のある人の行動が落ち着いてくると、これまでの苦労が報われたと感じるでしょう。支援者は、その人の行動の課題を解決できたことで満足してしまうのです。

　しかし、ここで満足してはなりません。なぜならば、構造化は、伝えたいことを相手にわかるように伝えるための手段だからです。構造化によって、強度行動障害のある人の行動が落ち着いたのには理由があります。それは、これまで音声表出言語で伝えられても、わからないために混乱していた状態から、視覚という別のモダリティ（感覚）を使って、伝えてもらえるようになったために、理解できることが増え、混乱することが少なくなったからです。言い換えれば、構造化は「受容性のコミュニケーション」ということです。しかし、受容だけでは双方向にはなっていません。つまり、構造化しただけではコミュニケーションが成立しているとはいえないのです。構造化の罠にはまってしまってはならないのです。このことに気づいているかどうかは、支援する側の姿勢としてとても重要なことです。

　ここで身につけたいのは、対象となる人の本当の気持ちを聞いてみようと常に考える癖をつけることです。構造化された状況下で、支援者によって用意された服を「は

い」と言って着たからそれでよし、とするのではなく、「○○さんは、これを着たいのだろうか？」「これを飲みたいのだろうか？」「これが好きなのだろうか？」等といつも考える癖をつけることです。構造化だけでは不十分だと意識しておくことです。

そこで、本節では、強度行動障害のある人の表出性のコミュニケーションについて考えてみることにします。

1 やりとりをするために

やりとりを考えるときに大切にしたいのは、AAC（Augmentative & Alternative Communication：拡大・代替コミュニケーション）の考え方です。音声言語による意思表出が困難であっても、手段によらず、その人に残された能力とテクノロジーの力で、対象となる人の自己決定や自己選択ができるようにしていくというのがAACの考え方です。その基本は、支援をする側が、対象となる人、一人ひとりの意思や思いを大切にし、それを聞こうとする姿勢をもつことです。まず、そこに立ち返る必要があります。そうしなければ、やりとりそのものをしようという発想にはならないからです。

2 コミュニケーションサンプルをとる

やりとりするために大切なことは、今のコミュニケーションの実態を評価することです。対象となる人が、今、どのような手段でコミュニケーションをしているのか、どのような方法で何を伝えようとしているのかを知ることです。これがわからなければ、コミュニケーションの目標そのものを設定することができません。支援する側の勝手な思い込みでコミュニケーションを考えるのではなく、事実に基づいてコミュニケーションの実態を知る必要があるのです。それを知る方法として「コミュニケーションサンプルをとる」という方法があります。対象となる人のコミュニケーションの実態を記録し、その結果から、現在行っているコミュニケーションの方法や手段を明らかにするのです。そこから、今後、身につけてもらいたいコミュニケーション手段、練習方法などを考えて、コミュニケーションの目標を設定します。

図5-10は　コミュニケーションサンプルの例です。対象となる人のコミュニケー

図5-10 コミュニケーションサンプルの例

コミュニケーションサンプル

名前
記録日

どのような場面で（文脈）	どうした（言動）	機能				文脈			備考
		要求	注意喚起	拒否	その他	どこで	だれに	手段	
お菓子の時間に	お皿を出した	○				食堂で	支援者	具体物	

文脈を記録する

どのような場面だったのかを記録する

どうしたのかを記録する

どのような機能が考えられるのかを記録する

どこで、だれに、どのような手段だったのかを記録する

ション行動と思われることを具体的に記録していきます。そこからコミュニケーションの実態を知るのです。このときに注意したいのは、❶50くらいのサンプルをとること、❷自発的なものを記録すること（応答ではない）、❸「こちらをちらっと見た」というような視線での訴えは記録しないことです。これらのことに留意してコミュニケーションサンプルを取ります。この記録が取れれば、対象となる人のコミュニケーションの実態がわかります。複数の職員で協力しながら、生活のさまざまな場面で記録していきます。そして、その記録を詳細に見直してみると、どのような方法でやりとりすればよいのかというアイデアが浮かんできます。

3 選択する場面を設定する

音声表出によるコミュニケーションを特に苦手としている人に対して、最も簡単なやりとりは、選択する場面を設定し、選ぶ経験をしてもらうことです。自分の選んだものが実際に手に入る経験を繰り返すことを通して、自分から働きかけることの便利さや楽しさに気づいてもらうようにするのです。

支援者のなかには、選択の機会を設けることは、自己決定や自己選択を促すことや、やりとりの経験ができるようにするうえで重要だということをわかってはいても、日々、多忙な支援の現場で具体的にどのように場面を設定し、どのような方法で選択場面をつくればよいのか等のアイデアが浮かばないという人もいると思います。

表5-1は、具体的に選択する場面を設定した場合の方法の例です。この表のような段階を踏んで、選択場面を設定してはどうでしょうか。少しは選択場面をイメージで

表5-1　コミュニケーションのステップ

第1段階	具体物を複数用意する（例えばお菓子を2種類用意する）
	手を伸ばして選択してもらう
第2段階	複数の具体物を少し手の届かないところから見せる
	手差しや指差しをしてもらう
第3段階	中身の入っていない具体物のパッケージを複数用意する
	それを指差しで選択してもらう
第4段階	具体物の写真を複数用意する
	それを指差しで選択してもらう
第5段階	線画などのシンボルにしたものを複数用意する
	それを指差しで選択してもらう

ボクらと世界のつながり方──環境を整えることと表出性コミュニケーションの大切さ──　**117**

きるのではないかと思います。

　選択場面の設定を考えたとき、施設等での生活の場全体で選択場面を設定できるかというとそのようなことはありません。まずは、比較的簡単に用意できる生活場面の一部から実践することです。支援者にとって負担のないところから始めていくのです。場面を考えれば、そこでの選択に必要なことも浮かんできます。また、他の職員の協力も得やすくなり、継続することも容易になります。

　また、対象となる人が興味や関心をもっているもので選択することも重要です。対象となる人が興味のないものであれば、選択する気も起こらないでしょう。どちらかを選びたいと意欲が湧くものを使うことが重要です。その人がやりとりしたくなるようなものを介してやりとりするということも忘れてはならない大切な視点です。

4　具体物から徐々にシンボルへ

- -

　コミュニケーションの練習をしていくうえで大切なことは、対象となる人のコミュニケーションの目標に沿って、スモールステップでコミュニケーションの成功体験を積み上げていくことです。コミュニケーションの実態については、コミュニケーションサンプルから明らかにすることができます。知的障害の重い人の場合は、表5-1の第1段階に示しているように、具体物を介してのやりとりが中心になります。直接手を伸ばして具体物を選ぶところから、少し離れたところに具体物を置いて手差しや指差しすることを求めるようにしていきます。そして、パッケージや写真での選択、線画での選択というように、少しずつ抽象的なものへと変えていくのです。実態によっては、文字が有効な場合もあります。

　このようにスモールステップで、徐々にシンボルへと変えていくことを考えながら、実践を進めていくことが大切です。とはいえ、どの人も、具体物からシンボルへとコミュニケーションで使うものが変わっていくかというとそうではありません。具体物での選択から次のステップに進めない場合もあります。無理をして、わからない状況をつくるのではなく、対象となる人が自己選択できる環境を整えることが重要です。

　また、最近では、iPadなどの電子機器を用いて、そこにシンボルを表示させて選択できるようにしているアプリもでてきています。決まった方法があるわけではありません。やりとりが成立することが重要なのです。やりとりが成立しなければ意味がな

いので、しっかりと実態を把握して対象となる人にとって負担のない、やりやすい方法を考えていくということです。

おわりに

　ここまで、強度行動障害のある人とのコミュニケーションについて考えてきました。特に第2節では、表出性のコミュニケーションを中心に考えてきました。ここで、もう一度確認しておきたいと思います。

　支援する側（あなた）は、強度行動障害のある人とコミュニケーションをとってきましたか。相手が何を伝えたいのかを考えてきましたか。

　対象となる人が思っていることや考えていること——「何がしたいのか？」「何を食べたいのか？」「どんな服が着たいのか？」——これらを知りたいと思うことが、支援の出発点であることを忘れてはならないのです。

　最後にもう一度問いたいと思います。

　「あなたは、対象となる人とコミュニケーションをとっていますか？」

CHECK POINTS

①構造化は受容性のコミュニケーションなので、構造化するだけでは不十分です。

②コミュニケーションサンプルをとることで、表出性のコミュニケーションの実態を知ることができます。

③AACの考え方で自己決定や自己選択ができるように考えてみることが大切です。

［ **参考文献** ］
坂井 聡（2002）『自閉症や知的障害をもつ人とのコミュニケーションのための10のアイデア——始点は視点を変えること』エンパワメント研究所.
坂井 聡（2013）『自閉症スペクトラムなどの発達障害がある人とのコミュニケーションのための10のコツ』エンパワメント研究所.
中邑賢龍『AAC入門』こころリソース出版会.
リンダ・A・ホジダン，門 眞一郎・長倉いのり（訳）（2009）『自閉症スペクトラムと問題行動——視覚的支援による解決』星和書店.

ボクらと世界のつながり方——環境を整えることと表出性コミュニケーションの大切さ——　**119**

事例7 より具体的な提示でいろいろなことができるようになったトオルさん

名前	トオルさん	年齢	5歳	性別	男性

利用している主なサービス 児童発達支援

✳ トオルさんのこと

　トオルさんは1歳半の頃から言葉の遅れがありましたが、2歳半頃から母親が仕事をするために保育園に通い始めました。入園してまもなく、園内や外出先でもトラブルが増え、母親や保育園の先生も接し方にとまどいが出てきたことから、保健師を通じて児童発達支援事業所に相談がありました。その後、トオルさんは自閉スペクトラム症と知的障害の診断を受け、保育園に通いながら児童発達支援事業所に通所することになりました。

　トオルさんは言葉の表出が少なく、「〇〇ください」と要求したり、「やだ」と拒否したりが主です。それ以外では手助けしてほしい物の場所に手伝ってほしい人の手をつかんで連れて行ったりして自分の伝えたいことを伝えます。また、うまく伝えられずに困ったり、思いどおりにいかないことがあったりすると、大声で泣きながらおでこや後頭部を床に打ちつけたり、相手を押し出したりと、直接的な行動で示すことがあります。

✳ トオルさんのこれまで

　園では先生の指示も聞こえないかのように遊びふけることが多く、お昼ごはんの時間に後片づけを促す言葉かけをしても、遊びを自ら中断することが難しい状況でした。なかなか片づけないので先生が片づけようとすると癇癪（かんしゃく）を起こしてしまいます。

　児童発達支援サービスの利用当初は、遊びがなかなか終われなかったり、園と同じような場面で大声を出したり頭を打ちつけたりする行動がみられていました。言語理解の困難さや、時間の見通しがもてないことへの不安、活動から活動へ切り替えることへの困難さがあったため、予定を伝え安心して過ごせるよう次にやるべき活動のカードを作り、スケジュールを使って活動するための練習をしていきました。スケジュールを使用する前は、遊びを中断するよう促したりすると、途端に床に頭を打ちつけながら叫んだりすることがありましたが、今では次の活動がわかるように写真を見せたり、ものの片づけ場所がわかるよう箱に写真をつけたりすることで、頭を打ちつけるなどの行動は軽減していきました。

　トオルさんは身支度等さまざまな場面でも時間を要することがありました。朝、洋服に着替えるとき、何度も動作が止まって身支度に時間がかかってしまい、保育園に間に合わないこともしばしばでした。そこでイラストでめくり式の手順書を作成し、事業所で着替えの練習をしました。何も使用していなかったときよりスムーズなこともありましたが、うまくいかないときもあ

りました。内容がやや漠然としていると考え、より具体的な動作がわかるよう本人が身支度している様子を写真に撮り、それを手順書にすることにしました。以前よりもスムーズにできることが増えました。トオルさんは、より具体的な行動がわかる内容で示したほうが伝わりやすいのだとわかりました。着替えだけではなく、身につけていたものをとるときにも、立ち止まったまま行動が止まってしまうことがあります。片づけ場所を写真で明確にするのと同じように、身につけていたものの置く場所を、より一層具体的にすることで自発的に行動に移すことができています。

　"視覚的に示す"ことを1つとっても、形態や内容など本人に合ったものを工夫してみることが大事だと感じました。

✻ トオルさんの今

　児童発達支援で練習したそれらのツールは、母親にも様子を伝え、家でも使ってもらえるよう自宅を訪問し、実際に家の中でトオルさんがスケジュールを活用できるようアドバイスをしました。いったん使い始めたものの、仕事や家事もあるなかで、スケジュールや手順書を導入するのはなかなか難しい状況で、次第に使用しなくなっていき、現在は外出時など、家から出る際に予定を伝えるなど、必要に応じて部分的に活用してもらっています。

　トオルさんの母親より、「以前から病院に連れていくことがやっとで、予防接種をするのにも動作が固まってしまい、少し強引に促すと大声を出して親を追いやったりと大変で、終わるまでに2時間もかかってしまい困ってしまった」ということを聞きました。そこで、着替えだけでなく、予防接種を受ける流れも手順書で練習し、事業所内で流れを理解できるようになったため、そちらも渡したところ、以前は2時間もかかっていた予防接種を30分で終えることができたと喜んでくれました。現在も、母親自身がトオルさんに接する場面で、手順書を用いてうまくかかわれる場面を増やしていけるように支援しています。

事例 8 自宅の環境調整をして生活をリセットしたエリザさん

名前 **エリザさん**　　年齢 **21歳**　　性別 **女性**

利用している主なサービス **生活介護・行動援護・共同生活介護（グループホーム）**

✻ エリザさんのこと

エリザさんは知的障害と自閉スペクトラム症のある女性です。

幼い頃から「待つこと」が苦手で、ほしいもの（食べ物、好きな本など）がすぐに手に入らないと大声をあげたり、自分の腕や家族に噛みついたりするなど大暴れをしてきました。ものだけに限らず、明け方に「今すぐドライブに行きたい」と要求し、家族がそれに応えられないとやはり大暴れをするというようなことを18歳のときまで繰り返していました。

その後、複数の福祉事業所が連携して取り組んだ「合宿」により、エリザさんの生活は劇的に変化しました。彼女は今、なじみのスタッフがいるグループホームで元気に暮らしています。

✻ エリザさんのこれまで

小さい頃からパワフルだったエリザさん。小学生から高校を卒業するまでの間は、障害のある子どもたちの余暇支援を行うサークルの活動に参加していました。グループ活動が主でしたが、思い立ったらすぐに行動しないと気がすまないエリザさんは、だいたいいつも個別に活動していました。

小学校高学年からはヘルパーによる外出支援を利用し始めました。「待つこと」が苦手で、バス停でバスを待つことができるのは10秒程度。ヘルパーとの外出中は、歩きたくないけどバスを待つこともいやで、「キーッ！」「ギャーッ！」と大きな声を出しながらヘルパーを噛むこともありました。エリザさんが中学生の頃から、ヘルパーたちが自閉スペクトラム症について一定の知識と支援技術を獲得し始めたことで、見てわかりやすいスケジュールの提示、不必要な刺激の回避、活動のルーティン化、統一された対応などが少しずつなされ、ヘルパーとの外出は穏やかなものとなっていきました。特別支援学校高等部卒業後は、自宅近くにある生活介護事業所に通っています。同時に、行動援護と有償ケアを組み合わせて月に数回、ヘルパーの事業所に宿泊する取組みも始まりました。生活介護利用時も宿泊の際も、彼女をよく知るスタッフが対応し、静かに安定して過ごしていました。

一方、自宅では幼い頃からのまま、家族全員が彼女に振り回される日々が続いていました。この頃の自宅でのエリザさんは、「予定を早くこなさないと気がすまない」という様子でした。生活介護事業所から帰宅するとすぐに夕食、食後はすぐに入浴、入浴が終わって就寝するのは夕方の5時過ぎ。起床は深夜1時とか2時で、起きるとす

ぐにドライブに行きたがったり、お気に入りの絵本をほしいと訴えたり。エリザさんとの生活に限界を感じた家族は、エリザさんを施設へ入所させることを決め、候補となる施設を探してくれるよう福祉事務所に依頼をしました。しかし日常的に大きな声を出し、時に暴力的になるエリザさんを受け入れる施設は見つかりませんでした。

このような状況のなか、通所先の生活介護事業所の提案で、エリザさんに自宅以外の場所での合宿を通して生活リズムを整えてもらい、新しいパターンの生活を自宅に持ち帰る、という取組みをしてみることになりました。

以下がその取組みの概要です。

① 期間は2週間。エリザさんは夕方から朝までヘルパーと合宿所で過ごし、日中は生活介護事業所へ。生活介護事業所の閉所日は終日ヘルパーが対応。

② 合宿中に家族へエリザさんに対する適切なかかわり方をレクチャー。合わせて物理的構造化を図るため、自宅内に壁・扉などを増設する工事を行う。

③ イレギュラーな居宅介護の支給決定を受けられるよう、相談支援事業所が行政と折衝。

④ 合宿中のエリザさんの毎日のスケジュール、活動内容、提示方法、コミュニケーション方法などは生活介護事業所が一元的に管理し、指示出しをする。

⑤ 合宿後は、合宿中と同じスケジュールで自宅で過ごせるよう、夕方から朝はヘルパーや生活介護事業所のスタッフが付き添う。その間、家族は混乱のもとになるため、近隣の祖母宅で生活。エリザさんの帰宅後の生活が安定してから、2週間かけて徐々に家族に引き継ぎを行った。

この取組みにより、エリザさんは自宅でも落ち着いて過ごせるようになりました。また、家族は施設への入所希望を取り下げ、「いつまでも一緒に暮らしたい」と話すようになりました。

✳ エリザさんの今

合宿後1年ほど自宅で過ごしたエリザさんは、その後グループホームに入居しました。エリザさんが落ち着いて生活をしていることで、自分たちが元気な今こそ、新しいチャレンジをしてみようと家族は思い立ったのです。

現在は月曜日から金曜日までをグループホームで過ごし、土曜日と日曜日は自宅に戻るという生活を送りながら、エリザさんは毎日を穏やかに過ごしています。

コラム 4
コミュニケーションツールとしてのICTの活用

自閉スペクトラム症のある人たちへのICTの有効さ

　自閉スペクトラム症のある人たちは、相対的に視覚的支援が有効であることを本書でも述べてきました。特に構造化を考えるときには、視覚的支援を有効に活用することが効果的だということを示してきました。現場で視覚的支援を取り入れた構造化を考えたとき、いろいろな方法を思い浮かべることができると思います。例えば、手順やスケジュール、これからする活動などをわかりやすく伝えるために、写真カードであったり、絵カードであったり、マークやシンボルを使うことなどが考えられます。このように視覚的な支援をするためのさまざまな方法が考えられるのですが、最近特に注目されているのが、ICT（information and communication technology；情報通信技術）の活用です。これからやる活動などを示す場合に、映像活用の効果は非常に大きいと考えられるからです。シンボルや写真などの静止画ではわかりにくかったことが、動画で示されるとわかりやすかったという経験をしたことのある人も多いのではないかと思います。視覚的な支援でも、場合によっては、絵や写真よりも動画のほうが伝わりやすかったりするということなのです。特に動きのあるものなどは動画のほうが効果的ではないかと考えられます。このような動画を使用するときに便利なのが、携帯型の情報端末機器です。最近はスマートフォンやタブレットPCなど、携帯できて使いやすいものが出てきています。これらの機器は、画面を直感的に触ることで操作が可能なので、自閉スペクトラム症のある人たちにとっても使いやすいものです。情報端末は使えないだろうと思われる人が、タブレットPCの画面をタッチして、うまく操作している様子を見たことがある人も多いのではないでしょうか。これは、重度の障害があっても、タブレットPCのような携帯型の情報端末を使うことのできる人が多くいることを示しています。

表出性のコミュニケーションを考えるときに

　本書では、第5章第2節に解説されていますが、表出性のコミュニケーションについても忘れてはなりません。構造化はわかりやすく伝えるための方法なので、受容性のコミュニケーションと考えることができます。しかし、コミュニケーションという点から考えると、構造化だけでは不十分です。コミュニケーションは双方向なものなので、表出性のコミュニケーションはとても重要です。

　音声以外のコミュニケーション手段を使って、音声言語を補完するための方法は、一般的にAACと呼ばれています。AACはAugmentative and Alternative Communicationの略で、拡大・代替コミュニケーションと訳されているものです。そして、自閉スペクトラム症のある人の表出性のコ

> コラム4 「コミュニケーションツールとしてのICTの活用」

ミュニケーションを考えるときにも、視覚的な情報処理の強みを活かしてAACの手段を考えるということはとても重要です。ここで、視点を変えないといけないのは、音声言語で話ができるかできないかが大切なのではなく、コミュニケーションができるかできないかを重視して考えるということです。

視覚的な情報を使ったものとして、PECS®などの絵カード交換式のコミュニケーションの方法を実践している人もいるでしょう。最近では、タブレットPCやスマートフォンなどの携帯型情報端末等を使ったコミュニケーション用のアプリも開発されてきています。感情など見えないものを視覚化して伝えることができるようにしているものもあります。相手にうまく伝えられない経験をしてきた可能性の高い自閉スペクトラム症の人に、コミュニケーションをとることの便利さ、楽しさ、おもしろさに気づいてもらうために、視覚的支援を用いて伝えることを提案してみることは大切なことです。

最適なアプリは

携帯型の情報端末等の活用を考えたとき、どのようなアプリがあるのかという情報が必要となります。携帯型情報端末の操作方法と活用のアイデア、使用するアプリはセットになっているからです。しかし、アプリの数は非常に多く、どのアプリが適しているのかを探すだけでも大変です。このような場合は、アプリを紹介しているサイトなどを参考にするとよいでしょう。筆者がかかわっているのは「障害者関係appの広場」というサイトです。ここには、アプリの最新情報や研修会の案内、関連する書籍などをアップしています。情報をもっている支援者がかかわる利用者と、情報をもっていない支援者がかかわる利用者との間で、QOLに差が出てこないとも限りません。もちろん、情報を得るだけではなく、得た情報を活用することはいうまでもありません。

ICTのこれからの可能性

障害のある人が使いやすいICTのツールはこれからも多く開発されていきます。それは、総務省や文部科学省が、国家戦略の大きな柱としてICTの利活用を進めているからです。高齢化社会も福祉分野でのICTの利活用を後押しする1つの要因です。福祉関係の機器を紹介するような展示会等でも、ICT関連の展示ブースは毎年拡大しています。今後、自閉スペクトラム症のある人たちを対象としたアプリの開発も進んでくるでしょう。ICT機器を持参して通所してくる利用者も増えていくと考えられます。支援する側のICT活用能力が問われる時代が来ているということです。

坂井　聡（香川大学教育学部教授）

第6章 私たちの行動のわけ
──行動の生じる理由と対応を知る──

第1節　行動の理解

1 行動障害と環境要因

　第4章で学んだ知能検査や適応行動の評価など、既存の評価基準や尺度の多くは、対象者の能力というものを定型発達の一般の人たちと比較したり、個人内で評価したりするものでした。

　これに対してWHOによって2001（平成13）年に採択されたICF（International Classification of Functioning, Disability and Health；国際生活機能分類）では「障害」の背景因子について、個人因子と環境因子という観点から説明しています。ICFにおける環境因子とは、「物的環境や社会的環境，人々の社会的な態度による環境の特徴がもつ促進的あるいは阻害的な影響力」とされ、その肯定的側面と否定的側面はそれぞれ促進因子と阻害因子に分けられています（**13頁**参照）。

　例えば、タケオさんは、ユニットでの食事場面では奇声が出ませんが、合同の食堂での食事場面では奇声が出てしまうとします。タケオさんの奇声は、2つの食事場面の環境の違い、つまり環境因子によって生じていると考えられます。タケオさんが奇声を出さずにすむためには、奇声を出さずに食事ができるユニットでの食事場面の要素（例えば「自分の食器を使用する」「気になる音がない」「座席が隅にある」など）を合同の食堂場面に積極的に導入することで解決することもあります。

　自閉スペクトラム症や知的障害の「重篤さ」という個人因子だけではなく、どのような環境のもとで問題となる行動が生じているのかという環境因子を評価していくことが大切です。

2 行動障害と学習

　行動はそれだけが突然に生じるのではなく、個人因子と環境因子のかかわりのなかで生じています。

ハナコさんとタロウさん

感覚過敏のあるハナコさんは、あるとき「スーパーマーケットのたくさんの人混みの中の音」によって、叫び声をあげ泣き出してしまいました。ハナコさんはそれ以来、スーパーマーケットの駐車場に止まっただけで叫び声をあげて泣き出してしまうようになりました。そればかりか他の大きな建物にも入れなくなってしまいました。

タロウさんは、一人ぼっちでいるときに、よく叫び声をあげて泣き出す行動がみられます。とても大きな声なのでびっくりして職員が駆け寄り声をかけると、叫び声や泣き声は収まり、笑顔が戻ります。

この場合、ハナコさんの最初の場面での行動、つまり「叫び声をあげて泣き出す」という行動は、スーパーマーケットのたくさんの人混みの中の音、つまり行動の前に与えられた刺激によって引き起こされたものです。レスポンデント条件づけによる学習は、その行動を引き起こした刺激の前、もしくは同時に存在するさまざまな刺激、つまり建物や大勢の人、駐車場などの刺激に対しても、同様な行動を引き起こすようになるのです。これに対してタロウさんの「叫び声をあげて泣き出す行動」は、職員が来て声かけをしてくれるという行動の後の結果を得るために起きていると考えることができます。この2つの事例を比べてみると、同じ「叫び声をあげて泣き出す行動」という行動でも、その行動の成り立ちは異なっていることがわかります。

自傷行動や他傷行動、破壊的な行動なども生まれながらにもっていた行動ではなく、環境の中で学習した行動なのです。一方で、これらの行動の多くが学習された行動であれば、適切な行動を学んでいくことで改善していくことが可能であると考えられます。しかしそのためには、目の前の行動だけに注目するのではなく、行動の前後に何があったかを知ることが必要になります。

3 行動に対する機能的なアセスメント

行動障害に対して治療的な対応を行う場合の必要なアセスメントは、その行動がどのような状況で生じ、どのような原因で続いているのかという、行動の機能に関するアセスメントです。

機能分析とは、ある行動について、そのきっかけとなる「A：行動の前の刺激やできごと（Antecedents）」「B：行動（Behavior）」「C：行動の結果（Consequences）」の3つの要素から考え、その行動の機能（目的）を分析するという方法です。その頭文字をとって**ABC分析**ともいいます（以下、「ABC分析」と表記します）。

ここでは、いくつかの事例をもとにABC分析をしてみましょう。ここで取り上げる

私たちの行動のわけ——行動の生じる理由と対応を知る—— **129**

行動は、「頭を叩く」という形としては同じ行動です。その行動は、どんな状況で生じ（「Ａ：行動の前の刺激やできごと」）、それをすることでどのような結果（「Ｃ：行動の結果」）がもたらされているかによって、機能が異なることに着目してください。

1 コミュニケーションの機能

　困った行動の多くは**コミュニケーションの機能**をもつといわれています。まずは、次のようなケースを考えてみましょう。

ジロウさん
自閉スペクトラム症のあるジロウさんは、お母さんが食事の準備を始めると、大きな音がしてしまうほど自分の頭を叩く自傷行動をしてしまいます。お母さんは大きな音と奇声でびっくりして駆け寄り、ジロウさんに声をかけます。ジロウさんは声をかけられ、かかわってもらえると自傷行動をやめることができますが、お母さんがいなくなると、また始めてしまいます。

　この事例をABC分析すると次のようになります。

　このケースでは、ジロウさんの自傷行動の後のお母さんからのかかわりが、ジロウさんの行動を強める結果となっていることが考えられます。このような場合の「頭を叩く」という行動の機能は、お母さんからの「注目」を求める行動、つまり「**注目要求の機能**」をもつといいます。

　「頭を叩く」という見た目は同じ行動であっても、異なる機能をもつ場合もあります。例えば、次の例をみてみましょう。

サブロウさん
自閉スペクトラム症のあるサブロウさんは、いやな作業をするように言われると、大きな音がしてしまうほど自分の頭を叩く自傷行動をしてしまいます。職員はこの行動をされるとさすがにひるんでしまい、作業をしなくてよくなることが多いようです。作業をしなくてよくなると、サブロウさんの自傷行動は止まりますが、再び作業をさせようとするとまた生じてしまいます。

　これをABC分析すると次のようになるでしょう。

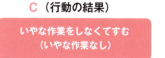

このケースでは、いやな作業をさせられそうになった場合、頭を叩くことで、その作業をしなくてすむという、サブロウさんにとっていやな刺激や状況を回避することになっています。この場合、「頭を叩く」という行動は「**回避や逃避の機能**」をもつといいます。

また、さらに違う機能をもつ「頭を叩く」という例をみてみましょう。

ゴロウさん

自閉スペクトラム症のあるゴロウさんは、ドライブが大好きです。ある日職員がドライブに連れていき、「ゴロウさん、ドライブはおしまいです。降りてください」と言ったとたん、大きな音がしてしまうほど自分の頭を叩く自傷行動をしてしまいました。職員が再び車を走らせると、ゴロウさんの自傷行動は止まりましたが、満足するまでの時間はどんどん延びてしまいます。

これをABC分析すると次のようになります。

このケースでは、ドライブをもっと続けてほしいときに、頭を叩くことで、ドライブをしてもらえるという、ゴロウさんにとっての要求の手段となっています。この場合、「頭を叩く」という行動は「**物や活動の要求機能**」をもつといいます。

このように困った行動は、本人のコミュニケーションとしての機能をもつことがあります。主な機能としては先の例であげたように、「**注目要求の機能**」「**回避や逃避の機能**」「**物や活動の要求機能**」などがあります。機能の分類の仕方はさまざまですし、これらはいくつかが複合していることも多いので厳密に分類することにこだわる必要はありません。

しかし、ABC分析を行う最大のメリットは、このように目には見えない行動の機能に気づくことができるということです。上にあげたどの行動もコミュニケーションの機能をもっています。困った行動がどのようなコミュニケーションの機能をもっているかということがわかると、対応策を考えるうえで大きなヒントが得られます。

その対応策の1つとして「**同じ機能をもつ適切なコミュニケーション行動を教える**」

ということがあげられます。例えば、「注目要求の機能」の場合は、「頭を叩く」という困った行動の代わりとして、「ママ」「見て」といった呼びかけの言葉、絵（または写真や文字）カード、ジェスチャーなどを教えることが考えられます。また「回避や逃避の機能」をもつ場合は、同じように「やめて」という言葉や絵カード、ジェスチャーなどを教えることが考えられるでしょう。

2 自動強化の機能

自動強化の機能とは、その行動自体が行動を強めるはたらきをする場合を指します。自閉症のある人のなかには、流れる水や回転するプロペラやタイヤや車輪などに強い興味を示す人もいます。手をひらひらさせたり、自分自身がくるくる回転したり、ピョンピョン跳び続けたりといった自己刺激的な行動に没頭する人もいます。これらの行動は行動自体が生み出す感覚刺激がその行動を強めるはたらきをしていると考えられます。これを自動強化の機能といいます。

ヨシオさん
自閉スペクトラム症のあるヨシオさんは、することがないときや長時間1人でいるときに自分の頭を叩く自傷行動をし続けてしまいます。職員が手を押さえているときは止まりますが、手を押さえていても頭を物や壁にぶつける行動を繰り返してしまうことがあります。しかし、ヨシオさんは、自分の好きなビデオを見ているときやおやつを食べているときは、1人でいても自傷行動をしてしまうことはありません。

これをABC分析すると次のようになります。

自閉スペクトラム症のある人の場合、感覚に対する過敏性だけでなく、痛みに対する鈍さなどの特異性がある場合があります。ヨシオさんの場合、ほかに好きな活動がある場合はしませんが、何もすることがない状態では頭を叩くという行動から得られる感覚刺激を求めているようです。自動強化の場合は、いったんやめさせてもしばらくするとまた始まってしまうことが多く、ほかに楽しめる余暇活動などを広げることで置き換えていきます。

4 行動の機能のアセスメント

1 具体化と行動観察記録

　困った行動を変えるためには、まずその行動をできるだけ具体的にしてみることです。例えば、「多動で目が離せない」というだけでは、漠然としすぎていて、具体的にどのような行動が問題となっているのかがわかりません。

　行動に介入する際には記録を取ることが重要となりますが、どのような行動を記録するのかを明確にしておかなければ正確な記録ができません。具体的な指導の手立てを考える際にも、現在問題となっている行動を、正確な言葉で記述することが必要です。また、複数のスタッフや機関で連携をとる場合も、どの行動に対応するのかを共通理解することが大切です。誰が見ても判断できるよう、できるだけ具体的に記述する練習をしてみましょう。以下のような例を考えてみます。

多動で目が離せない　⟶

> **具体的な記述**
> 「家から飛び出す」
> 「外出した際に、つないだ手を振りほどいてどこかに走り　出す」
> 「病院の待ち時間に待合室で走り回る」

　具体的にする場合、「～しない」という否定形の表現もよくありません。下の例のように否定形の表現では、朝の支度をしないでどうしているのかがわからないからです。「支度をしないで」何をしているのかを含んで記述します。

朝の支度をしない　⟶

> **具体的な記述**
> 「朝の支度をしないでゲームで遊び続ける」
> 「朝の支度をしないで30分以上かけて服を選んでいる」

　次に、具体化した困った行動が、いつ、どこで、誰と、何をしているときに生じ、どのような結果がもたらされているのかを記録します。これは、困った行動の機能を把握するために、また、その後にとった介入や対処が適切であったかを判断するために必要な手順です。支援がうまく進んでいるかどうかは、行動の増減を観察し、記録していくことでわかります。

私たちの行動のわけ──行動の生じる理由と対応を知る──　**133**

2 行動観察記録からの読み取り

行動観察記録からの読み取りを行います。行動観察シート（図6-1）で観察された具体化された行動のなかから1つの行動を取り上げてみましょう。まず、行動が生じやすいお決まりの場所や時間帯、活動はないかを探します。例えば、「他の利用者に噛みつく」という行動が、朝食時の配ぜんを待っている時間に頻発しているのであれば、その時間帯に心の準備や環境調整などの対策も立てられます。また、人的支援をその時間帯だけ集中することができます。

スキャッター・プロット（散布図：図6-2）は、1日の時間間隔にわたる問題行動の生起を、観察により記録する方法です。記録用紙は30分ごとに区分けしたマス目から構成されており、行動が生じなかった場合は空欄とし、特定の行動が生じた場合はチェックを入れていきます。これによって、問題行動の生じやすい時間や状況の予測がしやすくなります。

○参考

> **行動動機づけ評価尺度**
>
> 行動動機づけ評価尺度（MAS；Motivation Assessment Scale）は、ある行動についてチェックしていくことで行動の機能を推定できるツールです（Durand 1990）。16問の質問に答えていき、該当の質問項目の得点を4種類の機能別に合計していくことで、行動の機能を推定することができます。

図6-1 行動観察シートの例

行 動 観 察 シ ー ト

　　　　　　月　　日（　　）　　　　　　　　　No.＿＿＿＿＿＿＿＿＿

対象者名＿＿＿＿＿＿＿＿＿＿＿　　　　　観察者名＿＿＿＿＿＿＿＿＿＿＿

時間	状況・きっかけ（いつ？ 誰といるとき？ 何をしているとき？ どこにいるとき？）	行動（具体的に）	どう対処したか	行動はどうなったか
7：00	朝食時、食堂でみんなですわって配ぜんを待っているとき、隣の利用者さんが大声を出す。	隣の利用者さんに噛みつく。	職員が間に入って2人を離した。	すぐに落ちついた。

私たちの行動のわけ——行動の生じる理由と対応を知る—— **135**

図6-2　スキャッター・プロット

<観察する行動>

近くの利用者をたたく

日付	5／1	5／2	5／3	5／4	5／5	5／6	5／7	5／8	5／9	5／10
5時										
6時										
7時	✓		✓✓	✓✓		✓✓	✓✓	✓		✓
8時										
9時				✓					✓✓	
10時	✓						✓			
11時										
12時	✓✓	✓		✓		✓✓		✓		✓✓
1時										
2時										
3時										
4時										

✓…あり　　✓✓…複数あり

CHECK POINTS

①自傷行動や他傷行動、破壊的な行動などは生まれながらにもっていた行動
　ではなく、環境の中で学習した行動です。

②学習された不適切な行動は、環境調整と適切な行動を学んでいくことで改
　善することができます。

③行動を改善していくためには、目の前の行動だけに注目するのではなく、
　行動の前後に何があったかを知り、その行動の目的（機能）を分析して対
　応を考えることが大切です。

第2節　行動障害への対応のヒント

1　なぜ困った行動が生じるのか

　困った行動の大部分は先に述べたように、行動の後の結果によって維持されています。つまり以下のように、頭を叩くという行動は、注目というその後の結果によって強められているのです。

　この例では、行動の後に注目されるという好ましい結果がもたらされることで、その行動の回数（頻度）がふえたり、激しさ（強度）がましたりしています。このように行動を強める操作を「**強化**」といい、行動を強めるものや活動のことを「**強化子**」といいます。逆に行動を減らしたり、弱めたりする操作を「**弱化**」といいます。

　私たちが日常的に行っている多くの行動は、行動の後にもたらされる「結果」によって、その行動が次に起こりやすくなるのか、それとも起こりにくくなるのかが決まります（**強化の原理**）。

　一方、行動を強化している強化子がなくなれば、その行動は徐々に弱まっていきます。このように強化を停止することを「**消去**」といいます。消去は行動の原理に沿った、行動を弱めるための確かな方法です。しかし、行動の消去を試みると、最初の段階ではその行動がより増加したり強まったりすることがあります。これを「**消去バースト**」と呼んでいます。

> **ジロウさん**
> お母さんはジロウさんの自分の頭を叩くという行動の強化子が自分の注目であることがわかりました。お母さんはジロウさんの自傷行動をやめてほしくて、自傷行動をしても注目しないようにしました。しかしジロウさんの自傷行動はますます強くなっていき、大きな声と頭を叩く音は、ますます響きわたります。お母さんは耐えられなくなり、声をかけてしまいました。このような消去手続きを何度か試みましたが、その都度失敗してしまいました。するとそれ以来、自傷行動は以前にましてひどくなってきたようです。

これをABC分析すると次のように示すことができます。

A（行動の前の刺激やできごと）	B（行動）	C（行動の結果）
お母さんが食事の準備をしている（お母さんの注目なし）	頭を叩く	お母さんが無視する（お母さんの注目なし）
	ますます激しく頭を叩く	お母さんが来てかかわる（お母さんの注目あり）

消去バースト

激しく頭を叩く行動が強められる

　この例で説明すると、ジロウさんが頭を叩いても、注目が得られないということが消去手続きになります。最終的に消去を続けていくと、頭を叩いてもお母さんからの注目という強化子が得られないのですから、「頭を叩く」行動は徐々に弱まっていくはずです。

　しかし、ジロウさんからすると、この消去手続きは「いつもは頭を叩けば注目してもらえたのに、今回はなぜ？」という状況に他なりません。すると、ジロウさんは何とかして強化子（注目）を得るために、今まで強化されてきた「頭を叩く」という行動をより強めてくるというわけです。これが消去バーストです。

　消去バーストによって行動がエスカレートしているときに「こんなに強く叩いてけがでもしたら……」と心配になり、「かかわって注目してしまう」（強化する）とどうなるでしょう。ジロウさんは結果的に「より強く頭を叩けば願いは叶う」ということを学習したことになってしまいます。そうなると、今後同じような注目要求場面で、このときと同じくらい激しく頭を叩く可能性が高まります。消去バーストによって激しさの増した行動を強化してしまうと、次も同じレベルの強さでその行動を行うようになるのです。

　しかし、消去バーストによって一時的に強まった行動も、消去を続けていくと、時間をかけて収まっていきます。しかし、この消去バーストは今まで強化されてきた歴史が長ければ、なくなるまでにかなり長い時間を要することもあります。

　このケースのように行動があまりに激しくてけがの心配が生じたり、年齢が高い子で力が強かったり、周囲からの視線や周囲への迷惑があったりするため、消去バーストが生じた場合に、その行動を一貫して消去しようと思っても、それを完璧に行うことはなかなか難しいものです。そこで、次項では行動を弱化するために、消去とほか

私たちの行動のわけ——行動の生じる理由と対応を知る——　**139**

の方法を組み合わせた支援について考えてみましょう。

2 行動障害に対応するために

1 環境を整備する

　第5章で取り上げられた「環境を整備すること」が対応の基本になります。消去バーストが起こる可能性を考慮すると、激しい自傷行動や破壊的行動、他傷行動などでは「消去」だけで対応することは難しいからです。

　まず困った行動が出現しにくい状況をつくることを考えましょう。環境の整備には第5章で取り上げられたように物理的構造化、スケジュール、ワークシステム、視覚的構造化があげられます。その他に、本人の活動選択の場をつくること、クールダウンのためのスペース（カームダウンスペースなど）の設置、事前に約束し守れたら強化される行動契約などが考えられます。

2 適切な行動に置き換える

　2つめの視点として「適切な行動に置き換える」というものがあります。置き換える行動には大きく分けて「**コミュニケーション行動**」「**余暇活動**」「**指示に従う行動**」の3つがあります。

　例えば、「コミュニケーション行動」への置き換えでは、言葉やジェスチャーなど適切なコミュニケーション手段を使って置き換えていきます。これをABC分析で示したものが次頁の図です。「コミュニケーション行動」は、行動の機能と一人ひとりの利用者のコミュニケーションの特性に合わせたものにします。言葉の表出の可能な人であれば「お母さん」などの言葉で表出できるようにし、言葉の表出が困難な人であれば「クレーン行動」「発声」などを用います。

　「余暇活動」に置き換える場合は、その人の好きな遊び、例えば「CDを聴く」「動画を見る」「写真集を見る」「水遊び」「ドライブ」「散歩」などに取り組めるようにします。その際には2つ以上の活動をカードなどで選択肢として用意し、本人に選んでもらってもよいでしょう。

　「指示に従う行動」に置き換える場合は、ここでは一定時間、母親を呼ばずに過ごすことを約束してもらいます。最初は短い時間から始め、少しずつ時間を延ばしていき

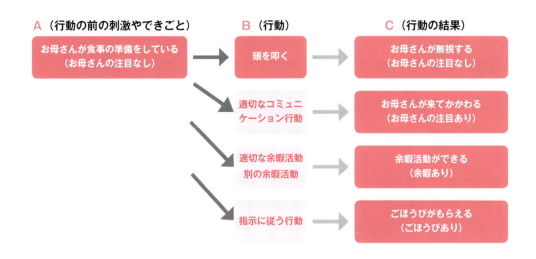

ます。目標時間が視覚的にもわかりやすいようにタイマーや砂時計などを使用するとよいでしょう。「余暇活動」と組み合わせて行ってもよいでしょう。

　不適応行動に代わる適切な行動が可能になるよう支援するということは、行動障害のある人に意思表明や余暇を楽しむこと、働くことなどの機会と権利を保障することです。どのような適応行動が必要なのか、機能分析によって彼らの示す行動から本人のニーズを知り、生活の質が向上するよう熟慮することが必要です。置き換えがうまくいかない場合、本人のニーズに合っていないか、自発のための環境や機会が十分でない可能性があります。

　適切な行動に置き換える支援を行う場合、置き換える適切な行動が難しすぎると置き換えることが困難になります。最初はスモールステップで簡単な目標から始めるとよいでしょう。

> **CHECK POINTS**
> ①行動を強める操作を「強化」といい、行動を強めるものや活動のことを「強化子」といいます。
> ②行動障害への対応として、「環境を整備する」「適切な行動に置き換える」という2つの視点が大切です。

事例 9 見通しがもてたことで支援員への こだわりがなくなったタカヒロさん

| 名前 | タカヒロさん | 年齢 | 31歳 | 性別 | 男性 |

利用している主なサービス 施設入所支援

✳ タカヒロさんのこと

タカヒロさんは、自閉スペクトラム症と重い知的障害のある男性で、ほっそりした面立ちの好青年です。床を指でなぞったり、下駄箱の靴を何度も置き直すようなこだわりの行動が多くあり、「朝食はこの支援員が介助」というように、それぞれの場面でかかわる支援員を自分で決めていたりもします。こうしたこだわりの行動が止められたり、うまくできないとイライラして物を壊したり、他の人を叩いてしまったりすることもあります。

現在は、入所施設で生活しながら、週末には自宅に帰省する生活を送っています。

✳ タカヒロさんのこれまで

タカヒロさんは、2歳くらいのときに自閉スペクトラム症と知的障害の診断を受けました。診断当時は、多動や大声を出すことも多く、子育ても大変だったそうです。

その頃から、遊びを通じた療育などを受けるとともに、地域の幼稚園、小学校に通っていました。中学校では、自閉スペクトラム症の特性に合わせた教育や支援を受けることができ、こだわりの行動もありましたが、1人で通学できるなど、楽しく生活を送ることができていました。高校は特別支援学校の高等部に通いましたが、この頃からだんだんと、こだわりの行動やイライラして落ち着かないなどさまざまな課題が増えていきました。卒業後は地域の作業所に通っていましたが、物を壊すことや、家族を叩いてしまうことも増え、自宅で生活することが困難となり、入所施設に入所することとなりました。

入所した当初は受け身でおとなしい印象でしたが、徐々にこだわりの行動がみられるようになり、その行動を止められるとイライラして物を壊すことが増えてきました。また、特定の男性支援員の促しには応じるのですが、その他の支援員が促すと激しく拒否し、物を壊すこともありました。

そうするうちに、食事を促しても拒否して食べないことが増え、特定の支援員が促さないと入浴できず、その支援員が不在だと、タカヒロさんも風呂に入れない状態となってしまいました。

そこで、まずは食事について、支援員がタカヒロさんの食べたもの、食べなかったものを記録し、1か月ごとに内容を振り返りました。そうすると、メニューに果物のオレンジが付いている日は食事を食べていることがわかったので、メニューにオレンジを増やすと食事を食べることができるようになっていきました。

また、入浴については、家族から絵で表したものは理解できることを教えてもらっ

たので、絵カードのスケジュールを作り、2枚の絵カードを使用して、入浴の後はタカヒロさんの好きなドライブに行くことを伝えていきました。風呂の後は大好きなドライブに行けることが伝わると、機嫌よく風呂に入れるようになりました。

こうした取組みの初期は、タカヒロさんが促しに応じる支援員からスタートし、徐々に違う支援員でも促していきました。タカヒロさんも、風呂の後に大好きなドライブに行くことができると思うと、いろんな支援員の促しに応じて風呂に入れるようになりました。

自閉スペクトラム症であるタカヒロさんの立場になってみれば、見通しのもてない不安さから、特定の支援員にこだわってしまうことは当然のことといえます。しかし、スケジュールで活動の見通しをもち、大好きな活動も一緒に伝えることで、タカヒロさんも安心でき、特定の支援員にこだわることなく入浴できるようになってきたのだと思います。

✳ タカヒロさんの今

自閉スペクトラム症の特性に合わせた支援があることで、いろいろな日課に取り組むことができるようになったタカヒロさんですが、決して自閉スペクトラム症の特性がなくなったわけではありません。

現在も、季節の変化や日課の変更などで不安になりその場から動けなくなることや、こだわりの行動を止められてイライラする場面もあります。

そのため、食事や排泄、睡眠などの生活リズムや入浴など日課の様子を、支援員が日々記録し、その記録をもとに支援員間でタカヒロさんの状態を共有しながら支援を行っています。タカヒロさんのこだわりの行動も変化することがあり、支援員が知らずに対応すると、タカヒロさんを不安にさせてしまうこともあります。タカヒロさんのことを支援員がしっかりと理解して支援することが安心につながっていくと思います。

最近の課題としては、浴室でタイルをなぞることや物の位置にこだわって次の活動に移れないということがあげられます。こうした部分に関しても、タカヒロさんの自閉スペクトラム症の特性とこれまで行ってきた対応を振り返りながら支援を検討し、タカヒロさんがより安心して生活できるように支援を続けていきたいと考えています。

事例10 見通しのできる生活で透析治療を続けるアキラさん

名前 アキラさん　　**年齢** 49歳　　**性別** 男性
利用している主なサービス 施設入所支援・生活介護

❋ アキラさんのこと

　アキラさんは重度の知的障害と自閉スペクトラム症のある男性です。日常会話など簡単な言葉のやりとりは可能ですが、本人の予定はもちろん、他の利用者の予定や職員配置なども気になり、見通しがもてないとパニックを起こします。パニックを起こすと、大声で泣き叫び、頭を手で叩いたり、床に頭を打ち付けたり、時には他者に手を出したりしてしまうことがあります。

❋ アキラさんのこれまで

　アキラさんは小学生の頃より、血液検査で腎臓に関する数値が悪く、施設に入所した時には、ゆくゆくは透析が必要になる可能性がありました。

　アキラさんの腎臓に関する数値は年を追うごとに悪くなり、とうとう透析が必要になりました。ケースワーカーを通し、腎臓移植なども勧められたのですが、父親がアキラさんと同じように腎臓に不安があり、母親からの腎臓移植を行うと母親の体力に不安が生じて、アキラさんと父親の介護が難しくなる可能性があるため、アキラさんには移植ではなく、透析を受けさせたいというのが両親の考えでした。それを受け、施設では「今後もこの施設でアキラさんが生活を送っていけるように、透析を受けるために必要な支援を行う」という決断をし、環境や人員の体制を整えていきました。この先、同じようなケースが出てきたら、できないかもしれません。しかし、今できることを大切にし、支援していく決断をしました。

　その後、数か所の病院へアキラさんの透析の受入れを相談しました。しかし、ほとんどの病院が知的障害のある人が透析を受けた前例がないために、受入れに難色を示しました。そのようななか、施設の協力医療機関がアキラさんの受け入れを快諾してくれました。私たち施設職員も透析治療について必死に勉強しました。病院側からも、看護師長などの主力のスタッフが施設に出向いてくれ、アキラさんに親身になって対応してくれました。こうしてアキラさんの透析治療が実現していきました。

　アキラさんの透析が始まり、最初の頃はパニックを起こし、透析の途中で中止することや、パニックまではいかないまでも情緒が乱れてしまうことも多くありました。病院スタッフとその都度相談し、問題解決が難しければカンファレンスを設け、話し合いを重ねました。緊急時を想定し、病院スタッフが多くいるフロアで透析を受けたり、周りが気にならないようにパーテーションを使ったり、アキラさんが落ち着い

て透析を受けられると思う方法を試していきました。私たちは透析場面の支援や動線の修正、構造化などを行ってみましたが、どれもうまくはいきませんでした。なぜなら、アキラさんの情緒が乱れる原因は、日常生活にあったからです。

その頃のアキラさんは気になる予定や職員配置などの確認がうまくできず、見通しがもてていなかったのです。そこで職員配置の不安解消として、アキラさんのロッカーにホワイトボードを設置し、火・木・土曜日の透析時の付き添い職員を掲示しました。その結果、毎週土曜日の透析が終わると、アキラさんが自らホワイトボードを持って来て、次週の掲示への変更を催促する習慣が定着しました。

この他に、アキラさんの気になる予定に帰宅などがあります。アキラさんが気になる予定を1か月ごとにカレンダーに記入し、月初めに渡すようにしました。アキラさんはそのカレンダーをとても大事にしていて、使用済みのカレンダーを自宅に持ち帰り、保管していると両親より報告してもらったことがあります。

このように、私たちは新しく取り入れた「透析」にばかり目が行ってしまい、基盤となるアキラさんの日常生活を見過ごしていました。土台を安定させたうえで新しいことを積み上げていかなければ、新しいことの問題点などを見つけることは難しいということを再認識しました。

✳ アキラさんの今

アキラさんの見通しはよくなったよう

で、現在は透析も落ち着いて行えています。アキラさんが透析を受け始めた後から、他の患者からも要望がありテレビを設置してもらえ、病院が環境を整えてくれました。透析中、アキラさんは好きな日経新聞と導入されたテレビ鑑賞を時間で区切り、透析中のパターンとして確立できました。しかし、4時間という長時間にわたり透析を受けなければならず、最後の1時間程度は情緒が乱れがちで、今後の課題となっています。

私の施設では、アキラさんが透析を受けることを決断することができました。その背景として、アキラさんが4時間の透析に耐えられる可能性があることが第一の要因でした。この他にも本人はもちろん、両親、病院、施設が同じ方向をむいて進めたことが透析導入に向けての大きな要因でした。しかし、透析を導入してからもいろいろな課題が見つかりました。アキラさんの日中活動の内容や、水分・食事の管理、シャントへの配慮など、今まで他の利用者と同じように過ごせていたのが、アキラさんのための配慮や管理を行わなくてはならなくなりました。この他にも透析へ職員が付き添うことで、人手がそこに取られてしまい、施設で支援できる職員が減ってしまっている現実もあります。

アキラさんのように、透析を受けなければならないケースを抱える施設等もあると思います。答えを導き出すことは難しいと思いますが、アキラさんの事例がよりよい決断の助けになれば幸いです。

コラム5

自閉スペクトラム症の子どもたちの学ぶ力と合理的配慮

自閉スペクトラム症の子どもにとっての合理的配慮とは

　自閉スペクトラム症の子どもが生涯にわたって地域のなかで居心地よく暮らすためには、早期に診断を受け、早期に発達支援を始めることが必要であるといわれるのはなぜでしょうか。診断することは、一人ひとりに合った支援を見つけるためであり、小さい時期から穏やかに過ごし、その子らしさを活かすことを目指すからです。

　では、一人ひとりに合った支援とは、どんなことでしょう。自閉スペクトラム症の子どもは共通した特性のなかで一人ひとり違いがあります。違いを知り、その子が得意な（興味がある）こと、理解している（できる）ことを使って、視覚的に具体的に支援することです。それが、自閉スペクトラム症の子どもにとっての合理的配慮となります。

幼児期から学齢期にかけて大切に育て合いたいこと

　自閉スペクトラム症の子どもが生活のなかで苦労することの多くは、コミュニケーションの問題です。「○○がほしい」と伝えられなくて奪い取ってしまう子、「いやだ」と拒否が伝えられなくて逃げだす子、「手伝って」と援助が伝えられなくて泣き出す子など、自分のメッセージがうまく伝えられないと、状況にそぐわない行動が出てきます。子どもの困った（子どもにとっては困っている）行動には、必ず意味があり、行動の意味（理由）を支援者が理解し、人に向かって適切にコミュニケーションする方法を教える必要があります。

　このようなコミュニケーション支援は、小さい時期からとても重要です。コミュニケーションとは、人と人とのやり取りです。自分から発信する表出コミュニケーションと相手のメッセージを受け止める理解コミュニケーションの方向があります。コミュニケーション支援とは、言葉に頼らず障害のある子どもに一人ひとりに合ったコミュニケーションの方法を提供することです。これを「補助・代替コミュニケーション」といいます。

コミュニケーションを学ぶとは

　まず、大切なことは、「人とコミュニケーションするといいことがある＝楽しい」と思える経験を積むことです。ほしいもの、したいことなど、要求が叶えられるなかで、人に向かって自発的に要求することが身につきます。しかし、いつでもすぐに要求が叶えられるとは限りません。そのために次の段階には、「〜ください」と要求があったら、「では、○○して」というように無理なくできることで「交渉」することを教えます。また、要求がすぐには叶えられない場合もあります。待つこと、少し我慢することを身につけるには、本人が理解で

きる視覚的なスケジュールを使って、見通し（いつ要求が叶えられるか）を伝えることで、交渉し、折り合いをつけることを子どもは学びます。

人と交わることを楽しむために
――PECS®を使ってのコミュニケーション

補助・代替コミュニケーションの指導法の1つにPECS®（絵カード交換式コミュニケーションシステム）があります。PECS®は、言葉で自発的にコミュニケーションが取りづらい人に、自分から始める機能的なコミュニケーションを教えるために開発された指導法です。視覚的に理解する力、決まった手順を覚えて実行する力、動機づけがあると力を発揮するといった得意技のある自閉スペクトラム症の子どもにとっては、とても有効です。

暮らしのなかで、PECS®を使っている子どもたちの様子を写真でお伝えしましょう。

iPadのPECS®アプリを使って

友だちに向かって

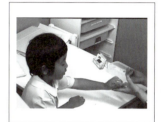
おやつのときに：初めてのPECS®

グループの話し合いで

家での自由時間

食事のときに

このように、自分から伝えるためのコミュニケーション手段をもっていると、どの子も1日を通して、いろいろな場面でいろいろな人と適切にやり取り（要求、援助要求、交渉）することができます。

PECS®は、最初から人や場所、要求するものを変えて自閉スペクトラム症の子どもの苦手な般化を無理なく教え、いつでもどこでも誰にでもコミュニケーションすることを目指します。子どもにとって絵カードは言葉そのもので、PECS®は会話です。

これは、子どもに限ったことではありません。自閉スペクトラム症の人が必要とするその人に合ったコミュニケーション手段を提供し、生活のなかで自発的にコミュニケーションすることを保証することは支援者の責務です。子どもの頃から、自分で選び（自己選択）、自分で決める（自己決定）ことを大切にされる暮らしは、強度行動障害の予防につながります。

久賀谷　洋（特定非営利活動法人SKIPひらかた、千里金蘭大学）

第7章 医療と一緒に
──福祉と医療の連携──

| 第1節 | 行動障害と医学的な診断 |

1 行動障害の主な状態像

　「行動障害」と聞いて、みなさんが思い浮かべるイメージはどのようなものでしょうか。自傷や他傷、激しいこだわり、器物破損、多動、粗暴など、社会生活のなかで私たちがとる一般的な行動とは大きく異なる内容や程度の行動でしょうか。それとも、食事や排泄、睡眠など、通常の日常生活を送るうえでの行動が適切にはできない状態でしょうか。もしくは、大声やパニックなどが、そのきっかけや程度・持続時間などにおいて、私たちの常識を超える状態でしょうか。

　実は、ここまで書いた「行動障害」のイメージは、強度行動障害判定指針・判定基準表（80頁参照）という、実際のスコア項目からとった表現です。「イメージ」と前述しましたが、そのどれもが、人間の表面に現れる「行動」であり「状態」です。ただし、この「行動」や「状態」の背景には、どのような理由があり、なぜそのような形となって現れるかは、残念ながら周りの人にはわかりにくいのです。「強度行動障害」をもつ人たちが言葉で理由や気持ちを表現してくれれば助かるのですが、彼ら彼女らの多くは神経発達障害や知的能力障害によるコミュニケーションの問題をもっており、説明や表現がうまくできません。そこで私たちは、彼らの「行動」から、その理由や意味を推測することになります。これが「氷山モデル」（302頁参照）という、自閉スペクトラム症や知的能力障害の人たちの理解の基礎となります。

　第7章では、「行動障害」の氷山の下の部分、とりわけ医学的な診断・評価について解説していきます。「強度行動障害」をもつ人たちは、何らかの診断名（疾患名や障害名）をもっています。そして医療者であれ、福祉スタッフであれ、教育関係者であれ、プロとしてかかわる者であれば、彼ら彼女らの「行動」を理解するために、その診断名を知ることは基本なのです。

2 診断

　診断をする際にはいくつかの診断基準を使いますが、基本的には、❶生来の障害名があるか、❷知能・発達レベルはどのくらいか、❸途中から合併してきた疾患（特に

精神疾患）があるか、❹身体的な疾患や合併症はあるかをみて総合的に判断していきます。

1 生来の障害名があるか

生来の障害名とは、まずは知的能力障害や自閉スペクトラム症などよく聞くようなものから、先天性の染色体異常や○○症候群、と呼ばれるものまでさまざまです。その人に関する記録や情報を見れば書かれているものと思います。特に自閉スペクトラム症は強度行動障害を理解するうえで重要なもので、強度行動障害特別処遇事業や加算対象の事業に関する施設へのアンケート調査において、「対象者の8割以上は、自閉スペクトラム症と重度知的能力障害を合併しているケース」といわれています。強度行動障害の支援は自閉スペクトラム症の支援といってもよいかもしれません。これについては、第3章第1節の「自閉スペクトラム症について」の内容を再確認してください。

2 知能・発達レベルはどのくらいか

次に、知能・発達レベルはどのくらいか、を評価する必要があります。知能テストや発達検査と呼ばれるものにはいくつか種類がありますが、結果を見ると、同じ1人の人でも得意な分野と不得意な分野があり、決して横並びの能力を各分野でもっているわけではありません。運動や基本的習慣、対人関係、言葉や身体表現によるコミュニケーションなど、その能力はさまざまなものを含み、かつその人ごとに凸凹があります。特に自閉スペクトラム症の人では、その凸凹が目立ちます。知能・発達レベルを知れば、どのような支援がどの程度必要かが客観的にわかります。支援のレベルが高すぎても低すぎても行動障害が生じる可能性がありますので、知能・発達レベルについても知っておくことが必要です。これについては第3章第2節（66頁参照）、第4章第2節（検査については84頁参照）も参照してください。

3 途中から合併してきた疾患(特に精神疾患)があるか

途中から合併してきた疾患（特に精神疾患）についても、注意が必要です。知的能力障害の人ではしばしば見逃されやすいのですが、うつ病や双極性障害（以前は「躁うつ病」と呼ばれていました）による感情や気分の波、落ち込み、または怒りっぽさや焦燥感、生活・行動上のレベル低下などが持続し、環境調整を行っても改善しない場合は、薬物療法による治療が必要かもしれません。その他にも強迫性障害（元来の

医療と一緒に──福祉と医療の連携── **151**

自閉スペクトラム症によるこだわりに加え、手洗い・衣類の着脱など同じ動作の反復・動作の停止などで生活面のレベルがそれまでより明らかに低下する）や統合失調症（幻聴や被害妄想などの症状を呈し、おおむねIQが50以上でないと診断できない）など、合併する可能性のある疾患はさまざまです。以前と様子が違う点をよく観察し、医療機関への受診につなげる必要があります。これらの精神疾患が合併した場合には、ベースにある神経発達障害や知的能力障害に対する薬物療法よりさらに、薬物の内容や量の調節が必要になってくるのです。

4 身体的な疾患や合併症はあるか

　身体的な疾患や合併症も行動障害につながりやすいものです。特に知的能力障害が重度になればなるほど、「痛い」「苦しい」「だるい」などの体の不調は言葉で表現されません。その代わりに不機嫌さやいつもよりひどい自傷・他傷や食事をとらないなど、さまざまな「行動障害」で不調を訴えるのです。ちなみに、筆者が勤務する重度・最重度知的能力障害の成人の人が中心の病棟では、合併症の頻度は多い順に、神経感覚器系（てんかんや睡眠障害など）、皮膚・筋骨格系（外傷や擦過傷・皮膚疾患の慢性化など）、消化器系（便秘やイレウス＝腸閉塞、肝機能障害など）、口腔（う歯＝虫歯、歯肉炎、薬剤性歯肉増殖など）でした。てんかんは、知的能力障害が重度になればなるほど合併しやすく、またてんかん発作が不機嫌やイライラと関連していることもあり、前兆・発作の頻度・持続時間などの観察や医師への報告が特に重要です。医療機関への受診の際に簡潔に記した１か月のてんかん発作の記録表やスマートフォン等で撮影した「発作と思われる動画」を持参してもよいでしょう（動画の撮影・持参にあたってはご家族や保護者への説明と同意取得を必ず行ってください）。また、強度行動障害をもつ人は抗精神病薬を内服していることが多いと思いますが、その副作用（特に「アカシジア」と呼ばれるもの）でソワソワやイライラ・焦燥感が増し、逆に行動障害が悪化したようにみえる場合もあるので、注意が必要です（第７章第２節を参照のこと）。

3　診断・評価することの重要性

　行動障害にはさまざまな理由や意味があります。そのために、❶生来の障害名があるか、❷知能・発達レベルはどのくらいか、❸途中から合併してきた疾患（特に精神

疾患）があるか、❹身体的な疾患や合併症はあるか、の４点を診断・評価することについて先に述べました。

「氷山モデル」で考えた場合、診断・評価は、いわば氷山の海水に隠れた左側の部分です。その人の診断名や知能・発達レベルがわかれば、そこからその人の障害特性や不調になりやすい理由がわかります。それを知ったうえで行動のアセスメントをすれば、なぜそのような理由や原因で、その行動障害が起きているかの合点がいきやすくなるのです。

もちろん、すぐにわかりやすい理由や原因ばかりではありません。１つの、あたかも同じようにみえる行動障害が、いくつかの原因や理由によって起きることもあるからです。そうした場合には、客観的なデータをしばらく取ってみて、そのうえでなるべくいろいろな職種のスタッフが集まって話し合いをしてみましょう。強度行動障害をもつ人は、私たちと同じように、１日24時間、周囲のさまざまな人たちとかかわって生きています。今日１日のできごとを言葉にできない人たちの行動観察は、それだけたくさんの目で見て、話して、行う必要があります。また、違う場面・違う相手では、観察される姿も異なる場合があります。

そして、得た情報については、簡潔に記載して残しておきましょう。特に入所施設で長く暮らす人などは、スタッフよりずっと長い時間をその場所で過ごします。支援するスタッフや体制が変わっても、その人に関する貴重な情報は、その人のために利用されるべきです。診断・評価に関するまとめは少しずつ改良しながら、その人の資料の中でわかりやすいところに、さっと取り出せるように準備しておきましょう。

4 行動障害が起きやすい状況・環境

「氷山モデル」の海水に隠れた左側の部分については、前項では診断・評価の視点からお話ししました。それでは、右側の隠れた部分、「行動障害が起きやすい状況・環境」について考えてみましょう。❶生来の障害名、❷知能・発達レベル、❸精神疾患などの合併、❹身体的な疾患や合併症について、その人の情報が得られたとして、次に考えるのは、そういう障害特性や発達の特性をもった人たちが、どのような状況・環境におかれたら行動障害が起きやすくなるかということです。

多くの強度行動障害の人たちを診察していて感じるのは、まずは衣・食・住、つまり着るものや食事、生活空間や環境などの基本的なことの快・不快が行動障害の起こ

医療と一緒に──福祉と医療の連携── **153**

りやすさを大きく左右するということです。これは、大きく分けると感覚の過敏性やこだわり、コミュニケーション能力の低さからくるように思います。私たち自身は、朝起きて夜寝るまでの間に、自分の衣・食・住を自ら整えて、なるべく快適になるように工夫して生活しています。しかし、知的能力障害や神経発達障害をもつ人たちは、自分でそれらを快適に整えたり、不快な部分を訴えたりすることができずに不具合を我慢していることがたくさんあります。それが行動障害となって出てくると、表面の行動しか見えず、支援者は「問題行動を起こしている」というふうにとらえてしまいます。しかし、その行動が起きる前の状況や環境を見直してみると、「チクチクした感触が苦手な触覚過敏のある人に、硬いタグのついた衣類を渡していた」「いつも食事とお茶がセットになっていると決めている人に、たまたまお茶を付け忘れた」「室温が高いと不快でパニックになってしまう子どもなのに、部屋にクーラーがついていない」などの状況や環境が、「行動障害」より前に存在していることがわかったりします。

　また、衣・食・住は快適でも、活動・作業・学習などのスケジュールがその人に合っていない、難しすぎる・簡単すぎる・多すぎる・少なすぎる・先の見通しが立たないなどで、うまく行動が進まず、パニックにつながっている場合もあります。その際にも、知的能力障害や神経発達障害をもつ人は、「今は眠いからこの作業はできない」「型はめの形が難しすぎてうまくはめられない」「この課題はもう飽きたからやりたくない」などの気持ちの表現をすることができません。そのためイライラし、それに気づいていない支援者から、先に進むことを促されてますますイライラして、パニックや自傷・他傷などの行動障害につながることも多々あると思われます。また、家族や大切な人とのかかわりのパターンに変化があった、急に好きな活動がなくなったなどの理由からも、当然ですが行動障害は強くなります。決まりきった言葉のやり取りはできたり、語彙のみが豊富だったりする場合もあり、支援者側もその人たちがイライラを表現できると勘違いしてしまうこともあります。また、どんなに不快なときでも表情はニコニコしている人もいるため、イライラしているようだということを支援者側が感じることさえ難しい場合もあります。

　また、衣・食・住や活動などの「行動障害」前の環境とともに、「行動障害」後の状況や環境も、「行動障害」の頻度や程度を左右する大事な要素です。私たち支援者はその人の行動障害に対し、どのような反応・言葉かけ・動作で対応しているでしょうか。私たちは何も「行動障害」を増やそうとしてかかわっているわけではありません。しかし、思いがけず、あるいは障害への知識が不足しているために、その人の「行動障害」を維持したり、強めたりするような結果になっていないでしょうか。

以上のような「行動障害」が出現する前後の状況、環境をどうすれば客観的に見つけられるでしょう。それもやはり、周囲の支援者のちょっとした観察や、それを情報交換することによる、1日24時間のその人の生活の把握が基本です。

　「行動障害」として出ている部分だけに注目するのでなく、物事には原因となる状況や環境があり、そして「行動障害」を維持し強めてしまう私たちの反応があることについて、少し引いた目線で、観察・分析してみましょう。これについては、第6章第1節「行動の理解」・第2節「行動障害への対応のヒント」の内容を再確認してください。

CHECK POINTS

①「強度行動障害」をもつ人たちは、何らかの診断名をもっています。彼らの行動を理解するためには、診断名を知ることが基本です。

②診断をする際には、❶生来の障害名、❷知能・発達レベル、❸途中から合併した疾患（特に精神疾患）、❹身体的な疾患や合併症をみて総合的に判断します。

③診断名を知ったうえで行動障害が起きやすい状況・環境について考えましょう。

医療と一緒に──福祉と医療の連携──　**155**

| 第2節 | 行動障害と医療的アプローチ |

1 行動障害に有効な支援

多くの強度行動障害の人を診察しているなかで感じること、また全国の強度行動障害支援者養成研修でいわれていること、それは同じく「自閉スペクトラム症」の支援の重要さです。行動障害の起こりにくい環境調整を衣・食・住全般にわたってすること、そのなかで、特に自閉スペクトラム症の障害特性に配慮すること、次に行動障害について分析し環境調整に加えて周囲の対応を適切に統一することが必要です。そしてこれら一連の流れを行うなかで、分析し、実行してみて、振り返って評価・修正（いわゆる「PDCAサイクル」）を繰り返すことも不可欠です。また、環境調整や周囲の対応を適切に統一することとともに、薬物療法が副作用の点でその人の生活にかえって支障を来していないか、症状に対して本当に有効かの見極めも同時にしていきましょう。もちろん支援に際しては、自閉スペクトラム症の障害特性だけでなく、その人の知的レベル・発達レベルや、身体的な状態、その他の合併症を含め、1人の人としての多面的な特性を把握・理解することが基本です。本章第1節の「診断・評価することの重要性」はここにつながってくるのです。

強度行動障害に有効な支援構造として「生物学的条件の整備（生活リズム・食事・排泄・睡眠）」「TEACCH®自閉症プログラム」「知覚過敏への支援」「強迫性支援」「衝動性支援」を積み重ねて、時間をかけて成功経験を重ねることの重要性が指摘されています（飯田雅子「強度行動障害を中核とする支難困難な人たちへの支援について」『さぽーと』574号（2004年11月）、45〜51頁）。

2 薬物療法でできること

行動障害に有効な支援を考えたときに、まず医療側に求められるのは薬物療法による行動障害の軽減です。この薬物療法について、医療的立場からの意見としてお伝えしたいことは、「薬物療法のみで行動障害が改善することは期待できない」ということです。現時点での医療における、知的能力障害・神経発達障害の人たちへの薬物療法はあくまで「対症療法」で、氷山モデルの表面上の「興奮」「パニック」「易刺激性」な

どの激しさを薬で抑えたり、少し和らげたりすることを目的としたもので、氷山の下のほうの部分の、本来の障害特性に対して有効なものではありません。発達障害に対する薬物療法に関して国内でのガイドラインはまだありませんが、海外のいくつかの薬物治療ガイドラインを参照すると、「まずは心理社会的治療や環境調整を行うこと」と書かれています。薬の効能・効果からして、知的能力障害や自閉スペクトラム症をあげている薬はごくわずかで、それすらも副作用の観点から古い時代の使用薬物に

表7-1　発達障害に対する薬物療法

分　類	薬剤名（商品名）	標的症状とその効果	主な副作用
抗精神病薬	リスペリドン（リスパダール®）	自閉スペクトラム症の易刺激性に有効	体重増加、月経異常など
	アリピプラゾール（エビリファイ®）	自閉スペクトラム症の易刺激性に有効	体重増加など
	その他の新規抗精神病薬オランザピン（ジプレキサ®）クエチアピン（セロクエル®）など	自閉スペクトラム症の興奮性に有効な可能性がある	眠気、体重増加など※オランザピン・クエチアピンは糖尿病で禁忌
	従来の抗精神病薬ハロペリドール（セレネース®、リントン®）	自閉スペクトラム症の興奮性に有効	錐体外路症状（急性・遅発性）
	従来の抗精神病薬クロルプロマジン（コントミン®）レボメプロマジン（レボトミン®）プロペリシアジン（ニューレプチル®）など	興奮性への効果はさまざま	過鎮静、錐体外路症状（急性・遅発性）
抗うつ薬	フルボキサミン（ルボックス®）	抑うつ・不安に有効なことあり（反復的行動に対しては効果は確実ではない）	消化器症状など※ロゼレムとは併用禁忌
気分安定薬	バルプロ酸（デパケン®、セレニカ®）	興奮性や躁症状への効果はさまざま	高アンモニア血症、血小板・血球減少など
ADHD治療薬	メチルフェニデート徐放錠（コンサータ®）	ADHD症状を伴う人には有効なことあり	食欲低下・不眠など※IQ50未満や重症のチック症例では望ましくない
	アトモキセチン（ストラテラ®）	ADHD症状を伴う人には有効なことあり	消化器症状など※緑内障には禁忌
	グアンファシン塩酸塩徐放錠（インチュニブ®）	ADHD症状を伴う小児には有効なことあり	血圧低下・脈拍数減少・失神・ふらつきなど
睡眠薬	メラトニン受容体作動薬（ロゼレム®）	不眠に有効なことあり	フルボキサミンと併用禁忌
	ベンゾジアゼピン系	不眠に有効なことあり	脱抑制による落ち着きのなさ、ふらつき、転倒

医療と一緒に──福祉と医療の連携──　157

なってしまっているものが多数です。また、海外で自閉スペクトラム症に効果がある
と承認されている薬はいくつかあり（表7-1）、国内でも小児期の自閉スペクトラム症
に伴う易刺激性に対し、リスパダール®とエビリファイ®の２つの薬が承認されまし
た。しかしその薬にしても、もともとは統合失調症などの精神疾患のために開発され
た薬であり、障害特性を根本的に変えるものではありません。また、知的能力障害や
神経発達障害の人に関しては、重度になればなるほど、年齢や個人差による薬の効果
や副作用の違いが大きいという印象があります。

　特に長期間入所・入院している強度行動障害の人たちは薬が多剤・大量になりやす
く、長期的な副作用の心配（糖尿病や反復するイレウス（＝腸閉塞）、過鎮静による身
体・認知機能の低下など）もあります。研究論文による報告でも、自閉スペクトラム
症を含む知的能力障害に対しては、"start low, go slow"（少ない量から始めて、ゆっ
くり増やす）が強調されています。

　まずは「障害とは薬で治すものではなく、障害特性を知って支援するもの」「薬物療
法は有効と思われる標的症状（ここに効いてほしいという行動障害のターゲット）を
絞って試してみるもの」と考えましょう。

　表7-1に記載している抗精神病薬による特徴的な副作用（錐体外路症状）について
は、表7-2を参照してください。

表7-2　副作用としての錐体外路症状

症状名	状　態
アカシジア	落ち着きがなくなり、足がむずむずしてじっとしていられない。静座不能
急性ジストニア	抗精神病薬投与初期に、身体の筋肉がひきつれを起こし、首が横に向いたり、身体を反転させたり、舌を突出させたりする。眼球上転も含まれる。緩徐・持続性の奇妙でねじるような不随意運動
遅発性ジストニア	抗精神病薬長期服用による。持続性姿勢異常（痙性斜頸など）
遅発性ジスキネジア	抗精神病薬長期服用による。口周囲の場合、口をモグモグさせる特徴的な動きとなる。四肢や躯幹の場合は、舞踏病様やアテトーゼ様（くねくねした動き）の不随意運動となる
アキネジア	動作緩慢や仮面様顔貌が重症化し、不動となる
流涎	咽頭や喉の筋肉の動きが低下することにより、唾液分泌過多となる
振戦	口、手指、四肢などのふるえ
筋強剛	関節を動かしたときに歯車がカクカクなるような歯車現象、重症ではろう屈現象（腕が曲がらない）

3 入院でできること

　入院治療については、一般的な精神科の病院で短期入院（おおむね3か月以内）が行われることが多いと思われるので、それを想定して説明します。

　入院治療としてできることはいくつかありますが、主には❶検査による身体状態の評価、❷行動や情緒に関する状態評価、❸薬物調整（効果と副作用の密な観察）、❹環境変化によるこだわり行動や強度行動障害のリセットです。筆者が勤務しているような、知的能力障害・強度行動障害専門の医療機関では、これに❺行動療法や構造化による介入、が加わります。また、治療とは違う意味合いですが、以上に加え、❻緊急避難的な保護および家族や施設スタッフのレスパイト、という別の大きな役割もあります。

1　検査による身体状態の評価

　知的能力障害（特に重度）および強度行動障害があれば、外来での診察もやっと、検査に至っては血液検査やレントゲン検査は身体を押さえさせてもらって何とか、心電図は体動が激しく無理、CTやMRIは注射や内服薬での鎮静がうまくいけば撮れる可能性あり、といったレベルではないでしょうか。

　急性の外傷や重症の内科的疾患であれば、精神科のある総合病院・救急病院に入院して治療を行いますが、その場合は検査・治療に際して麻酔科や精神科による鎮静は不可欠でしょう。そこまでの身体検査や治療は特別としても、もし一般精神科に入院すれば、少しは客観的な検査ができます。ただし、血液検査や心電図、場合によってレントゲン検査くらいは行えても、一般精神科では結果はすぐに出ないことも多いものです。とにかく入院する機会があれば、ふだん検査ができない人の血液検査での異常値の有無や、また看護師による観察・医師の診察を受けて、身体の状態を把握しておくことが重要です。検査の際は視覚的支援や予告の仕方を工夫するとうまくいきやすいです。最近は一般病院でも「合理的配慮」により、このような視覚的支援や予告の工夫がなされているところも増えています。日頃の支援のなかで使用している手順カードなどがあれば病院でも応用して使ってもらってはどうでしょう。

医療と一緒に──福祉と医療の連携──　**159**

2　行動や情緒に関する状態評価

施設や在宅での普段の様子を聞いていても、主治医がその人の本来の状態を十分把握していることは少ないと考えます。強度行動障害があっても、診察室にいる短時間は落ち着いている人も多いですし、何しろ慣れた家族や職員が付きっきりの状態での受診は特別です。ゆえに、その人が1日24時間のなかでどれだけ激しく行動するのか、そしてその行動の前後の状況はどういったものか、情緒や気分の変動はどのように出るのかなど、実際のその人の姿は入院治療を経て主治医も実感することが多いです。また、病院によっては、入院中に知能・発達検査によって発達レベルの評価ができるところもあります。多くの人は療育手帳（知的障害の手帳）を持っているでしょうが、詳しいIQ（知能指数）やDQ（発達指数）などの数値や所見は、児童相談所・更生相談所などの手帳を発行する機関から必ず報告されるわけではありません。個人情報に関する書類は、あくまでも家族の希望があった場合に発行されますので、数値が不明なまま、何となく接している場合も多いでしょう。行動・情緒、そして場合によっては発達レベルに関する数値などの状態評価を入院治療で行うことは、次に記す薬物調整や行動療法・構造化などの専門的な支援においても重要な基礎となります。

3　薬物調整

強度行動障害をもつ人の薬物調整については、前項でも述べたように、できることとできないことがあり、かつ有効性や副作用は個人差が大きいので、一概にはいえません。また、入院前後での環境の大きな変化（フリーな環境で家族や支援者が付き添って過ごす環境から、おおむね閉鎖病棟での隔離や場合によっては拘束などの行動制限を併用して治療される環境へ）もあります。入院環境では何もしなくても落ち着いていたのが、退院して居住先に帰ると元に戻るといった可能性も高いです。しかもなかには、入院したことがその人の不快な経験となり、かえって行動障害が悪化する場合もあります。

私自身は入院治療を行える病院があれば、試してみる価値はあると考えています。ただし、薬物を増量するのみではなく、副作用の状態をみて減量したほうがよいケースもありますし、多剤・大量の薬剤の併用で何が効いているのか全くわからなくなっている場合、整理がうまくいって状態が落ち着くケースもあります。家庭や施設から入院環境へという大きな変化はあっても、自分で不快を訴えることのできない知的能力障害・強度行動障害の人たちの薬物調整については、入院治療のほうが行いやすい

という主治医も多いのではないでしょうか。

4 環境変化によるこだわり行動や強度行動障害のリセット

　強度行動障害をもつ人たちのなかには、こだわりや行動障害が定着してしまってどうにもならなくなっている人たちがいます。その人たちのそういった行動を、かかわりながら減少・消失させていくことは至難の業です。もちろん本書のなかで出てくるような行動療法や構造化の技法を使ってうまくいくケースもありますが、たいていは家族や支援者がその人のこだわりや激しい行動障害に耐えて付き合って過ごしているのではないでしょうか。

　強度行動障害に対し、専門知識をもってしても行動を変化させることができない場合、なかには入院治療が有効なケースもあります。ただしこれは、全く有効でないケース・悪化するケースもあるうえでのことですから、入院時には家族や主治医とどのような目的をもって、どのくらいの期間入院するかを決めておかなければなりません。一般精神科病院の同様の人の入院治療の報告では、入院環境がリセットになる人（外部や家庭の刺激をいったん減らすことで特別な治療がなくとも改善する人もいます）の例をあげています。ただし入院治療が終われば、在宅や施設へ帰らなければならず、移行の際のケースワークの重要性も指摘されています。入院前からかかわっている支援機関や相談センター、施設の支援者と入院中に話し合いをもつことが大切です。

5 行動療法や構造化による介入

　現在、強度行動障害支援者養成研修が、国・都道府県・専門機関によって行われており、これまで行動療法や構造化になじみのなかった施設でも、それらが意識して行われる、むしろ行うべき時代になりました。入院治療を行う病院のなかには、そういった専門的な支援の導入ができる病院も一部あると考えます。入院中はやむを得ず隔離などの行動制限を併用することはあるにしても、結果的に環境による刺激量のコントロールは入院環境でのほうが行いやすく、そのうえで退院後の生活を想定して（ここが難しいのですが……）、行動障害の出にくい活動を導入し強化したり、TEACCH®自閉症プログラムやPECS®（絵カード交換式コミュニケーションシステム）などの一部を導入したりすることは、有効な場合が多いのです。

6 緊急避難的な保護および家族や施設スタッフのレスパイト

　お互いの生命や身の安全にかかわるような事態であれば、保護室利用ややむを得ず

隔離や拘束などの行動制限を精神保健指定医の指示で行うことも含めて、最もハードな環境を提供できる精神科病院の役割が一時的に必要でしょう。ただし、一般的な精神科の治療対象となる統合失調症や気分障害などの疾患と、知的能力障害や強度行動障害とは、状態像や医師の専門性が大きく異なるため、治療対象としての受入れがない精神科病院も多く、また受入れができたとしても保護室隔離対応・抗精神病薬増量のみで、入院のたびにどんどん薬が増えていく、といった現状も一部あると考えます。緊急避難的な保護や家族・スタッフのレスパイトの意味合いでの短期入院の場合は、退院の時期や退院後の在宅支援・施設生活の調整を入院時から見据えて、あらかじめ決めておくことが重要です。

CHECK POINTS

①薬物療法はあくまで「対症療法」であり、薬物療法のみで行動障害が改善することは期待できません。

②行動障害の起こりにくい環境調整、自閉スペクトラム症等の障害特性への配慮、周囲の対応を統一することが必要です。

第3節　福祉と医療の連携

1　福祉と医療のそれぞれの役割

　みなさんは福祉と医療のそれぞれの役割は何だと思いますか。その考えは支援者によりいくらか差があるように思います。ここでは法律的なことではなく、実際の支援に役立つようになるべく現実的なことをお話したいと思います。福祉と医療のそれぞれの役割とは、大雑把に言ってしまえば、各々にしかできない部分を持ち寄り、隙間に残ってしまう部分はお互いがそれぞれ少しずつ専門性の範囲を伸ばして何とかする、というものです。

　福祉の役割は（必ずしも1つの事業所でできるものではないですが）、「全体的にその人の生活全般を24時間支援すること」、医療の役割は「検査、薬物療法、時には入院治療などの医療にしかできない対応をすること」です（図7-1）。

　在宅であれ入所であれ、そこには暮らしに伴う衣食住すべてが含まれます。強度行動障害のなかでも衣食住の不快さに原因があるものは、生活環境や過ごし方自体を見直す必要があります。筆者がよく知る、自閉スペクトラム症支援が充実している法人のグループホームや入所施設では、行動障害の悪化や状態変化があれば「再構造化」がしばしば行われています。抗精神病薬の有効性や副作用の個人差、また長期連用することにより懸念される副作用については前述のとおりですし、薬物調整が効いていたと考えていた人が些細な環境変化で一気に逆戻りする様子や、逆に薬物を増量しても全く変化がなかった行動障害がちょっとした過ごし方や支援の変更でスパッと消えた様子を目の当たりにすることがあります。もちろん限界はあるでしょうが、薬物調整の前に、まず生活環境や過ごし方・周囲の対応の仕方の工夫を試してみることが必

図7-1　福祉と医療のそれぞれの役割

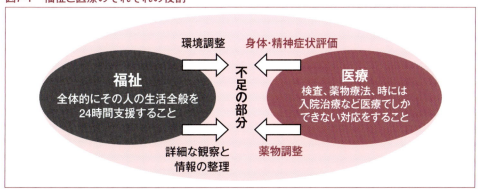

要だと考えます。そのうえで、やはり環境調整だけでは改善がみられない場合には、医療機関への受診・相談をお勧めします。

2 よりよい連携のために ——医療機関がほしい情報——

　では、よりよい連携のために医療機関がほしい情報は何でしょうか。ここで重要なのは、強度行動障害の原因は、知的能力障害や自閉スペクトラム症などの神経発達障害、時に合併する精神疾患や、ひいてはさまざまな身体状況や環境など多岐にわたることです。すなわち医療の役割が「検査、薬物療法、時には入院治療などの医療にしかできない対応をすること」であったとしても、外来レベルでの対応しかできない場合であったとしても、必要なのは「その人の情報全般」ということになります。

　まずベースラインのデータとしては、❶基本情報シート（これまでの診断名、IQ：知能指数、療育手帳や身体障害者手帳等の種類、発達歴・最近の病歴、家族歴、既往歴・身体合併症の情報、通院内服歴など）、❷健康管理シート（食事・排泄・入浴・睡眠などの様子、身長や体重、体温・血圧・脈拍の測定数値もあれば）、❸生活状況シート（居室の環境や1日のスケジュール、余暇活動・作業活動の内容、できれば写真入り）が必要で、以上はなるべく各々1枚にまとまっているものが望ましいです。❹その他の資料として、最近のお薬手帳や検診時の検査データのコピーなども有用です。❶の基本情報シートについては、図7-2を参考にしてください。

　ベースラインのデータに加え、特に薬物調整中の人では、筆者が外来でもらって一番助かるのは、❺1日1行形式で記載された月単位の状態記録です（表7-3）。なお、第

表7-3　月単位の状態記録（例）

日付/時間	1	2	3	4	5	6	7	8	9	10	11	12	13	14	15	16	17	18	19	20	21	22	23	24		備考
1月1日										★	☆リ		吐													帰省
1月2日												☆														帰省
1月3日										★	☆リ		吐													帰省
1月4日																										
1月5日										★	☆リ		吐												眠	夜間他者の奇声あり
1月6日												☆													眠	寝具にこだわる
1月7日											☆															
⋮																										
⋮																										

吐：反すう嘔吐　　★：パニック　　眠：不眠時頓服
☆：自傷　　リ：リスペリドン頓服　　　睡眠時間

図7-2　基本情報シート（例）

基本情報シート（医療機関連携用）									
氏名		**性別**	（男・女）	**生年月日**	年　月　日	**年齢**	（　　　）歳		

診断名	①	《　行動障害記載欄　》							
	②	自傷	あり・なし	器物破損	あり・なし	排泄関係	あり・なし	パニック	あり・なし
	③	他害	あり・なし	睡眠障害	あり・なし	騒がしさ	あり・なし	粗暴	あり・なし
	④	こだわり	あり・なし	食事関係	あり・なし	多動	あり・なし	その他	あり・なし

自閉スペクトラム症		あり・なし	
てんかん		あり・なし	
	ありの場合	発作時の様子	
		発作の頻度	日・週・月・年に（　　　）回　　最終発作　　年　月　日
		抗てんかん薬	あり（　　　　　　　　　　　　　　　）・なし
知的能力障害		あり・なし	
	ありの場合	IQまたはDQ	検査年月日
		検査方法	WAIS-Ⅲ・WISC-Ⅳ・田中ビネーⅤ・遠城寺式発達検査・新版K式発達検査・その他（　　　　　　）

家族歴	（誰に　　　　　　何の疾患が　　　　　　　）	
	（誰に　　　　　　何の疾患が　　　　　　　）	

既往歴（身体疾患）	①	④	**感染症**	B型肝炎	あり・なし
	②	⑤		C型肝炎	あり・なし
	③	⑥		その他	あり（　　　　　　　）・なし

発達歴	

最近の病歴	

入院歴	①期間（　　/　　/　　～　　/　　/　　）・病院名（　　　　　　　）
	②期間（　　/　　/　　～　　/　　/　　）・病院名（　　　　　　　）
	③期間（　　/　　/　　～　　/　　/　　）・病院名（　　　　　　　）

福祉サービス	療育手帳	（A1・A2・B1・B2）（A・B）	
	身体障害者手帳	（1級・2級・　級）	
	障害年金	（1級・2級・　級）	
	障害支援区分	（非該当・1・2・3・4・5・6）	

	記載年月日	年　月　日	記載者	

〈Hizen psychiatric center〉

6章の図6-2「スキャッター・プロット」(136頁参照)は１つの行動に関する散布図ですが、この月単位の状態記録はさまざまな情報をコンパクトにまとめた総合的な記録といえます。この記録が視覚的に見やすい形（睡眠時間、パニックや自傷・他傷の発生時間、頓服使用時間、てんかん発作があれば時間と頻度、その人の気分の調子などが、色分けやマーク・数字により示されている）になっているとなおさらよいです。なぜなら、例えば薬物療法の標的症状が自傷や他傷であっても、その原因は多様な可能性があり、また突発的な環境因（周囲の環境や人の刺激）が発生している場合もあり、その月単位の表を見ることで生活全般の状態をふまえた、治療効果の判定ができるからです。

　日本全国どこでも、精神科医は1日にたくさん（数十人）の外来患者を診察する状況におかれています。長い文章で詳しく書かれた生活記録を分析する暇はないことが多いのです。そのため、文章で書かれた記載は激しいパニックなどの特別な場合の前後の分析などに限り、パッと目で見てわかる表を持参してもらえると助かります。また、受診付き添いの都合はあるでしょうが、できれば日常的に多くその人にかかわり支援しているスタッフや家族に付き添ってもらうほうが望ましいです。診察室で得られる情報はごくわずかですし、初診時や余裕のある日にプレイルームなどで直接の行動観察を行える場合もありますが、それ以外は自覚症状を訴えることのできない人の状態を観察し、代弁する支援者が頼りです。

3 福祉と医療の連携 ——事例を通して——

　最後に、短期入院の事例をもとに治療の経過を説明します。今回ご紹介する事例を通して、筆者や病棟スタッフは福祉との連携や家族の支援、病院から施設へ移行するための支援とはどのようなものかを学び、強度行動障害医療ではなかなか得にくい、貴重な成功体験も共有することができました。

　それぞれの支援段階で、重要と思われるポイントを加えていますので、連携の実際をみなさんの立場で想像しながら読み進めてみてください（事例の紹介に関しては保護者からの了解を得ています）。

短期入院症例

　19歳女性、165cm・107kg、重度知的能力障害（IQ26）・自閉スペクトラム症の

診断で、大島分類（重症心身障害分野でのIQと身体機能による分類：「重度知的能力障害で走れる」レベルであることを指す）18、CARS（小児自閉症評定尺度）34点、強度行動障害判定基準表（旧法）13点である。単語から２語文レベルでの簡単な会話はできるが、複雑な内容になると混乱する。身辺動作は指導から半介助レベルであるが、こだわりや感覚過敏が強く一つひとつの動作が進みにくい。

現病歴

　両親と妹の４人家族で、身の回りの世話は、ほぼ母親が行っていた。小学６年から特別支援学校に転校したが、中学１年からは感覚過敏やこだわりのため登校できなくなり（町並みの変化に過剰に反応しパニックになるなど）、母親も巻き込んで、自傷・他傷・器物破損が出現していた。約５年間は母子ともにほぼ外出できなくなり、障害者生活支援センターの介入で民間の移送車を使って入院となった。

> 入院前の段階で、本人の状態や家族の状況については、家族の了承のうえで支援センタースタッフが的確な情報・資料提供を行ってくれました。また、入院時から知的障害者入所施設への移行を目標にあげていたことがポイントです。特に強度行動障害の人については、入院後の長期的目標が曖昧だと、家族は不安なために退院の受入れができなくなります。しかし、そうやって医療機関からの退院がスムーズにいかないと、医療機関は別の患者のニーズに応えられなくなってしまいます。

入院後経過

　入院当初は、帰宅要求が強く不眠がちで、すぐに大声・パニックになり自傷のおそれもあったため、やむを得ず精神保健指定医の指示の下、24時間の身体拘束を３週間行った。入院時採血で肝機能障害・高血糖・脂質異常症・高プロラクチン血症がみられた。

> 入院してひとまず、切迫していた本人・家族の生活はリセットできました。また入院してきちんと検査することで、生活の乱れによる肥満が身体合併症を来していたことがわかりました。

目標行動

小集団のなかで個別スケジュールに沿ってパニックなく活動できる。

──→強度行動障害の対応ができる入所施設への移行が最終目標

移行に関する目標が入院時に明らかになっていたことで、目標行動が具体的にイメージ・設定できました。

行動分析

・母親のことは大好きであるが、一緒にいるとこだわりが目立つ。

・自らのことを「6歳の○○くん」と呼ぶ（実名は全く違う）。このこだわりは現時点では訂正困難と考える。

・カレンダーがあるとこだわりが顕著になる。

・活動を選択する自由度が高いとかえって混乱するようである。

・集団場面への抵抗・不安は強い。

・特定の物や人との接触、活動の見通しがつかない状況からパニックや興奮に至る。

・聴覚や視覚・触覚の過敏性が顕著である（個室内・入浴場面での観察より）。

・自宅から持参した絵本や雑誌は、本人の安心感を高めている。

・「○○できたら□□ができるよ」といった見通しの提示や強化子の提示は有効である。

対応・介入

❶ 呼称は「○○くん」で統一する。

❷ 母親との面会や活動の許可は主治医が一括して行う。

❸ 家庭でできなかったことも入院環境で試す（ジュース以外で薬を飲む、夜間は私物を預かる、偏食の改善、シャワーでの洗髪など）。

❹ 個室での拘束、入浴場面での刺激などは徐々に緩和し、段階的な行動拡大を図る。

❺ 週間予定やその日のスケジュール等に写真・文字を取り入れる(視覚的構造化)。

❻ カレンダーは見せないようにする（環境調整による刺激のコントロール）。

❼ 活動前に約束を口頭もしくはひらがなで確認し、できたらほめる（賞賛：二次

性強化子)。

⑧　初めて行う活動はモデリングし、完成形を提示する。

⑨　食事カロリーを調整して肥満の改善を図る。

⑩　薬物療法は外来での前医処方と同じく、リスペリドン6㎎、フルニトラゼパム2㎎を継続した。

> 当院は療養介護事業所としても機能している専門病棟をもつため、保育士や児童指導員も協力して発達レベルに応じた介入ができますが、一般の精神科病院では上記の介入のいくつかは困難です。

移行支援

　短期入院クリニカルパス（クリニカルパス：患者状態と診療行為の目標および評価・記録を含む標準診療計画）を使用し、地域生活支援センターや入所予定である施設とのネットワーク会議を行い、対応の統一を図った。

❶　施設入所の理由は主治医が告げる。

❷　事前に施設嘱託医の医療機関を、病棟スタッフ付き添いで受診する。

❸　事前に施設スタッフと面会し、入所後に担当となる施設職員名を患者に提示しておく。

❹　施設での面会を想定して入院中に両親と面会し、落ち着いて面会終了する練習を行う。

> 上記の病院から施設への移行支援は、実際にネットワーク会議を行うことで具体的なイメージ・方法を考えることができました。家族と病院、また施設と病院との間で意見が分かれることもありましたが、どれが最適かを話し合うことで、それぞれが了解して進めることができました。❷などは通常の短期入院で行うことはまれですが、施設側から受け入れに必要な要望点としてあがったことでした。結果的にはスムーズな移行に有用でした。今後は上記のような移行支援がテレビ会議などのICT（information and communication technology；情報通信技術）を活用してできると、さらに便利です（ただし、個人情報には十分な配慮が必要です）。

結果

・病棟内では個室使用は継続して必要であったが、日課に沿って落ち着いて生活が

医療と一緒に──福祉と医療の連携── **169**

できるようになった。

・両親との面会でもパニックになることなく、次の面会を約束して離れることができた。

・107kgから87.5kgへと減量でき、肝機能障害や脂質異常症、高血糖については改善した。

・約5か月の入院を経て知的障害者入所施設の大部屋へ移行できた（担当看護師が付き添って施設に送った）。

その後の経過：施設での様子

・大部屋でおおむね落ち着いて生活している。

・洗濯や軽作業などの活動ができている。

・両親との定期的な面会や外出、外泊もでき、体重はさらに減量できている。

・正月には家族とプリクラで撮った写真つきの年賀状が病院にも送られてきた。

個別のケースでは、その人や家族の特徴、利用する医療機関・福祉の特徴などはさまざまですが、きちんと連携することでそれぞれが成功体験を共有して次に進めることが大切であると考えます。特に強度行動障害のケースは難しい人が多いので、ネットワークをつくり、協力して、何とか解決策を考えましょう！

CHECK POINTS

①福祉の役割は「全体的にその人の生活全般を24時間支援すること」、医療の役割は「検査、薬物療法、時には入院治療などの医療にしかできない対応をすること」です。

②状態悪化時には、まず生活環境や過ごし方・周囲の対応の仕方を工夫してみて、環境調整だけでは改善がみられない場合には、医療機関への薬物調整の相談をお勧めします。

③薬物調整中の人の場合、医療機関がもらって一番助かるものは、パッと目で見てわかりやすい月単位の状態記録です。

[参考文献]

1) 中島洋子（1996）「強度行動障害の医療に関わる研究」、厚生省心身障害研究『強度行動障害の処遇に関する研究』.

2) 神尾陽子・石坂好樹（2002）「知的障害のある自閉症児童青年におけるcomorbidity」『児童青年精神医学とその近接領域』第43巻3号、260～279頁.

3) 吉野邦夫（2013）「強度行動障害と医療」『平成25年度強度行動障害支援者養成研修（指導者研修）テキスト』独立行政法人国立重度知的障害者総合施設のぞみの園.

4) 吉川徹(2013)「知的障害を伴う思春期・成人期の自閉症スペクトラム障害における薬物療法とその留意点」『臨床精神薬理』第16巻3号.

5) National Institute for Health and Clinical Excellence Guideline 170(2013), Autism spectrum disorder in under 19s: support and management.

6) National Institute for Health and Clinical Excellence Guideline 142(2012), Autism spectrum disorder in adults: diagnosis and management.

7) 稲田俊也(2012)「DIEPSSを使いこなす」『改訂版 薬原性錐体外路症状の評価と診断』星和書店.

8) 武井康郎・入江真之(2009)「中・重度の精神遅滞を有する自閉症の入院治療の有用性について」『第50回日本児童青年精神医学会総会抄録集』、313頁.

9) 金樹英(2014)「強度行動障害と医療──医療的立場から──」『平成26年度強度行動障害支援者養成研修(指導者研修)テキスト』125～135頁、独立行政法人国立重度知的障害者総合施設のぞみの園.

10) 服巻智子(2015)「第3章4 TEACCH®って何ですか?」黒木俊秀編『発達障害の疑問に答える(子どものこころと体シリーズ)』慶應義塾大学出版会.

事例11 ゲストスピーカーとして語るようになったノリオさん

| 名前 | ノリオさん | 年齢 | 24歳 | 性別 | 男性 |

利用している主なサービス　就労継続支援B型
　　　　　　　　　　　　共同生活援助

※ ノリオさんのこと

　ノリオさんは知的障害のない自閉スペクトラム症（アスペルガー症候群）で身長172cm、体重105kgの体格のよい青年です。

　ノリオさんは、グループホームに住みながら（4人ワンユニットの共同住居）、月曜日から金曜日までは和食を提供するレストランを行っている就労支援事業所に通い、一人暮らしができる「格好いい成人男性」を目指して日々暮らしています。趣味はテレビゲームで、グループホームの居室には100本以上のソフトがあり、仕事から帰ってくると、寝るまでの間は、飽きずに1人で画面に向かって楽しんでいます。

　その一方で、週に1回は、健康を気づかって体育館に通い、筋肉トレーニングをしたり、学生時代に部活動で入っていた卓球で汗を流す運動をしたり、年に1回は地元の自転車競技の大会で参加するなど、積極的に体を動かすことや、仲間と過ごすことも好きです。

　医師より、広汎性発達障害の関連症状としてコミュニケーションのパターンにおける質的障害、相互的な社会関係の障害、精神障害として被害妄想「あり」と診断されており、周囲に理解者がいない間は、周囲との衝突が絶えず、社会や人間関係の間でとても苦しんでいました。

※ ノリオさんのこれまで

　幼少の頃から、友人と呼べるような友人はおらず、周囲の子どもたちが楽しそうに遊んでいるなかにいても、自分はなじめていないという感覚をもっていました。

　小学校に入学をすると、3年生の頃からいじめを受けるようになり、下級生からもからかわれるようになりました。

　それにより、パニックになって物を投げる等の衝動的な行動をしてしまうこともあり、コミュニケーションの困難さだけでなく、周囲から距離を置かれるようにもなり、小学校も周囲になじめなかったという感覚をもったまま中学校に入学しました。

　中学校では親友と呼べる友人が同級生にできましたが、その友人が引っ越してしまい「助けてくれる人が1人もいない」と感じるようになってしまったことにより、中学3年生の約1年間は自宅にひきこもりがちになってしまいました。

　また、同時期に好きなパソコンを一から組み立てるために購入したパーツに不足があり、完成すると思っていたパソコンが完成せずにパニックになってしまい、家族に「家に火つけてやる！」と発言したことが原因で、初めて医療保護入院を経験することになりました。

　つらい経験をした一方で、精神科を受診

して「アスペルガー症候群」の診断がつくことにより、人とうまくかかわれない原因がそこにあったことに「気持ちが楽になった」とも話をしていました。

退院してからも、似たようなパニックを起こしてしまうことがあり、中学3年生から高校2年生までの間で合計3回にもわたる医療保護入院がありました。

その後地元の相談支援事業所から現在の福祉サービスを利用している法人を紹介されて、移動支援の利用と就労サービスを実施している事業所でのアルバイトを始め、自閉スペクトラム症の障害を理解している地元の福祉サービスの支援者と出会い、卒業後もそのままその福祉事業所のサービスを利用することになりました。

利用当初の就労支援事業所においても、好きなテレビゲームや悩みごとをすべて伝えきるまで納得できずに、業務中であっても話し続け、支援者が注意をすると「聞いてもらえない」と感情的になったり、短期記憶が得意でないために本人が重要だと思うことを周囲に何度も伝えたりと、一緒に働く仲間や支援者との間でコミュニケーションの困難さが目立ちました。

そこで、本人が重要だと思っていることに対して、「いつ」「どこで」「誰と」「どのくらい」なら話してよいかを整理してルールを設定し提示すると、周囲との衝突が減っていきました。それに合わせて本人が目に見えて評価される仕組みをつくっていくことにより、自分に自信がもてるようになっていき、学生時代にからかわれたことで自尊心が著しく傷つけられていたために、マイナスな表現が聞こえると過敏に反応した

り感情的になったりしていたこともなくなっていきました。

さらには、就労支援事業所を手伝ってくれている地域のボランティアの人たちに対して、自らの障害について伝えて理解を求めるようになり、自分で周囲の環境を変えようとする努力もするようになったことで、本人も本人を取り巻く環境もよい方向に変化していきました。

✳ ノリオさんの今

ノリオさんは今、地元住民に向けて、また、地元の小学校での授業や大学での講義でゲストスピーカーとして、「自閉スペクトラム症」について誰よりも伝えることのできる先生として呼ばれることが、年に何度もあります。その際には、赤裸々に幼少期の頃からのことを語ってくれます。

「やりたくて人を傷つけるような言動をするのではない」ということや、自分の障害について理解してほしいということなど、何も隠さずに発信するメッセージが地元住民の人々の心をつかみ、地元ではちょっとした有名人になっています。

今は、ほしいものを買うための目標をもち、仕事やグループホームでの日常生活の日課を頑張っていますが、ほしいものがあると、その誘惑に負けてしまい継続して頑張り切れないことや、一人暮らしを想定した際に「知らない人」が訪問してきたときの対応に自信がもてないこと等が課題です。それでも、ノリオさんを支えるチームと一緒に、一人暮らしに向けて必要なことを考えながら、小さなステップアップを重ねて日々過ごしています。

事例 12	将来の不安を解消しグループホームで暮らすカズヤさん

| 名前 | カズヤさん | 年齢 | 42歳 | 性別 | 男性 |

利用している主なサービス 施設入所から共同生活援助

✳ カズヤさんのこと

カズヤさんは中度の知的障害と自閉スペクトラム症の障害がある男性です。

父親の仕事がら転勤が多く、日本に留まらずアメリカなどにも家族で転勤をしていた経験をもっています。

3歳児健診の保健所での指摘と5歳時に大学病院において自閉スペクトラム症の診断を受けています。父親の転勤で行ったアメリカ・ロサンゼルスの病院で視覚情報処理の能力の強い子と言われたそうです。小さい頃から積み木を並べて崩れると反り返って泣く、ベビーカーでの散歩コースが変わると泣くなど、「変わった子」と母親は思っていたようです。他にも駅名を覚えたり、1回通った道路を後から忠実に描いたり、写真を見て「○月○日どこで撮った」など、記憶する能力も非常に高いものをもっています。

✳ カズヤさんのこれまで

中学卒業後、高等養護学校へは進学をせず、自宅に出入りがあった植木屋で働いていましたが、その頃よりパニック等が多く見られ、包丁などを持ち出すようになり、精神科病院に入院することとなりました。その時期に両親は本人の今後の将来を思うと、このまま東京で暮らすことは刺激があ

りすぎると考え、父親の関連会社のある地方に移住することを決めて、地元の病院に転院しました。

退院後は小規模作業所等に通っていましたが、21歳の頃に大好きだった祖父が亡くなったのをきっかけに、今までなかった死に対する不安感が増大したことや、将来両親が死んだ後の自分の生活について不安を覚え始めて、再びパニックになることが多くなりました。また、TVの報道や刑事ドラマなど、人の死に関することがらに反応し、事故・事件が起きるたびに通っている作業所で暴れるようになりました。また、アメリカでの同時多発テロ事件（2011年9月11日）が起きてからは、さらに興奮する頻度が高くなりました。

通っていた通所施設から、対応が困難であるからと退所を求められ、総合相談所や発達障害者支援センターの相談機関を経て、自閉症者自立支援センターのデイサービスを利用し始めました。

デイサービスでも、本人が根底に将来への不安を抱えている状態に加え、障害の特性から、職員が風邪で休むなどいつもと異なる変化に過敏に反応し、外へ飛び出す、事業所内のいすを投げて窓ガラスを割るなどのパニック症状がみられました。その後、両親亡き後の自分の生活がどうなってしまうのかという不安がさらに増し、家庭

での生活が困難となり、施設に入所となりました。

✳ カズヤさんの施設入所での支援

入所するにあたり、カズヤさんにとっての施設に入所する意義として伝えたことは、「素敵な大人になるために入所すること」「将来お父さんやお母さんが高齢になってもカズヤさんが困らないように、グループホームで生活をするためにも入所が必要であること」を3語文程度の箇条書きの文章で視覚的に伝えました。

支援については、家庭で行っていた趣向的な活動をできるだけ保障しました。それから、カズヤさんの自閉スペクトラム症の特性の把握と、抱えている困り感や独特の考え方・ものの見方などの整理をしました。そのうえで、本人からの要求や困ったときなどに適切なコミュニケーションを行えるようにすることなどに主眼をおいて支援の組み立てを行いました。

特性の整理や本人のものの見方などを整理するにあたり、発達検査などを実施しました。結果からみえてきたことは、聴覚提示は一瞬耳には入るが、言語理解力が低いため混乱のもとになりやすいと思われること、強みとして視覚的提示には非常に強く、特に着目すべきポイントが伝わるときは非常に力を発揮することがわかりました。

カズヤさんの強みを活かして、伝えなくてはならないことや生活の基盤となる日課については、文字のスケジュール・生活のお知らせなど、生活の枠組みを視覚的にわかるように紙面で提示することが安心につながると考えました。

また、カズヤさんが気になることや不安・混乱があっても、そのことを職員に伝えることができずにパニック(他害・破損)といった形で出ていました。そこで、気になることや不安に思っていることなどを、どのように引き出すかを検討しました。この点においても自閉スペクトラム症の特性に戻って、口頭でのやり取りではなく、強みである視覚的な支援として決まった書式の用紙を使用し、書面でのやり取りを行いました。「買物」「外出」「外食」「帰宅」「おたずねします」などについて書式を数種類用意しました。また、用紙には本人が気になることや決めたいことを、誰と何時に話し合いをして決めるのかも記入するようにしました。

記入した用紙は、職員とカズヤさんが同じものをもつようにして、対応する職員が変わっても用紙を見ることで何を約束しているのかがわかるようになり、お互いが用紙を見て確認することで、落ち着けるようになりました。

そのような施設での支援を経て、現在はグループホームで生活しているカズヤさんです。今も紙面でのやり取りなどの支援を発展させながら、職員の伝えたことがわかりづらいと「わからないからわかりやすく」と伝えてくれるようになっています。カズヤさんが自分の気持ちを人に伝えて不安が解消できたり、達成することができたりする経験を積んでいくことで、安定した生活を続けていけるようにサポートをしていきたいと思っています。

第8章 支える仕組み
──制度理解のヒント──

| 第1節 | 障害者権利条約と行動障害 |

1 障害者権利条約とは

障害者の権利に関する条約（以下「障害者権利条約」とする）は、障害のある人の権利を守るためにつくられました。障害があるということが理由で基本の人権がないがしろにされたり、損なわれたりすることがないように、障害者の権利を守ることを国が約束するのが、障害者権利条約です。このことは、障害者を特別扱いするものではありません。国連で条約を検討している最中に、権利条約の必要性を訴える障害者団体が発行したニュースレターでは「障害者は他の人々と同じ権利をもつことを宣言すべきで、それ以上は求めず、それ以下は認めない」と書かれていました。

権利条約でもたらされるもの

権利条約の本質は、国際法の下に障害者の権利を詳細に打ち出して各国政府に実施上の規範を示していることです。条約制定までの過程では障害者運動のスローガンになっている「私たち抜きに私たちのことを決めないで！」(Nothing about us without us!) が中心に据えられました。

権利条約は、コミュニケーション、教育、アクセシビリティ、個人の移動性、健康、雇用、ハビリテーションとリハビリテーション、政治的活動や文化的活動への参加、平等と非差別など普段の生活に根ざした幅広い課題を含んでいます。権利条約は、障害を「福祉」の問題から「人権」の課題としてパラダイム転換をもたらしました。これは、医学モデルから社会モデルへ、といわれている部分です。

権利条約のなかで繰り返し述べられているテーマは次のようなことです。

❶ 社会へのインクルージョン

❷ 人々の態度を変え、決まり切った価値観を捨て去ること

❸ アクセシビリティ

障害であることを理由に障害者は区別され、地域から分離された施設に収容されてきました。このことは本人にとって最善の利益（ベストインタレスト）ではありませんし、地域にとっても不全感を残すことになります。多様性のある社会（ダイバーシティ）では、それぞれの人に必要な役割を求め用意します。そのためには支援やアクセシビリティが必要になります。結果として、社会は成熟し誰もが住みよいものとな

るのです。アクセシビリティは接続可能な環境のことです。建物への物理的なアクセスのほか、手話通訳者、情報通信技術へのアクセスなども含み、すべてに役立つユニバーサルデザインであるものも含みます。

　決まり切った価値観を捨て、新たな価値を見いだすことは簡単ではありません。まして人々の態度を変えるような新たな価値観を展開するには段取りが必要です。そのため、差別に関しては非常に注意深い仕掛けが用意されています。権利条約では、固有の尊厳、個人の自律（自ら選択する自由を含む）および人の自立に対する尊重、非差別（無差別）等を示しながら、締約国では障害者が他の者との平等を基礎として権利を享受できるよう、適切な環境を整えなければならないとしています。また、権利条約は障害者とその団体が国内および国際レベルの政策を策定し、実施し、監視する過程にも引き続き参加していくことを強調しています。国内での監視機関は、内閣府に設置された障害者政策委員会となっています。

2 条約が求めることと日本での課題

　権利条約ではどのようなことが決められているのか、知的障害や発達障害に関連のある項目を中心にみていきます。

①障害の定義

　権利条約では、障害は人々の態度や社会的な環境によって決められるとしています（社会モデル）。障害は個人（機能障害）に由来するのではなく、社会（環境による障壁）によって障害が生み出され、そのために暮らしづらさが生み出されるという考え方です。

②差別と合理的配慮

　権利条約では、他の者との平等を原則としています。特に法の下での平等に力を入れています。あからさまな差別を禁止するとともに、配慮すれば他の人と平等に扱われるのにそれをしなかった場合も差別であると定義しています。国内では、障害を理由とする差別の解消の推進に関する法律（障害者差別解消法）として整備されています。合理的配慮においては、環境の調整に加えて本人の特性の理解が大切です。行動障害を伴う人の特性はだいぶ理解され整理されるようになったものの、特別な知識をもたない人に理解してもらうには、さらなる十分な説明と同意が必要です。

③建物、交通、情報へのアクセス

支える仕組み──制度理解のヒント──　**179**

建物や交通機関、情報などを、障害のない人と同様に利用できるようにすることが求められています。特に情報については、「適切な形態の援助及び支援を促進する」とされています。

コミュニケーションに障害がある知的・発達障害の人たちにわかりやすい情報は何かを深く考えていかなければなりません。ひらがなが読めてもすべてがひらがなの文章はとてもわかりにくいものです。言葉によるコミュニケーションがとれない場合はもっと工夫が必要です。特性の理解とともに大変重要なかかわりになります。

④法的能力と意思決定支援

障害のある人も他の者と平等であることが権利条約においては重要なことがらです。法的な能力についても、自分1人では判断がつかない人の場合でも契約ができるように成年後見制度が用意されています。一方で、権利条約では障害者の意思の尊重に重きを置いており、「障害のある人が自分で選び、決めること」が大切だとしています。そのため意思決定支援の仕組みを構築することが求められています。各国の権利条約を審査する国連の機関では、意思決定支援に最大の重きを置き、成年後見制度の代理性の高いかかわりはできるだけ制約されるべきだとしています。行動障害の人への支援でも、このような視点をふまえ、十分な配慮がその特性の理解のもとで本人の主体性を重んじるかたちで進められなければなりません。

⑤地域で自立した生活を送る権利

権利条約では至るところに「他の者」との平等という表現が出てきます。住まいについてもどこで誰と生活するかを選ぶ権利があり、「特定の生活様式」を押しつけられないとされています。

これは一般の地域社会から隔離されたり社会のなかで孤立したりしないよう求めており、そのための支援の大切さを求めているものです。行動障害の人の支援の場合、支援の難しさから孤立しやすい環境にあるため、より注意が必要になります。入所施設は特定の生活様式ととらえられやすいですが、直ちに廃止しなければならないという考えではなく、よりよい支援でよりよい生活環境に導くという考え方が大切です。それは地域での暮らしとされるグループホームでの暮らしにおいても必要な視点ですし、家族同居においても同様の視点が必要になります。

⑥教育

権利条約では「一般教育制度から排除されないこと」として「インクルーシブな教育制度および生涯学習」が求められています。一方で特別な教育ニーズを提供することにも重きが置かれているため、「各個人のニーズに応じて合理的配慮が行われるこ

と」が重要な視点とされています。教育における合理的配慮はインクルーシブな視点と個別の特性に応じた特別な支援により学びづらさを軽減する等両面での整理が必要です。

3 障害者権利条約と日本の制度

　日本は国連の障害者権利条約を批准するために、国内の法律を見直すことにしました。2009（平成21）年に民主党が政権交代を果たした総選挙のマニフェストに障害者自立支援法の廃止とともに国連障害者権利条約の批准や障害者差別禁止法の制定などを盛り込んでいたのがきっかけです。内閣府に障がい者制度改革推進会議（以下「推進会議」とする）が設置され、障害当事者を中心とした総合福祉部会や差別禁止部会が相次いでつくられました。

　推進会議での議論をもとに、改正障害者基本法が2011（平成23）年の通常国会で成立しました。その第４条にはこう記されています。

❶　何人も、障害者に対して、障害を理由として、差別することその他の権利利益を侵害する行為をしてはならない。

❷　社会的障壁の除去は、それを必要としている障害者が現に存し、かつ、その実施に伴う負担が過重でないときは、それを怠ることによって前項の規定に違反することとならないよう、その実施について必要かつ合理的な配慮がされなければならない。

❸　国は、第１項の規定に違反する行為の防止に関する啓発および知識の普及を図るため、当該行為の防止を図るために必要となる情報の収集、整理および提供を行うものとする。

　そうした世界の潮流に取り残されていたのが日本でしたが、日本も2013（平成25）年の「障害を理由とする差別の解消の推進に関する法律」（以下「障害者差別解消法」とする）の成立を契機に、ようやく権利条約を批准することとなりました。

　障害者差別解消法は、わが国の法律で初めて障害者差別の禁止を明確かつ具体的にうたったもので、必要な措置として❶差別的取扱いの禁止、❷合理的配慮義務、❸啓発や知識の普及などを定めました。これが障害者差別解消法の制定根拠や基本的な骨格となっています。その後に設置された障がい者制度改革推進会議差別禁止部会では、法律の専門家や障害当事者を中心に具体的な障害者差別解消法の内容について濃

支える仕組み──制度理解のヒント──　**181**

密な議論が重ねられました。

障害者権利条約と行動障害

　権利条約では、個人の権利の保障と差別の禁止を強くうたっています。知的障害のある人の場合、意思表明が困難であることに加え、生活歴のなかで意思表明をすることの自由や権利（例えば選挙権等）があることさえ認識していない場合や、経験がなく意思表明ができない場合、自尊心の欠如から意思表明が困難な場合など、権利行使をめぐるさまざまな障壁が考えられます。そのために障害者差別解消法が制定されましたが、法で差別禁止をうたっても実効性のある措置がなければ現実の差別をなくすことはできません。

　「障害者基本法の理念に則り…（略）…障害の有無によって分け隔てられることなく、相互に人格と個性を尊重し合いながら共生する社会の実現に資すること」、これが障害者差別解消法の第1条が定めた目的です。ただ単に、障害を理由に分け隔てなくというだけでなく、人格と個性を尊重し共生社会を実現しなければならないというものです。同法では差別を「差別的取扱い」と「合理的配慮の不提供」の2つとしています。

「差別的取扱い」と「合理的配慮」について

　障害を理由に入社試験を受けさせなかったり解雇したりすることは、典型的な「差別的取扱い」ですが、採用した車いすの障害者を、段差だらけで車いす用トイレのない事業所に配属するとしたら、その人は長時間の勤務が実質的にできません。こういう場面では会社側がトイレを車いす対応可能な仕様に改修するなど、車いすでも過ごせる環境を整えなければなりません。これを「合理的配慮」といい、合理的配慮がないことも差別とされています。

　合理的配慮とは、個別具体的な場面で障害者の特性を理解して今までの慣習をあらため、例外的に特別扱いすることです。障害者を障害のない人と同じように処遇しないことが差別になるだけでなく、場面によっては、障害のある人に別の異なる処遇をしないことも差別であるというものです。

　身体障害者に対する合理的配慮は段差の解消や車いす用トイレの設置、点字や手話による情報提供など見た目でわかりやすいのですが、知的障害や発達障害、精神障害

の人にとっては職場内の環境だけでなく、勤務形態や他の従業員の障害に対する理解など見た目ではわかりづらいさまざまな配慮が必要です。

　合理的配慮は「物理的形状の変更」だけでなく「決め方・やり方の変更」や「補助手段の提供」という方法もあります。例えば、発達障害や精神障害の特性を理解するための職員への研修や啓発、障害者からのさまざまな相談に応じるための体制整備、同僚との相性に配慮した配置転換や勤務形態、ラッシュ時間を避けた勤務時間の設定など、働き方の柔軟な仕組みなどが必要な場合があります。自閉スペクトラム症などの人には感覚過敏があることがあり、周囲の雑音や会話によって苦痛を感じる場合には、衝立やパーテーションを設置したり、混乱や疲弊したときに精神的に安定できるスペースを確保したりすることなども考えられます。現在は、知的障害や発達障害、精神障害の人への合理的な配慮が的確に表現・整理された状況ではありません。今後、障害特性を十分に理解しその特性をふまえて具体的な支援をさまざまに工夫していく必要があります。

　また、障害者側から意思の表明がない限りは、相手側に合理的配慮の義務が生じないということも注意が必要となります。それは、特定の障害者を例外的に「特別扱い」することで実質的な公平性を確保するため、事業者など相手側の判断で「特別扱い」すると、恣意的な「特別扱い」や勘違いによる「特別扱い」が入り込む危険性があるからです。判断能力やコミュニケーション能力にハンディのある重度障害者の場合を想定して、国会の附帯決議では「障害者本人が自ら意思を表明することが困難な場合にはその家族等が本人を補佐して行うことも可能であることを周知すること」と定められました。障害者側に合理的配慮が必要という判断を、意思決定（意思表示）として用意する必要があります。

　障害者差別解消法の第6条第1項の規定に基づき、2015（平成27）年2月24日に策定された「障害を理由とする差別の解消の推進に関する基本方針」においても「障害者からの意思表明のみでなく、知的障害や精神障害（発達障害を含む。）等により本人の意思表明が困難な場合には、障害者の家族、介助者等、コミュニケーションを支援する者が本人を補佐して行う意思の表明も含む」とされました。また「意思の表明が困難な障害者が、家族、介助者等を伴っていない場合など、意思の表明がない場合であっても、当該障害者が社会的障壁の除去を必要としていることが明白である場合には、法の趣旨に鑑みれば、当該障害者に対して適切と思われる配慮を提案するために建設的対話を働きかけるなど、自主的な取組に努めることが望ましい」としています。

CHECK POINTS

①障害があるということが理由で基本の人権がないがしろにされたり、損なわれたりすることがないように、障害者の権利を守ることを国が約束するのが障害者権利条約です。

②障害者権利条約では、障害は個人（機能障害）に由来するのではなく、人々の態度や社会的な環境によって決められるとしています（社会モデル）。

③行動障害のある人の場合、意思表明が難しいなど権利行使をめぐるさまざまな障壁が考えられるため、配慮が必要です。

④意思表明に関しては、意思決定支援に留意しながら、本人の最善の利益となるよう、個別具体的に合理的な配慮を求めていきます。

第2節　行動障害のある人を支える制度

1　行動障害のある人を取り巻く法制度

　行動障害を含む障害のある人を取り巻く法制度は、最高法規である「日本国憲法」と、国連で採択された「障害者の権利に関する条約（障害者権利条約）」を上位法として、障害者施策の基本的な方向性を示した「障害者基本法」をふまえて個別法が制定されています（図8-1）。

図8-1　行動障害のある人を取り巻く法律

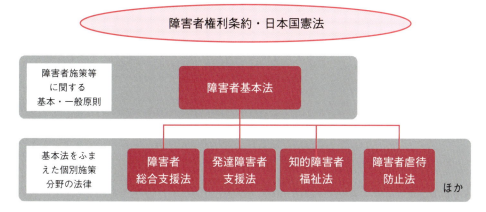

　障害のある人への支援分野は多岐にわたるため、すべての関連法を網羅はできませんが、特に支援者として押さえておくべき福祉や教育、権利擁護、就労支援などの分野について主な関連法を表8-1のとおり整理しました。
　ここからもわかるとおり、行動障害のある人を取り巻く法律は数多く、すべてを完璧に把握することは困難です。まずは暮らしに直結する福祉分野や権利擁護、就労関係の法制度を理解し、そこから範囲を広げていくようにしましょう。また、法律の活用や権利擁護の実効性確保のためには法曹界との連携も重要となります。各地の弁護士会、司法書士会、行政書士会などには、必ず障害者・高齢者の権利擁護を担当する部会等がありますから、必要に応じて問い合わせてください。

表8-1 行動障害のある人を取り巻く主な法律

基本的な事項を定めた法律	
憲法	日本における社会保障の基本的理念を定める。特に憲法第25条（健康で文化的な最低限度の生活を営む権利）や第13条（幸福追求権）が重要とされる。
障害者基本法	障害者施策に関する基本的な理念や方向性を定める。障害の定義や国・地方公共団体の責務、地域生活の原則、各生活分野における施策の方向性などを示している。
知的障害者福祉法	知的障害者の福祉を増進するため、自立支援と社会経済活動への参加促進などを定める。都道府県における知的障害者更生相談所の設置や市区町村における更生援護の原則などを示している。ただし、知的障害の定義はおかれていない。
発達障害者支援法	自閉症を含む発達障害者への支援に関する方向性を定める。発達障害の定義、早期発見と支援、教育・福祉・医療・労働分野における支援、都道府県・政令市への発達障害者支援センター設置などを示している。

権利擁護関連法	
障害者虐待防止法（障害者虐待の防止、障害者の養護者に対する支援等に関する法律）	障害者に対する虐待の禁止と防止施策を定める。障害者虐待の類型等の定義、市区町村虐待防止センターや都道府県権利擁護センターの設置、虐待防止ネットワークの開催や養護者等への支援などを示している。
障害者差別解消法（障害を理由とする差別の解消の推進に関する法律）	障害者に対する差別の禁止と合理的配慮の提供などを通じた差別解消施策を定める。行政機関や民間事業者における差別解消の取組みや合理的配慮の考え方、相談体制の整備や障害者差別解消支援地域協議会の設置などを示している。

福祉サービス関連法		教育関連法	
障害者総合支援法	障害福祉サービスや自立支援医療等の利用に関するルールを定める。2018（平成30）年4月に改正（本節第6項参照）。	教育基本法	学校教育だけでなく、生涯教育も含めた教育の基本理念を定める。第4条第2項に障害児への教育支援を規定。
児童福祉法（障害児支援部分）	障害児福祉サービスの利用に関するルールを定める。2018（平成30）年4月に改正（本節第6項参照）。	学校教育法	学校教育のしくみを定める。第8章において特別支援教育の目的や教育課程などを規定。

医療保健関連法		就労・工賃向上関連法	
医療法	医療の提供体制確保と国民の健康保持を定める。障害者医療に関する特段の定めはない。	障害者雇用促進法（障害者の雇用の促進等に関する法律）	障害者の雇用を促進するための施策を定める。障害者雇用率や雇用場面における差別の禁止、合理的配慮の提供などを示している。2018（平成30）年4月から自閉症を含む精神障害者が雇用義務に追加。
母子保健法	母子保健に関する保健指導や健康診査などを定める。特に1歳6か月児、3歳児健診が関係。	障害者優先調達推進法	障害者支援事業所の工賃等向上に資する官公需の推進を定める。行政機関等における優先的かつ計画的な物品調達や業務発注を示している。

2 障害者総合支援法・児童福祉法(障害児支援)

　行動障害のある人を支える法律は数多くありますが、生活支援の観点からはやはり福祉サービスに関する法制度を理解することが重要です。このテキストでは、主に「障害者の日常生活及び社会生活を総合的に支援するための法律（障害者総合支援法）」（以下「総合支援法」とする）、児童福祉法について細かく取り上げます。

1 障害者総合支援法

　障害のある人が暮らしに必要な支援を受けるとき、さまざまなサービスを利用するルールをまとめて法律にしたのが、総合支援法です。「障害者総合支援法」の名称は、2013（平成25）年から使われるようになったもので、2006（平成18）年4月に始まったときは、障害者自立支援法という名称でした。2009（平成21）年、政権を担った民主党のマニフェストでは障害者自立支援法を廃止し、「障害者総合福祉法」の名称での新法の成立を目指しました。多くの関係者により議論が行われ、障害者総合福祉法の骨格提言がまとめられたものの結論に至らず、障害者自立支援法を改正することとして、名称を「障害者総合支援法」と変更して施行されることとなりました。

　2013（平成25）年4月の改正では、障害者の範囲が拡大され難病等の追加がありました。難病等の範囲は、厚生科学審議会疾病対策部会難病対策委員会での議論をふまえ、市町村の補助事業（難病患者等居宅生活支援事業）の対象疾病と同じ範囲（130疾病）から始まりましたが、2015（平成27）年1月からは151疾病に拡大され、同年7月からは332疾病、そして2017（平成29）年4月からは358疾病、2018（平成30）年4月からは359疾病に拡大されています。その他ケアホームとグループホームの一元化、重度訪問介護の対象拡大、地域移行支援の対象拡大、障害程度区分から障害支援区分への見直しが行われました。

　2018（平成30）年4月の改正については、本節第6項で解説します。

支える仕組み——制度理解のヒント—— **187**

3 基本の仕組み

　総合支援法で利用できる障害福祉サービスは、大きく分けると、国が給付の中身をつくる「介護給付」「訓練等給付」「補装具」「自立支援医療」「地域相談支援給付」「計画相談支援給付」と市町村の判断でサービスを工夫できる「地域生活支援事業」があります（図8-2）。介護給付は障害支援区分が重度で支援の密度が濃い人を対象にしたものです。対となる訓練等給付は、自立訓練や就労移行支援のように期間の定めのあるものと、就労継続支援や共同生活援助のように期間の定めがないものに分けられま

図8-2　障害者総合支援法における自立支援システム

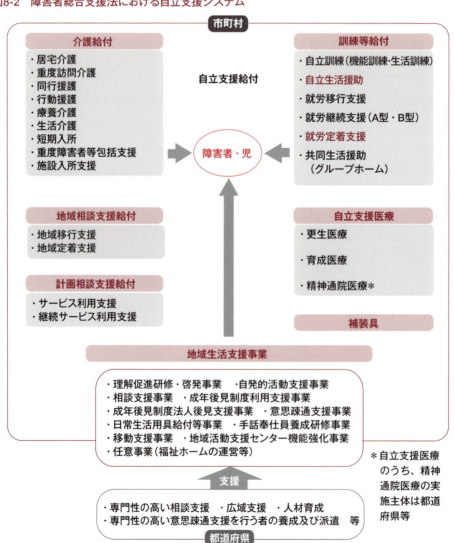

出典：厚生労働省資料を一部改変

す。

　障害福祉サービスを利用する人のこれからの生活、これからの支援に必要なものを選び結びつけるときに役割を担うのが「相談支援」です。具体的な要望や困りごとを解決に向けるための計画をシートに整理しまとめていく作業を「サービス等利用計画」の作成といいます。知的障害・発達障害のある人たちが地域で暮らしていくためにはとても大切な支援といえます。

　サービス等利用計画は、相談支援専門員によって作成されます。叶えたい夢や暮らしていくうえでの困りごとについて相談支援専門員が聴き取りをして本人の思いに沿って計画をつくっていきます。障害のある本人が障害福祉サービスを使いたいと思ったら、利用者の視点で計画を作成してもらいましょう。市区町村は障害福祉サービスの支給決定をする際に、サービス等利用計画の案を参照することになっています。

　一方、障害児が利用する福祉サービスについては、児童福祉法に規定がおかれています。児童福祉法に基づくサービスには「介護給付」「訓練等給付」といった区分はなく、すべて国の給付となっています。サービス一覧は表8-2を参照してください。また、障害児福祉サービスについても、総合支援法と同じく相談支援が位置づけられています。

表8-2　児童福祉法サービス一覧

サービス名称	サービスの概要	備　考
児童発達支援センター	主に未就学児を対象とした療育支援を提供する通園型事業のうち、施設基準や人員配置等が厳しい類型	従来の通園施設に相当
児童発達支援事業	主に未就学児を対象とした療育支援を提供する通園型事業のうち、施設基準や人員配置等が緩い類型	借家でも実施可能
訪問型児童発達支援	自力通園が困難な児童を対象に、支援者を居宅へ派遣して発達支援を提供	基本的な運用は保育所等訪問支援と同じ
保育所等訪問支援	保育園や幼稚園、学童保育などへ保育士などの専門スタッフを派遣して個別支援を提供	全国的に事業所数が少ない
放課後等デイサービス	小・中・高校在籍児を対象として、放課後や長期休暇中の余暇活動や発達支援を提供	2018（平成30）年4月から運用や報酬を大幅に見直し
障害児入所施設	家庭における養育が困難になった際、障害児施設における長期入所を提供	有期限・有目的型の入所もあり

4 総合支援法のサービス概要

図8-1で取り上げた総合支援法のサービス、表8-2で取り上げた児童福祉法のサービスは、それぞれがねらいをもって制度化されているものであり、かつ複数サービスを組み合わせて利用することが想定されています。そのため、支援者のみなさんも各サービスの概要を理解しておくことが重要となります。総合支援法サービスの概要を表8-3にまとめました。なお、特に行動障害のある人に関係が深いものは、色をつけた部分です。少なくともそれらについては概要を把握しておくようにしましょう。

表8-3 総合支援法サービス一覧

サービス名称	給付区分	サービスの概要	備 考
居宅介護（ホームヘルプ）	介護給付	ヘルパーが自宅で入浴等の介助や掃除・洗濯などを行うほか、通院等の付添いなどを提供	児・者共通 区分1以上
重度訪問介護	介護給付	長時間の利用が可能で、身体介護・家事援助・外出支援、入院時支援等の総合的なサービスを提供	15歳以上 区分4以上
同行援護	介護給付	移動に著しい困難を有する視覚障害者の外出に付き添い、必要な情報提供や介護を提供	児・者共通 区分1以上
行動援護	介護給付	行動障害のある人が外出する際の危険を回避するために必要な支援を提供	児・者共通 区分3以上
重度障害者等包括支援	介護給付	最重度障害の人を対象に、居宅介護や生活介護など複数のサービスを包括的に組み合わせて提供	児・者共通 区分6限定
生活介護	介護給付	常時介護が必要な人を対象に、食事や入浴の介助、リハビリ訓練や地域交流、軽作業などを提供	成人のみ 原則区分3以上
自立訓練（機能）	訓練等給付	主に身体障害の人を対象に、地域生活や就労に向けた生活訓練・リハビリ訓練等を提供	区分制限なし 原則2年最大3年
自立訓練（生活）	訓練等給付	主に知的・発達・精神障害の人を対象に、地域生活や就労に向けた生活訓練等を提供	区分制限なし 原則2年最大3年
就労移行支援	訓練等給付	主に一般就労を目指す人を対象に、就職や起業に向けて必要となる職業スキルを高める支援を提供	区分制限なし 原則2年最大3年
就労継続支援A型	訓練等給付	一般就労が難しい人を対象に、雇用契約を結んで最低賃金を保障しつつ福祉的就労の場を提供	区分制限なし 利用期間制限なし
就労継続支援B型	訓練等給付	一般就労が難しい人を対象に、雇用契約は結ばず軽作業を中心とした福祉的就労の場を提供	区分制限なし 利用期間制限なし
就労定着支援	訓練等給付	福祉サービス経由で一般就労した人を対象に、生活環境の変化などで離職しないような支援を提供	区分制限なし 1年ごと3年まで
施設入所支援	介護給付	重度障害のある人を対象に、入所施設において食事や入浴などの夜間・休日の生活支援を提供	成人のみ 原則区分4以上
療養介護	介護給付	重症心身障害の人などを対象に、医療機関を併設した入所施設で昼夜一貫の生活支援を提供	成人のみ 区分5以上

共同生活援助 （グループホーム）	訓練等給付	少人数での共同生活に伴う入浴、食事等の介助や日常生活上の援助を提供。サテライト型あり	成人のみ 利用期間制限なし
自立生活援助	訓練等給付	施設などから地域生活へ移行する人を対象に、地域での自立生活が可能となるような援助を提供	成人のみ 原則1年、延長可
短期入所	介護給付	家族が病気の場合などに、短期間、夜間も含め施設での一時預かりを提供	児・者共通 区分1以上
移動支援	地域生活支援事業	行動援護や同行援護の対象にならない人を対象に、目的地までの誘導や移動時に必要な支援を提供	市町村事業のため運用は地域差あり
日中一時支援	地域生活支援事業	放課後や施設通所後、長期休暇中などの日中時間帯に一時預かりを提供	市町村事業のため運用は地域差あり
地域活動支援センター	地域生活支援事業	従来の小規模作業所やデイサービスなどに近く、軽作業や地域交流などのプログラムを提供	市町村事業のため運用は地域差あり
計画相談支援	——	総合支援法のサービスを利用する際の利用計画作成や定期的な状況確認（モニタリング）を提供	児童の場合、児童福祉法サービスのみは障害児相談支援、総合支援法サービスも使う場合は計画相談支援
障害児相談支援 （児童福祉法）	——	児童福祉法のサービスを利用する際の利用計画作成や定期的な状況確認（モニタリング）を提供	
地域移行支援	——	入所施設や精神科病院などから地域移行する人を対象に、住居や通所先などの確保を提供	成人のみ 原則半年、最大1年
地域定着支援	——	地域生活の維持に支援を要する人を対象に、常時の連絡体制確保や緊急駆けつけ支援などを提供	成人のみ 原則1年、延長可

5 行動障害のある人への基本的対応

　行動障害のある人は知的障害に加えて自閉スペクトラム症という発達障害のある人が多く、重複（二重の）障害と考えられます。発達障害（自閉スペクトラム症）のある人への支援は基本的な理解が重要で、思いつきの支援をしてはいけません。基本の理解についてはこの研修を通じてさまざまな角度で学びますが、特性をふまえ、個別の事情に配慮して具体的な支援を適切に提供する必要があります。

　行動障害のある人への個別支援については、行動援護事業が障害者自立支援法施行前年の2005（平成17）年に制度化されました。行動援護は、支援費制度時代に急速に事業が拡充したホームヘルプの移動介護をルーツとする支援です。対象利用者については、行動面において密度の濃い支援を真に必要としている人たちを、区分と行動関連項目の基準により見出しました。

　支援の内容は、行動する際に生じる危険を回避するための援護を行いながら、外出時における移動中心の介護を提供するものです。2014（平成26）年4月からの重度

支える仕組み——制度理解のヒント——　**191**

訪問介護の対象拡大を受けて、屋内での支援（環境調整）も認められるようになりました。行動援護を含む重度障害者への生活支援や移動を支援するサービスの概要は、図8-3・図8-4のとおりです。

図8-3 在宅の重度障害者を対象とするサービスとその対象者像

6 障害者総合支援法・児童福祉法の改正

　総合支援法・児童福祉法サービスについては、社会保障審議会障害者部会における議論をふまえ、「障害者の日常生活及び社会生活を総合的に支援するための法律及び児童福祉法の一部を改正する法律」が2016（平成28）年5月25日に成立し、同年6月3日に公布されました。医療的ケア児への対応については公布日から施行済み、その他は2018（平成30）年4月から施行されています。

　今回の総合支援法・児童福祉法の改正は、大きく「重度障害」「中軽度障害」「高齢障害」の3類型について対応しており、その他に障害児福祉サービスの計画的整備を目指す障害児福祉計画の策定が主な項目としてあげられます（表8-4）。それぞれに位置づけられる事業等は194頁の【法改正のポイント】のとおりです。

図8-4 障害者の移動を支援するサービス事業体系

○ 移動支援と介護を一体的に提供する必要がある一定程度以上の重度障害者については、同行援護、行動援護、重度訪問介護、居宅介護（うち通院等介助、通院等乗降介助）といった「個別給付（義務的経費）」でサービスを提供（マンツーマンでの対応）。

○ その他、利用者の個々のニーズや状況に応じた柔軟な支援や複数の者に対する移動の同時支援（グループ支援）などを、市町村を実施主体とする「地域生活支援事業（裁量的経費）」（移動支援事業）としてサービスを提供（マンツーマン、複数の者、いずれの対応もあり得る）。

○ 個別給付については、障害者の社会参加の促進、地域での障害者の自立した生活を支える上で重要であることから、これらの通勤や人員・財源の制約などから、「通勤、営業活動等の経済活動に係る外出、通年かつ長期にわたる外出及び社会通念上適当でない外出」は対象外としている。

	移動支援	居宅介護	重度訪問介護	同行援護	行動援護
	地域生活支援事業（裁量的経費）	個別給付（義務的経費）			
対象者	○ 障害者等であって、市町村が外出時に移動の支援が必要と認めた者	○ 障害者・障害児（身体障害、知的障害、精神障害） ・障害支援区分1以上	○ 障害者（重度の肢体不自由者または重度の知的障害者もしくは精神障害者） ・障害支援区分4以上に該当し、次の①または②のいずれかに該当する者 ①二肢以上に麻痺等があること ②障害支援区分の認定調査項目のうち「歩行」「移乗」「排尿」「排便」のいずれも「支援が不要」以外に認定されている者 障害支援区分認定調査項目のうち障害関連項目等（12項目）の合計点数が10点以上である者	○ 障害者・障害児（視覚障害により、移動に著しい困難を有する者） ・同行援護アセスメント調査票による、調査項目中「視力障害」「視野障害」「夜盲」のいずれかが1点以上であり、かつ、「移動障害」の点数が1点以上の者	○ 障害者・障害児（知的障害または精神障害により行動上著しい困難を有する者） 以下のいずれにも該当 ① 障害支援区分3以上 ② 障害支援区分認定調査項目（12項目）の行動関連項目の合計点数が10点以上である者
支援の範囲	○ 社会生活上必要不可欠な外出および余暇活動等の社会参加のための外出の際の移動を支援 ○ 実施方法 ア 個別支援型 イ グループ支援型 　複数の障害者等への同時支援 　・屋外でのグループワーク、同一目的地への複数人同時参加の際の支援 ウ 車両移送型 　・福祉バス等車両の巡回による送迎支援	○ 居宅における 　入浴、排せつおよび食事等の介護 　調理、洗濯および掃除等の家事 　生活等に関する相談および助言 　その他生活全般にわたる援助 ○ 外出時における 　病院等への通院等のための移動介助や屋内外における移動等の移動介助または通院先での受診等の手続き、移動等の介助	○ 居宅における 　入浴、排せつおよび食事等の介護 　調理、洗濯および掃除等の家事 　生活等に関する相談および助言 　その他生活全般にわたる援助 ○ 外出時における 　移動中の介護 ※ 日常生活に生じるさまざまな介護の事態に対応するための見守り等の支援を含む ※ 入院時における付き添いを含む	○ 外出時における 　移動に必要な情報の提供 　移動の援護、排せつおよび食事等の介護 　その他外出時の介護	○ 行動する際に生じ得る危険を回避するために必要な援護 ○ 移動中の介護 ○ 外出前後に行われる衣服の着脱介助 　など ※ 排せつおよび食事等の介護その他の障害者が行動する際に必要な援助 ※ 重度訪問介護利用のためのアセスメント利用を含む
移動の目的	○ 社会生活上必要不可欠な外出、社会参加のための外出	○ 病院への通院等のための公的手続きまたは官公署での公的手続きもしくは障害者等総合支援法に基づくサービスを受けるための相談に係る移動介助	○ 社会生活上必要不可欠な外出、社会参加のための外出 ※「通勤、営業活動等の経済活動に係る外出、通年かつ長期にわたる外出及び社会通念上適当でない外出」を除く	○ 社会生活上必要不可欠な外出、社会参加のための外出 ※「通勤、営業活動等の経済活動に係る外出、通年かつ長期にわたる外出及び社会通念上適当でない外出」を除く	○ 社会生活上必要不可欠な外出、社会参加のための外出 ※「通勤、営業活動等の経済活動に係る外出及び社会通念上適当でない外出」を除く

資料：厚生労働省

支える仕組み――制度理解のヒント―― **193**

表8-4　障害者総合支援法・児童福祉法の主な改正点

	項　目	改　正　概　要
1	自立生活援助の新設	定期的な巡回訪問や随時の対応により、円滑な地域生活に向けた相談・助言等を行うサービス
2	就労定着支援の新設	就業に伴う生活面の課題に対応できるよう、事業所・家族との連絡調整等の支援を行うサービス
3	居宅訪問型児童発達支援の新設【児童】	重度障害等で外出が著しく困難な障害児に対し、居宅訪問して発達支援を提供するサービス
4	障害児福祉計画の新設【児童】	障害者総合支援法の障害福祉計画に相当する計画を障害児でも策定（整備が充足している場合には新規事業所指定の拒否も可能）
5	重度訪問介護の利用範囲拡大	従来は原則として利用不可だった入院中にも利用範囲を拡大（ただし、障害支援区分「6」の者に限る）
6	保育所等訪問支援の派遣先拡大【児童】	保育所等訪問支援の派遣先として、新たに乳児院や児童養護施設を拡大
7	高齢障害者への対応	65歳以前に障害福祉サービスを長期間利用していた者が同一事業所を継続利用できる仕組み（共生型類型）の導入、条件を満たす低所得者の介護保険利用者負担の軽減
8	医療的ケア児への対応【児童】	医療的ケア児が適切な支援を受けられるよう、自治体において保健・医療・福祉等の連携促進

※【児童】の記載があるものは児童福祉法の改正

【法改正のポイント】

1　重度障害・被虐待児等への対応

（1）重度訪問介護の入院中利用

（2）居宅訪問型児童発達支援の新設

（3）保育所等訪問支援の訪問先拡大

（4）医療的ケアを要する子どもへの支援体制構築

2　地域での自立生活を目指す中軽度障害のある人への対応

（1）自立生活援助の新設

（2）就労定着支援の新設

3　高齢期を迎える障害のある人への対応

（1）障害者が65歳以上になっても使い慣れた事業所のサービスを利用しやすくなる仕組み（共生型類型）の導入

（2）一定条件を満たす場合の介護保険サービス利用者負担の大幅軽減

4　その他

（1）障害児福祉計画の新設

（2）補装具費にレンタル制度を一部導入

（3）障害福祉サービス事業所の情報公表制度開始

1 重度障害・被虐待児等への対応

「重度訪問介護」(以下「重訪」とする) は、主に自力で寝返りができないなど全身性障害の人が利用する長時間利用可能なヘルパーサービスですが、これまで入院中の利用が認められておらず、入院中の個別性の高い介助が疎かになる危険性が指摘されていました。

2018 (平成30) 年4月からは入院中も含めて利用が可能となり、本人の状態をよく把握しているヘルパーが付き添うことができるようになりました。重訪の利用対象には重度の行動障害も含まれているため、行動障害を理由に入院中であり家族付添いを求められている人への活用も期待したいところです。

ただし、重訪の入院中利用が可能となるのは障害支援区分が「6」の人に限られます。重訪そのものは支援区分「4」から利用可能ですので、同じ重訪利用者でも入院中に利用できる人とできない人に分かれてしまうことになります。

次の「居宅訪問型児童発達支援」(以下「訪問児発」とする) は、専門支援スタッフが重度障害児の自宅を訪問して発達支援等を提供するサービスです。これまで、人工呼吸器が手放せないような最重度障害の子どもや重度行動障害の子どもは外出そのものが難しいことから、児童発達支援事業所などへ通園できず、必要な発達支援を受けられませんでした。しかし、訪問児発は支援スタッフが自宅に訪問しますから、最重度障害児にも必要な支援が届けられることが期待されます。

次の「保育所等訪問支援」(以下「保育所訪問」とする) は、保育所や幼稚園、学童保育所などに職員が出向いて療育支援を提供するサービスとして人気がありますが、その派遣先を養護施設や乳児院へ拡大するものです。これらの施設は被虐待児が入所する施設ですが、国の調査では入所児童の約3割が障害児であることがわかっています。おそらくは、そのなかに多数の行動障害児も含まれていることでしょう。そこで、養護施設や乳児院の障害児へ適切な療育支援を提供するため、保育所訪問の派遣先を拡大することになったものです。ただ、保育所訪問は全国的にみても整備が進んでいるとはいえず、地域のニーズに応えられていない状況にあります。まずは全国的に保育所訪問の拡充を図ることが求められます。

	改正項目等	概要	備考
重度障害や被虐待児等対応	重度訪問介護の入院中利用	これまで利用不可だった入院中のヘルパー付添いが可能に	対象になるのは区分「6」のみ
	居宅訪問型児童発達支援の新設	重度障害のため通園できない子どもを対象に、専門スタッフが自宅を訪問して療育を提供するサービスを新設	利用条件は子どもの障害状態のみ（家庭環境は考慮されず）
	保育所等訪問支援の派遣先拡大	保育所等訪問支援の派遣先を養護施設や乳児院へ拡大	支給決定の方法などは不明
	医療的ケアを要する子どもへの支援体制構築	人工呼吸器などの医療的ケアを要する子どもへの支援を協議する場を設置	まずは都道府県や圏域で設置

2 中軽度障害者への対応

　今回の法改正で新設された「自立生活援助」は、入所施設や精神科病院からの一人暮らしを目指す人、地域での自立生活を目指す人などを対象に、自ら生活課題を解決するための助言などを提供するサービスです。基本的には週1回程度の定期訪問を行い、暮らしぶりを確認します。そのうえで、例えば「部屋を片づけられない」「人間関係で悩んでいる」「服薬の管理がちょっとうまくいっていない」といった生活課題を自力で解決できるような助言や援助を行います。一例としては、自力でのゴミ分別が難しく、ゴミステーションでいつも怒られてしまい、ますます部屋が散らかっていく人に対し、色違いのゴミ箱を複数用意して、色ごとに捨てるゴミを決めておく、といった援助が想定されます。

　従来のヘルパーサービスよりも利用方法や援助内容の自由度が高く、地域生活を希望する行動障害のある人には適したサービスといえるでしょう。ただ、利用対象の決定には市町村の判断が大きく関与しており、利用の可否が地域によって割れてしまうことが懸念されます。また、利用期間は原則1年となっており、自治体の判断で必要に応じて延長も可能です。

　同じく新設された「就労定着支援」は、障害福祉サービスのうち生活介護、自立訓練、就労移行支援、就労継続支援を利用して企業等へ就職した人を対象に、働き始めたことで生じる生活上の課題を解決できるような助言や援助を行うサービスです。具体的には、起床時間が早くなったことに対応できず遅刻を繰り返してしまうような場合に家族の協力を得て起床習慣を身につける、給料が出るとほしいものを一気に買っ

てしまい2週間くらいで手持ち金がなくなってしまうような場合に社会福祉協議会の金銭管理サービスへつなげていく、身だしなみになかなか気が回らない場合に会社側と連携して定期的な自己チェックを導入する、といった援助が想定されます。

　こちらについても、就労を希望する行動障害のある人のなかには、働くための力は十分にあっても、生活上の課題が原因で安定して働き続けることができなくなってしまうケースがあることから、心強いサービスとなるでしょう。

	改正項目等	概要	備考
中軽度障害者対応	自立生活援助の新設	地域での独立生活をしている人、希望する人を対象とした、生活課題解決のための定期巡回と随時対応サービスを新設	利用期間は原則として1年
	就労定着支援の新設	生活リズムや金銭管理などに課題のある就職した人を対象に、課題解決の調整などを行うサービスを新設	利用期間は最大3年。利用対象は福祉サービス経由で就職した人

3 高齢障害者への対応

　主に65歳到達で介護保険の第1号被保険者となった障害のある人（以下、高齢障害者）については、障害福祉サービス事業所が介護保険事業を併設困難だったこともあり、慣れ親しんだ事業所を離れて別の事業所を利用しなければならない点が課題とされてきました。例えば、長らく生活介護を利用していた人が、65歳になって介護保険制度へ移行する場合には、別の場所にある介護保険のデイサービス事業所へ通うことになるわけです。利用するメンバーも、支援者も、活動プログラムも、提供される食事も、何もかも変わることになり、特に環境変化が苦手な行動障害のある人には望ましくない状況といえます。

　そこで、障害福祉サービスから介護保険サービスへ移行することが見込まれる「居宅介護（ヘルパーサービス）」「短期入所（ショートステイ）」「生活介護」について、障害福祉サービス事業所であれば介護保険サービスを併設できる「共生型」という新たな類型を設けました。共生型類型が各地域でどのように展開されるかについては現時点で不明ですが、例えば生活介護の事業所に介護保険のデイサービスを併設する「共生型」があれば、65歳を迎えた人は、制度的には介護保険が適用されるものの、別の場所へ通う必要はなく、そのまま同じ事業所へ通所することができるようになります。行動障害のある人には望ましい仕組みといえるでしょう。

支える仕組み──制度理解のヒント──　197

ただ、共生型によって同じ事業所を引き続き利用できるとしても、利用者負担は介護保険のルールが適用されますから1割負担となります。重度障害の場合、収入の大半は障害基礎年金であり、1割負担が過重になる可能性は十分に考えられます。介護保険のデイサービス利用者負担は概ね1回1,000円で、この金額が利用した分だけかかるとすれば、過重負担といっても過言ではありません。そこで、共生型類型と併せて介護保険サービスの利用者負担を軽減するしくみが制度化されました。これは、一定条件を満たした人を対象に、高額障害福祉サービス費というしくみにより介護保険の1割負担分を後日返金するものです。利用者負担の大半が返金されるのは間違いなく、適用されれば大幅な負担軽減となりそうです。

　一方で、事業所が共生型類型へ転換した場合の報酬は通常の介護保険のデイサービスより低い水準になることが決まっており、想定どおりに共生型事業所が増えるのかは不透明な面があります。また、介護保険の利用者負担が軽減される条件は、下記のとおりかなり厳しく、特に60歳時点でのサービス利用状況が影響するしくみはいろいろな課題を提起しそうです。

1　60歳時点で生活介護、短期入所、居宅介護の支給決定を受けている
2　障害支援区分が「2」以上
3　住民税非課税

　加えて、行動障害のある人の状態像で考えると、介護保険制度を利用するために必要な「要介護認定」が大きな壁となる可能性があります。要介護度が決まると利用可能なサービス量も決まるため、認定は非常に重要です。ところが、要介護認定の聞き取り項目は、以前の「障害程度区分」の認定で用いられていたものと同じで、身体機能の状況を確認する項目が中心となっています。そのため、相応の行動障害があったとしても、障害支援区分と比べるとどうしても軽く認定されがちです。仮に最も軽い「要介護1」になった場合、介護保険のデイサービスだけを利用した場合でも、週5日の利用は困難なケースが出てきます。また、要介護認定が得られず「要支援」の認定になった場合には、そもそも介護保険の給付サービスは受けることができないので、より一層利用できるサービスや日数が制限されます。

　このように、介護保険制度に移行したがために、それまでよりも使えるサービスが減ってしまう場合には、介護保険制度で賄いきれない部分を障害福祉サービスでカバーしてもらう必要があります。介護保険と障害福祉のサービスを両方とも支給決定することは可能ですので、早いうちに市町村へ働きかける必要があるでしょう。

	改正項目等	概要	備考
高齢障害者対応	共生型類型の導入	65歳以降の高齢障害者が、引き続き同一事業所を利用できるよう、「共生型」類型を創設	共生型類型への転換は不透明
	介護保険サービス利用者負担の大幅軽減	一定条件を満たす高齢障害者については、利用者負担を軽減	利用者負担の軽減対象には一定の制約あり

7 障害福祉サービス報酬の改定

2018（平成30）年4月からは、法改正と併せて障害福祉サービスの報酬も見直されました。特に行動障害のある人に関係するポイントは次の**表8-5**のとおりです。

表8-5のなかでも、特に行動障害のある人に関係するのが、「日中サービス支援型グループホーム」（以下「日中支援型GH」とする）と「地域生活支援拠点」（以下「支援拠点」とする）となります。

表8-5　平成30年度障害福祉サービス等報酬改定のポイント

	項　目	ポ　イ　ン　ト
1	報酬改定率	当初はマイナス改定が確実視されていたが、さまざまな働きかけにより＋0.47％と微増
2	地域移行、地域生活の支援	重度障害者の利用を想定した日中支援型グループホームの創設、地域生活支援拠点の機能を強化する各種加算の新設や拡充、法改正で位置づけられた自立生活援助や共生型類型の報酬設定
3	精神障害のある人への支援	グループホームにおける精神科病院長期入院者の受入れ加算創設、医療観察法対象者の受入れ促進
4	就労系サービスの報酬見直し	就労移行支援は就職後半年経過時点の職場定着状況で報酬評価、就労継続支援は賃金や工賃による報酬評価、就労継続支援A型はさらに勤務時間による報酬評価、法改正で位置づけられた就労定着支援の報酬設定
5	相談支援事業における実績重視型報酬導入	計画相談支援の基本単価を引き下げる一方で実績に応じた各種加算を多数創設、地域移行支援も移行実績を評価、地域定着支援は緊急対応の要件を一部緩和
6	メリハリをつけた障害児支援の報酬設定	医療的ケアを必要とする子どもに対する看護職員配置加算の創設、放課後等デイサービスに障害状態や利用時間に応じた報酬体系導入、保育所等訪問支援の報酬大幅引き上げ、法改正で位置づけられた居宅訪問型児童発達支援の報酬設定
7	その他	食事提供体制加算は現行どおりで3年間の延長、送迎加算は重度障害対応を引き上げ、医療的ケアに対応するために福祉型短期入所事業所に看護職員を常勤配置しているものを「福祉型強化短期入所」として評価

支える仕組み──制度理解のヒント──　**199**

日中支援型GHについては、総合支援法を改正するための検討を行う会議のなかで、高齢障害者や重度障害のある人のグループホーム利用を促進する方向が示されていたのですが、これを具体化したものです。そのため、1つの建物に2つのグループホームが入って最大20人まで住まうことができるようにしたほか、職員配置も世話人を手厚く配置する、常勤の看護師に対する加算を設定するなど、重度障害のある人への対応が図られています。加えて、日中支援型GHには定員とは別枠で短期入所（最大で定員5名まで）を併設することが求められており、後述する支援拠点のように、地域全体の緊急対応なども担うことが期待されます。とりわけ家族と同居する発達障害者の場合には、現実的な問題として緊急時に受入れ可能な事業所が増えていくと暮らしの安心感が高まります。ただ、建物単位でみた場合に最大で20人を超える規模感には、さまざまな意見も出ることでしょう。

　次に、支援拠点については、総合支援法の成立時に付された附帯決議において、「障害者の高齢化・重度化や「親亡き後」も見据えつつ、障害児・者の地域生活支援をさらに推進する観点から（略）グループホーム等を含め、地域における居住支援のあり方について、早急に検討を行うこと」と示されたことで具体化された取組みです。附帯決議からもわかるとおり、障害のある人が地域で暮らすことを支えるための拠点機能を整備する取組みといえます。

　各地の整備状況をみると、既存事業所が役割を分担する「面的整備」が主流となっているものの、必要とされる機能を発揮するには報酬上の後押しが十分ではないとの指摘もありました。そのため、今回の報酬改定では、例えば緊急時の短期入所を受ける場合に算定できる「緊急短期入所受入加算」を引き上げ、受入れを調整した相談支援事業所にも「地域生活支援拠点等相談強化加算」を設定するといった対応がなされています。支援拠点の整備は2021年3月までが期限となっていますが、整備手法にかかわらず、今回の法改正、報酬改定で示された各種の加算や新設サービスなども総動員する必要があります。

　行動障害のある人への支援に対する加算も手厚くなりました。これまで施設入所支援やグループホームにおいて設けられていた「重度障害者支援加算」が、生活介護においても導入されることになりました。また、質の問題が指摘されていた放課後等デイサービスにおいても「強度行動障害児支援加算」が創設されました。いずれも強度行動障害支援者養成研修の修了が要件となっており、行動障害のある人や子どもへの支援の質の向上が期待されます。

本節では、福祉サービス分野を中心に、行動障害のある人を支える法制度を概観してきました。暮らしを支えるためには、実践的な支援スキルの向上と法制度の活用が「車の両輪」となります。とりわけ強度行動障害とされる人の暮らしには、さまざまな法制度、福祉サービスを総動員しなければならない可能性が高いといえます。あの制度さえ知っていたら……ということにならないよう、日頃から法制度にも関心を寄せていただければ幸いです。

CHECK POINTS

①発達障害のある人を取り巻く法律は非常に幅広いため、まずは福祉分野、権利擁護分野、就労分野の法律制度を理解し、広げていきましょう。

②障害者総合支援法は、大きく国が給付のルールを決める「介護給付」「訓練等給付」と、市町村がサービス実施主体となる「地域生活支援事業」に分けられます。

③行動障害のある人への支援としては、通所サービスの生活介護、居住サービスのグループホーム、外出支援サービスの行動援護などが代表的なサービスです。障害福祉サービスの利用には、相談支援事業（計画相談支援）の活用がポイントになります。

④障害者総合支援法、児童福祉法は2016（平成28）年に改正され、2018（平成30）年4月より施行されています。同時に障害福祉サービスの報酬も改定されています。改正・改定の概要を把握して、情報を最新の状態にしておきましょう。

支える仕組み──制度理解のヒント──　**201**

事例13 重度訪問介護を利用して穏やかに過ごすようになったヒロノブさん

名前 ヒロノブさん　**年齢** 36歳　**性別** 男性
利用している主なサービス 共同生活援助・行動援護・重度訪問介護

✱ ヒロノブさんのこと

　ヒロノブさんは2歳のときに保健所で知的障害と指摘されました。現在は、常同的な行動があり、コミュニケーションがうまくとれない、また社会性においても生きづらさを感じている様子もあり、自閉傾向の強い男性です。身長が182センチで体重も100キロを超えるので、一見、ラグビー選手かと見まごうような立派な体格ですが、童顔でクルリとした目でよく人を見ているので、少年のような印象もあります。しかし納得できないことや、うるさくあれこれ言われると「女の子になるのー」とか「雪が降るのー」と場面にそぐわない言葉を大声で叫び、最終的には寝転んで脱衣をしてしまうので、通所先やグループホームでは腫れ物に触るように、なるべく本人を刺激しないよう周りが気をつかって、「大変な人」との印象があるようです。

✱ ヒロノブさんのこれまで

　ヒロノブさんには2歳年下の弟がいますが、弟も知的障害を伴う自閉スペクトラム症と診断されています。2人とも絵画や工作に特異な才能（弟は絵画で個展を開くほど）を示したこともあり、言語的理解もみられたため情緒豊かに育つように両親から大切に育てられました。一方でしつけもきちんと行いたいとの両親の思いもあり、とかく母親は口うるさくなりがちだったようです。弟のほうは比較的言葉の理解ができるようでしたが、ヒロノブさんはあまり理解できないようで、いつも弟と比較され、「甘え上手な弟」と「怒りっぽい兄」としてとらえられたためか、いつしか弟に対して強く不快感を示すようになり、日中の通所先2か所も弟と一緒にならないように使い分けて通っています。

　ヒロノブさんが34歳の頃に母親が亡くなったことで、2人は別々のグループホームで生活し、週末のみ父の待つ家で過ごすようになりましたが、どうしても弟と一緒にいられず、早朝に家を飛び出してしまったり、飛び出した先の駅で全裸でパニックになったりしたため、行動援護を利用して外出するようになりました。

　当初、父親からは「ヒロノブは何でもわかっているから、ヘルパーさんはついていくだけでよい」と言われたので、アセスメントも兼ねて本人の希望でもあったディズニーリゾートラインに行くことにしました。本人が主導したルートで東京駅に着いたとき、掲示板に「富士急ハイランド行き」バスを見つけると「富士急ハイランドに行きます」と訴えるので、父親に確認して場所の変更をしましたが、いざバス停についてみると違う行き先のバス停に並びまし

た。そこで、「どこに行きますか？」と尋ねると、「吉祥寺に行きます」とバスの行き先を告げるので、今度は、「ディズニーランドに行きますか？」と聞いてみたところ、「ディズニーランドに行きます」となりました。本人は文字による情報のほうが理解しやすいようですが、自分で計画を立てるというよりは過去の経験則に沿って行動しているだけでは……との思いを評価者は抱きました。

その後も、電車内で中年の女性が話しているのを見てパニックになってしまったり、静かなところを散策しようと八王子の緑道を歩いていると遠くの女子大の文化祭のアナウンスが聞こえるや否や「女子高生になるのー」といってパニックになってしまったりしました。このようなことから、アセスメントの結果、言葉かけによる指示は控え（そもそも声が苦手）、文字による指示（スケジュール）を使おうとのことで、文字スケジュールを用いて言葉かけを控えたところ、行動援護利用中は落ち着いて外出できるようになりました。

✳ ヒロノブさんの今

行動援護での週末の外出は落ち着いて過ごせるようになったものの、日中の生活介護場面やグループホームでの生活では、やはり混乱する場面がみられていました。行動援護での評価をもとに言葉かけではなく、文字による手がかりの提示が有効だとアセスメントがあっても、なかなか他の事業所との連携が取れず、本人の状態像の共有ができないといった課題がありました。また、毎週末の外出は経済的にも本人的にもきつそうな様子もあり、言葉かけを控えてスケジュールで活動を示せば、グループホームでヘルパーと一緒に過ごせるのではないかと考え、重度訪問介護の利用を検討することとしました。計画相談を行い、サービス等利用計画のなかに週末の重度訪問介護を組み込み、行動援護でのアセスメントを共有する目的で、ケース会議を父親も含めて数回行いました。そのなかで徐々に本人の状態像が共有でき、「言葉は苦手」との共通認識に至りました。グループホームでは重度訪問介護の支援計画シートをもとに、手順書に沿ってヘルパーが見守り支援を行うようになりました。

生活介護場面でも個別の部屋で、声による刺激を少なく環境設定をしてもらい、父親にも協力を得て自宅でも文字スケジュールを使うようにしました。このようにヒロノブさんにかかわる人が連携することで、徐々に本人の状態も変化していき、「久しぶりに弟と休日を一緒に過ごしました」との父からのメールには恥ずかしそうにではありますが、弟と手をつなぎ散歩をするヒロノブさんの写真が添付されていました。生活介護場面では弟に負けじとビーズを使った作品づくりを集中して行っています。今では、週末はヘルパーと一緒にグループホームでの静かな生活をエンジョイし、（時にはいろいろありますが）長期休みは自宅で親子兄弟での穏やかな生活を過ごすことができるようになりました。

| 事例 14 | 支援会議を重ねてチームで支えているタケルさん |

| 名前 | タケルさん | 年齢 | 19歳 | 性別 | 男性 |

利用している主なサービス 生活介護・相談支援・共同生活援助（グループホーム）

✳ タケルさんのこと

タケルさんは自閉スペクトラム症と重い知的障害のある男性です。「ごはん」「トイレ」など日常生活によく使用する単語での意思表示ができます。周囲からの声かけも単語によって、ある程度理解しているようです。

タケルさんは、子どもの頃は父方の祖父、両親、弟と一緒に暮らしていました。

ドライブや公園に出かけてのブランコなどが好きで、家族に車で連れていくように要求することがありました。要求を通すために大きな声で叫んだり、家族の手を引っ張って車まで連れていこうとしたりしました。要求が通らないと家族に手が出ることもありました。

現在は成人期を迎え、日中は生活介護、夜間は共同生活援助を利用しながら生活をしています。

✳ タケルさんのこれまで

タケルさんは1歳6か月児健診の結果から医療機関での診断を勧められ、自閉スペクトラム症の診断を受けました。幼児期は地域の療育教室に通い、その後、特別支援学校の小学部に入学しました。

小さい頃は体を動かす遊びが得意な男の子でした。自宅は大きな庭のある一軒家で、敷地内にブランコや滑り台があり、それらでよく遊んでいました。特にブランコの揺れが好きで、何時間もブランコに乗っていることがありました。

祖父はタケルさんが年少の頃は自宅敷地内での遊びの見守りなどに協力してくれていましたが、小学校に入る頃には体力的に見守りなども難しくなりました。父親は仕事が休みのときには、タケルさんと一緒にドライブに出かけたり、公園で遊んだりしてくれました。しかし自営業で仕事が忙しく、休みは月2日程度でした。そのため、主にタケルさんの家庭での世話をするのは母親でした。

小学校に入るまでは、タケルさんは要求も少なく、母親を困らせることはあまりありませんでした。時折、外出の要求をして母親の手を引っ張ることなどがありましたが、体も小柄でしたので、母親が要求に応えないでいると、タケルさんがあきらめてしまうという状況でした。

タケルさんが小学5年生になる頃に、弟が生まれました。母親は赤ちゃんの世話でタケルさんと一緒に外出などができなくなったため、市役所に申請し、相談支援専門員との相談を経て、移動支援を利用して週末にヘルパーと一緒に外出することになりました。この頃から家庭でタケルさんの食べものや外出に対する要求が多くなり、

それに家族が応えないと大きな声を出したり、家族に対して手が出ることが増えてきました。タケルさんは体も大きくなり、母親を力づくで車の前まで引っ張って行くようになりました。そのため、家族は本人の要求に応えるしかなくなり、母親が赤ちゃんを祖父に預けてタケルさんと外出したり、父親が仕事から戻って夜遅く外出するということもありました。同じ頃、学校では急に怒り出して、窓ガラスを割ってしまうということがありました。家族での外出が難しくなってきたため、週末だけでなく平日も利用するようになっていた移動支援でも、要求が通らないときはヘルパーに唾を吐きかけたり、手が出たりすることが増えていました。

このような状況について母親から再び相談を受けた相談支援専門員は、家族、学校の先生、移動支援を担当するヘルパーを集めて個別の支援会議を開催しました。まずは、本人を取り巻く人たちと現状の共有を行いました。しかし、状況は確認できたもののタケルさんの行動への適切な対処方法を見いだすことができませんでした。そこで、相談支援専門員の提案で、自閉スペク

トラム症や発達障害について専門的な評価や対応方法などについてアドバイスをしてくれる専門機関に依頼し、タケルさんの行動障害に関しての専門的な評価をしてもらうことにしました。

専門機関の専門員の評価では、タケルさんが「外出やおやつを食べることなどの予定に見通しをもてていないことを不安に感じて要求が増えているのではないか？」「無造作に本人の要求に応えることが行動をエスカレートさせている」という指摘がされました。対処方法として、どの順番でいつ外出できたりおやつを食べられるのかがわかるように絵カードなどで示すこと、家族を含めた各支援者が同じ絵カードを用いて、タケルさんへの支援方法を共通化することが提案されました。

その提案を受け、相談支援専門員が特別支援学校の先生と協力して表と絵カードを作成して、家庭、学校、移動支援で使用することにしました。絵カードで事前に予定を確認すること、本人から要求があったときに絵カードで予定を確認することで見通しをもつことができるようになり、要求がエスカレートして手が出ることが少なくなりました。

この取組みが始まって以降、家族、学校の先生、移動支援を担当するヘルパー、専門機関の専門員、相談支援専門員が2か月に1回ほど定期的に集まって、状況の確認と支援方針の共有、支援方法の微調整を重ねていきました。

✳ タケルさんの今

　タケルさんは特別支援学校中学部の頃から、月に2回程度短期入所を利用して、自宅外での生活も体験するようになりました。その後も短期入所事業所のスタッフをメンバーに加えながら個別の支援会議は定期的に続けられました。

　一時は、行動障害がエスカレートしたときのことを考え、障害児入所施設への入所も検討しました。しかし、定期的な個別の支援会議で本人の状況を確認し、支援の調整と共有を行うことで、完全に行動障害が解消されることはないものの、エスカレートすることはなく、児童期を家族とともに生活し続けることができました。

　現在は特別支援学校高等部を卒業して、日中は生活介護に通い軽作業や創作活動に取り組み、夜間はグループホーム（共同生活援助）で生活しています。また、週末には移動支援を利用して外出したり、自宅に帰省して家族と一緒に過ごしたりすることも継続しています。

　日中支援を行っている支援者と夜間の支援を行っている支援者が頻繁に情報交換しながら、将来的には就労継続支援の利用などを視野に入れ、タケルさんがより本人らしく生活できるような支援が検討されています。また、半年に1回程度、学齢期からの支援者も集まって個別の支援会議が継続して行われています。

コラム6

学校教育との有意義な連携に向けて

福祉の現場のみなさんが日々悩んでいるのと同様に、行動障害のある子どもたちへのアプローチの難しさは、学校教育の現場においても同様に、その取組みが難しい問題の1つです。

全日本手をつなぐ育成会が2013（平成25）年に行った重篤な行動障害があった成人期の当事者の保護者への聞き取り調査の結果をみると、最も行動障害がひどかったと回答した各時期の人数は、就学前から小学校に入学した時期に少し増え、中学校の時期に急激に増加します。そして、高等学校の時期にさらに増加し、その人数はピークとなります。卒業後は、中学校、高等学校の時期よりは減るものの、それらに次ぐ数字となっています。

この結果は、学齢期初期（小学校入学以降）において、行動障害が周囲に目に見える形で把握されるようになり、思春期に向かってその重症度が増す傾向があることを示しています。いかに学校教育の現場が、行動障害への取組みにおいて重要な役割を担っているかを示すものだと思います。

児童期から思春期にかけては、障害のある子どもたちだけでなく、すべての子どもが、心身の発達において大きな変化からくる混乱を経験します。このような混乱に、どのように取り組んでいくかは、決まった方法があるわけではありませんが、学校教育においては、障害のある子どもたちのこれらの問題に中心となって取り組んでいく教育を「特別支援教育」と呼んでいます。

そしてこれらは、主に特別支援学校や特別支援学級、通級指導教室において中心的に取り組まれています。この特別支援教育においては、それぞれの子どもは、それぞれの障害状況や問題に応じて「個別の指導計画」や「個別の教育支援計画」が作成され、個の状況に応じた指導がなされることになっています。そしてこれらの「個別」の支援に関する計画において、重要な指導領域として、「自立活動」があります。この自立活動は、「健康の保持」「心理的な安定」「人間関係の形成」「環境の把握」「身体の動き」「コミュニケーション」の6つの区分とその下位に設定された26項目の指導内容から構成されており、子どもたちの障害に基づく学習、または生活上の困難を克服するために設定されています。行動障害に関しては、先の6区分のなかの「心理的な安定」「人間関係の形成」「コミュニケーション」「環境の把握」の4つの区分が深く関係してきます。関心のある人は、その指導内容を一度確認してみると、利用者とのかかわり方や支援の方向性の手がかりになるでしょう。

しかしながら、特別支援学校といった先にあげた教育の場において、行動障害がある児童生徒に最適な取組みがなされているかといえば、そこへ至る道はまだ途上であるというべきでしょう。学校関係者も、行動障害に対するアプローチにおいては、これから多くのことを学びながら個々の児童生徒（利用者）にとって最適な方法を模索

> コラム6　学校教育のとの有意義な連携に向けて

しなければならない状況だと思います。その点では、学校関係者も、本書のような内容を研修すべきであると考えています。

　福祉の側であれ、学校教育の側であれ、行動障害への取組みにおいて最も重要な条件の1つは、関係者間（保護者、学校、福祉関係機関、医療機関など）における子どもの直面する問題状況の理解や評価結果の共有です。関係者それぞれが異なる理解と評価を行うことになれば、子どもへの対応が一貫性を欠くこととなり、このことは、子どもの混乱の助長と行動障害の重篤化に直結します。このような行動障害の重篤化を防ぐうえで重要となるのが、福祉と学校と他の関係機関との実質的な連携であると考えます。先に述べた行動障害のある子どもの直面する問題状況の理解や評価結果の共有を手がかりに、一貫した支援の方向性を見出し、協働して取り組む必要があります。そのために、必要となるのが、確認できる（見てわかる）客観的事実に基づく評価を行うことです。意味のある有機的な連携のためには、このことをスタートに据えなければ、何回顔をつき合わせても、意味のある一貫した取組みどころか、時間の無駄になってしまうかもしれません。

　行動障害は一般的に年齢を重ねるごとにその対応の困難性が増してきます。学校教育での場で個別に作成される「指導計画」などの作成の場を足がかりに、支援に関係する者の共通理解と一貫性をもった取組みの実施が可能となれば、多くの子どもたちに、比較的穏やかな思春期をプレゼントすることに、一歩近づくのではないかと考えます。

　肥後　祥治（鹿児島大学教育学系教授）

208

第9章

そのとき、あなたはどうしますか

──障害者虐待、身体拘束、
　行動制限の防止は支援の向上から──

| 第1節 | 障害者虐待防止法とは |

1 障害者虐待防止法成立までの経緯

障害者に対する虐待は、家庭などで障害者の世話をする養護者や障害者福祉施設の職員、障害者を雇用している会社や事業所の使用者などにより、暴力や暴言、経済的搾取など、さまざまな形態のものが発生しています。特に施設や家庭、住み込みの事業所などは、密室性が高いことにより、虐待を受けている障害者が被害を訴えにくく、周囲も気づきにくいため、虐待がエスカレートして甚大な被害に発展してしまった事例も少なくありません。

「障害者虐待の防止、障害者の養護者に対する支援等に関する法律」（以下「障害者虐待防止法」という）は、このような背景を受けて、「児童虐待の防止等に関する法律」（平成12年成立。以下「児童虐待防止法」という）、「配偶者からの暴力の防止及び被害者の保護等に関する法律」（平成13年成立）、「高齢者虐待の防止、高齢者の養護者に対する支援等に関する法律」（平成17年成立。以下「高齢者虐待防止法」という）に続き、虐待等を防止するための4つめの法律として、2012（平成24）年10月1日に施行されました。

2 障害者虐待防止法の概要

1 障害者虐待防止法の目的

障害者虐待防止法の目的は、「障害者に対する虐待が障害者の尊厳を害するもの」であるという認識に立ち「障害者の自立及び社会参加にとって障害者に対する虐待を防止することが極めて重要」であり「障害者の権利利益の擁護に資することを目的とする」と定められています。障害者の尊厳を守り、自立と社会参加を進めること、虐待が起きる前に防止すること、養護者による障害者虐待の背景には支援の不足があるため養護者を支援することが重視されています。

2 障害者虐待の定義

①障害者虐待に該当するケース

障害者虐待防止法では、「障害者」とは「障害者基本法第2条第1号に規定する障害者」と定義されています。同号では、障害者とは「身体障害、知的障害、精神障害（発達障害を含む。）その他心身の機能の障害がある者であって、障害及び社会的障壁により継続的に日常生活又は社会生活に相当な制限を受ける状態にあるもの」としており、障害者手帳を取得していない場合も含まれます。

障害者虐待防止法第3条では「何人も、障害者に対し、虐待をしてはならない」と規定され、広く障害者に対する虐待行為が禁止されています。

また、障害者虐待防止法では、特に「障害者虐待」として、⑦養護者による障害者虐待、⑦障害者福祉施設従事者等による障害者虐待、⑦使用者による障害者虐待の3つに分け（第2条第2項）、以下のように定義しています。

⑦**養護者による障害者虐待**

「養護者」とは、「障害者を現に養護する者であって障害者福祉施設従事者等及び使用者以外のもの」と定義されており、身辺の世話や身体介助、金銭の管理などを行っている障害者の家族、親族、同居人等が該当すると考えられます。また、同居していなくても、現に身辺の世話をしている親族・知人などが養護者に該当する場合があります。

⑦**障害者福祉施設従事者等による障害者虐待**

「障害者福祉施設従事者等」とは、障害者総合支援法等に規定する「障害者福祉施設」または「障害福祉サービス事業等」に係る業務に従事する者と定義されています。「障害者福祉施設」または「障害福祉サービス事業等」に該当する施設・事業は、表9-1のとおりです。

⑦**使用者による障害者虐待**

「使用者」とは、「障害者を雇用する事業主又は事業の経営担当者その他その事業の労働者に関する事項について事業主のために行為をする者」と定義されています。この場合の事業主には、派遣労働者による役務の提供を受ける事業主など政令で定める事業主も含まれます。なお、使用者による障害者虐待については、年齢にかかわらず（18歳未満や65歳以上でも）、障害者虐待防止法が適用されます。

表9-1 「障害者福祉施設従事者等」の対象

法上の規定	事業名	具体的内容
障害者福祉施設	・障害者支援施設 ・のぞみの園	
障害福祉サービス事業等	・障害福祉サービス事業	居宅介護、重度訪問介護、同行援護、行動援護、療養介護、生活介護、短期入所、重度障害者等包括支援、自立訓練、就労移行支援、就労継続支援、就労定着支援、自立生活援助および共同生活援助
	・一般相談支援事業および特定相談支援事業 ・移動支援事業 ・地域活動支援センターを経営する事業 ・福祉ホームを経営する事業 ・障害児通所支援事業、障害児相談支援事業	

(障害者虐待防止法第2条第4項)

※注1：18歳未満の障害児に対する養護者による虐待は、総則など全般的な規定や養護者の支援については障害者虐待防止法に規定されていますが、通報や通報に対する虐待対応については、児童虐待防止法が適用されます。

※注2：高齢者関係施設の入所者に対する虐待については、65歳未満の障害者に対するものも含めて高齢者虐待防止法が適用され、児童福祉施設である障害児入所施設の入所者に対する虐待については、児童福祉法が適用されます。

②障害者虐待に該当する行為

障害者虐待とは、「養護者」「障害者福祉施設従事者等」「使用者」が障害者に対して行う次のいずれかに該当する行為とされています。

ア 身体的虐待

障害者の身体に外傷が生じ、もしくは生じるおそれのある暴行を加え、または正当な理由なく障害者の身体を拘束すること。

> （例）暴力や体罰によって身体に傷や痣、痛みを与える行為をする。身体を縛りつけたり、過剰な投薬によって身体の動きを抑制する。
>
> （事案）精神障害者のグループホームの女性利用者を診察した病院は、腕や足の打撲のあとに「虐待の疑いがある」としてそのまま入院させた。

> グループホームの元職員は、グループホームを運営する法人の理事長から利用者が虐待を受けていると通報した。利用者のメモには、「顔、おなかをたたかれ、けられました」などと書かれていた。

イ 性的虐待

障害者にわいせつな行為をすることまたは障害者をしてわいせつな行為をさせること。

> （例）性的な行為やその強要。
> （事案）障害児の通所施設の職員が、利用している複数の女児の下半身を触り、撮影したとして逮捕された。職員は、裁判で「障害のある子どもなら、被害が発覚しないと思った」と述べた。

ウ 心理的虐待

障害者に対する著しい暴言または著しく拒絶的な対応その他の障害者に著しい心理的外傷を与える言動を行うこと。

※障害者福祉施設従事者等および使用者については「不当な差別的な言動」も規定。

> （例）脅し、侮辱等の言葉や態度、無視、嫌がらせ等によって精神的に苦痛を与えること。
> （事案）施設の職員から、施設幹部による入所者への暴言が続いていると通報が寄せられた。通報によれば、職員に手を出した入所者に「おまえ、この野郎、外だったらボコボコにするぞ」などと詰め寄ったり、入所者を「てめえ」と怒鳴って小突いた、などとされている。

エ 放棄・放置

障害者を衰弱させるような著しい減食、長時間の放置、養護者以外の同居人による**ア**から**ウ**までに掲げる行為と同様の行為の放置等養護を著しく怠ること。

※障害者福祉施設従事者等については「他の利用者による**ア**から**ウ**までに掲げる行為と同様の行為の放置」および「職務上の義務を著しく怠ること」も規定。

※使用者については、「他の労働者による**ア**から**ウ**までに掲げる行為と同様の行為の放置」および「その他これらに準ずる行為を行うこと」も規定。

> （例）食事や排せつ、入浴、洗濯等身辺の世話や介助をしない。必要な福祉サービスや医療、教育を受けさせない。
>
> （事案）障害者支援施設の職員が、利用者が食事を食べないと目の前でバケツに捨てる、大きな外傷があっても受診させない、などの虐待をしたことが自治体の立ち入り検査で確認された。

オ 経済的虐待

　障害者の財産を不当に処分することその他障害者から不当に財産上の利益を得ること。

> （例）本人の同意なしに、あるいは騙すなどして、財産や年金、賃金を使ったり、勝手に運用し、本人が希望する金銭の使用を理由なく制限すること。
>
> （事案）グループホームの職員が、利用者が勤務先から現金で受けた給料を本人の代わりに預金口座に入金する際、一部を入金しないなどして着服を重ねていた。被害を受けた障害者は20人近く、着服額は1500万円以上に及んだ。

③虐待行為と刑法

　虐待行為は、刑事罰の対象になる場合があります。

　例えば、

　　①身体的虐待：刑法第199条殺人罪、第204条傷害罪、第208条暴行罪、第220条逮捕監禁罪

　　②性的虐待　：刑法第176条強制わいせつ罪、第177条強制性交等罪、第178条準強制わいせつ罪、準強制性交等罪

　　③心理的虐待：刑法第222条脅迫罪、第223条強要罪、第230条名誉毀損罪、第231条侮辱罪

　　④放棄・放置：刑法第218条保護責任者遺棄罪

　　⑤経済的虐待：刑法第235条窃盗罪、第246条詐欺罪、第249条恐喝罪、第252条横領罪

等に該当することが考えられます。これまでの虐待事案においても、虐待した障害者福祉施設等の職員が警察によって逮捕、送検された事案が複数起きています。

④通報義務

　障害者虐待防止法では、障害者の福祉に業務上関係のある団体や職員などは、障害者虐待の早期発見に努めなければならないとされています。また、養護者、障害者福祉施設従事者等、使用者による障害者虐待を受けたと思われる障害者を発見した者は、速やかに市町村（使用者については都道府県も含む）に通報しなければならないこと、虐待を受けた障害者は市町村（使用者については都道府県も含む）に届け出ることができることが定められています。

⑤通報者の保護

　障害者虐待防止法では、通報者を保護するため、刑法の秘密漏示罪やその他の個人情報保護法等の守秘義務に関する法律の規定は、障害者虐待の通報を妨げるものと解釈してはならないこと、障害者福祉施設従事者等および使用者による障害者虐待の通報等を行った従業者等は、通報等をしたことを理由に、解雇その他不利益な取扱いを受けないことが規定されています。こうした規定は、障害者虐待の早期発見・早期対応を図るために設けられたものです。

　また、2006（平成18）年４月から公益通報者保護法が施行されており、労働者が、事業所内部で法令違反行為が生じ、または生じようとしている旨を事業所内部、行政機関、事業者外部に対して通報を行った場合、それを信ずるに足りる相当の理由がある場合などの保護要件を満たした通報者に対する解雇の無効や不利益な取扱いの禁止を定め保護することが規定されています。

3　各主体における虐待防止の責務

　障害者虐待防止法は、障害者の虐待防止のため、図9-1のように各主体の責務を定めています。

　国および地方公共団体に対しては、障害者虐待の予防、早期発見、防止、虐待を受けた障害者の保護および自立の支援、養護者に対する支援を行うための関係機関の連携強化、専門的知識および技術を有する人材その他必要な人材の確保、関係機関の職員の研修等、通報義務や救済制度等の広報、啓発活動を行うことが定められており、国民に対しては、障害者虐待の防止、養護者に対する支援等に関する理解を深め、施策に協力することが定められています。

　通報義務の対象となっている障害者福祉施設の設置者や障害福祉サービス事業を行う者、障害者を雇用する事業主に加え、学校長、保育所等の長、医療機関の管理者に対して、職員などに対する研修の実施、普及啓発、虐待に関する相談や苦情を受け付

ける体制の整備、その他の障害者に対する虐待を防止するために必要な措置を講じることを義務として定めています。

4 市町村、都道府県および都道府県労働局の役割と責務

市町村は、「障害者虐待防止センター」（以下「虐待防止センター」という）としての機能を果たすこととされています。虐待防止センターでは、障害者虐待に関する通報・届出を受理するほか、養護者による障害者虐待の防止や虐待を受けた障害者の保護のための相談等や広報・啓発を行います。さらに、市町村は、虐待の通報・届出を受けた後の事実確認や安全確認、対応の協議等を行うほか、必要に応じて行う立ち入り調査や虐待を受けた障害者に保護が必要な場合の措置とそのための居室確保、成年後見制度の利用開始に関する審判請求、関係機関、民間団体等との連携協力体制の整備等を行います。

都道府県は、「障害者権利擁護センター」（以下「権利擁護センター」という）としての機能を果たすこととされています。権利擁護センターでは、使用者による障害者虐待の通報・届出を受理するほか、相談機関の紹介、関係機関との連絡調整、情報の収集分析、広報・啓発等を行います。さらに、都道府県は、使用者による障害者虐待事案の都道府県労働局への報告等を行うとともに、障害者福祉施設または障害福祉サービス事業等の適正な運営の確保に向けた社会福祉法および障害者総合支援法等に規定する権限の行使、障害者福祉施設従事者等による障害者虐待の状況やその際にとった措置等を公表します。

使用者による障害者虐待においては、都道府県から報告を受けた都道府県労働局（国の機関）は、報告内容から労働関係法令の規定による権限を適切に行使して適正な労働条件および雇用管理を確保することとされています。

また、厚生労働大臣は、毎年度、使用者による障害者虐待の状況、使用者による障害者虐待があった場合にとった措置その他厚生労働省令で定める事項を公表（年次報告）することとされています。

5 検討規定

障害者虐待防止法の附則には、法施行後3年を目途として、通報義務の対象となっていない学校、保育所等、医療機関、官公署等における障害者に対する虐待の防止等の体制のあり方ならびに障害者の安全の確認または安全の確保を実効的に行うための方策、障害者を訪問して相談等を行う体制の充実強化その他の障害者虐待の防止、障

図9-1　障害者虐待防止等のスキーム

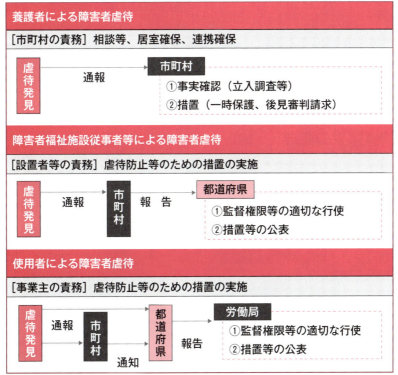

害者虐待を受けた障害者の保護および自立の支援、養護者に対する支援等のための制度について、児童虐待、高齢者虐待、配偶者からの暴力等の防止等に関する法制度全般の見直しの状況をふまえ、この法律の施行状況等を勘案して検討を加え、その結果に基づいて必要な措置を講ずるものとするという検討規定が設けられています。

CHECK POINTS

①障害者虐待とは、養護者・障害者福祉施設従事者等・使用者が障害者に対して行う身体的虐待、性的虐待、心理的虐待、放棄・放置、経済的虐待に該当する行為です。

②障害者の福祉に関係のある団体や職員は、障害者虐待を受けたと思われる障害者を発見した場合は、速やかに市町村（使用者については都道府県も含む）に通報しなければなりません。

| 第2節 | 行動障害と虐待 |

1 障害者虐待対応状況調査

1 調査結果の概要

　厚生労働省では、「障害者虐待防止法に基づく対応状況等に関する調査」（以下、「対応状況調査」という）の結果を公表しています。この調査は、毎年、市区町村および都道府県で把握された障害者虐待に関する相談・通報・届出件数及び虐待と判断された件数、虐待を受けた障害者の人数などを把握するために行っているものです。2016（平成28）年度の結果は、表9-2のとおりです。

表9-2　調査結果（全体像）

		養護者による障害者虐待	障害者福祉施設従事者等による障害者虐待	使用者による障害者虐待		
					（参考）都道府県労働局の対応	
市区町村等への相談・通報件数		4,606件	2,115件	745件	虐待判断件数（事業所数）	581件
市区町村等による虐待判断件数		1,538件	401件			
被虐待者数		1,554人	672人		被虐待者数	972人
被虐待者の障害種別	身体障害	23.0%	14.4%			21.0%
	知的障害	54.2%	68.6%			53.4%
	精神障害	32.6%	11.8%			23.6%
	発達障害	2.6%	3.6%			2.0%
	難病等	2.8%	0.7%			
	不明	—	13.8%			
※内行動障害を有する者（再掲）		28.7%	21.3%			
虐待行為の類型（複数回答）	身体的虐待	62.7%	57.1%			5.5%
	性的虐待	4.2%	12.0%			0.6%
	心理的虐待	31.7%	42.1%			11.0%
	放棄・放置	15.9%	6.5%			1.3%
	経済的虐待	24.1%	9.5%			81.6%

注1：上記は、平成28年4月1日から平成29年3月31日までに虐待通報および虐待と判断された事例を集計したもの。
注2：都道府県労働局の対応については、平成29年7月26日労働基準局労働関係課労働紛争処理業務室のデータを引用。
　　　被虐待者の障害種別については、重複しているものがある。

虐待を受けていた人の障害種別では、養護者、障害者福祉施設従事者等、使用者による障害者虐待のすべてにおいて知的障害者が半数以上を占め、最も多い結果となっています。

虐待行為の類型では、養護者、障害者福祉施設従事者等においては身体的虐待、心理的虐待が多いことが共通しており、使用者による障害者虐待では経済的虐待（最低賃金法関係）が最も多い結果となっています。

2 施設等における障害者虐待の状況

施設等で虐待を行っていた職員の職種で最も比率が高かったのが「生活支援員」の40.1％でした。また、「管理者」「サービス管理責任者」「設置者・経営者」の三者を合計すると16.5％となり、施設等の運営や虐待防止について責任をもって取り組まなくてはならない立場の職種による虐待の比率が「生活支援員」に次いで高いという極めて遺憾な結果となっています。

施設等における虐待を防止するためには、現場で直接支援する職員個々の取組みはもちろん、設置者、管理者等を含めた組織全体の虐待防止の取組みが重要であるといえます。

2 行動障害のある人と虐待

対応状況調査（表9-2）では、虐待を受けた人のなかで行動障害を有する人の割合を示す結果があります。それによると、虐待を受けた障害者のなかで、養護者による虐待では28.7％、障害者福祉施設従事者等による虐待では21.3％に行動障害があったという結果でした。

これまでも、障害者福祉施設における深刻な虐待では、行動障害のある人が虐待を受けていた事案が複数報道されています。

事案1

A施設で、知的障害がある利用者に対し、職員が馬乗りになって押さえつけるなどし、虐待と認定された。関係者によると、施設で作業中に、利用者が暴れて職員にかみつこうとしたり、自分の頭を叩いたりするなどしたため、職員が馬乗りになって押さえつけた。施設側は、「支援の一環で行った行為だった」と話した。

事案2

B施設では、行動障害をもつ入所者（26人）がパニックを起こした際、外からしか施錠できない部屋に閉じ込めていたことが自治体の定期監査でわかった。最も多い男性で101件あった。同学園は「パニックが起きるときに施錠していた。認識不足だった」としている。

事案3

C施設で、重度の知的障害のある男性利用者が朝食後の片づけで食器が入ったかごを落とした際、職員は利用者がわざと落としたと考え、故意に床に押し倒した。利用者は骨折し手術を受けた。複数の職員によると、この利用者は職員の関心を引こうと物を壊すことがあり、施設幹部職員は「なめられている証拠だ」などと再三発言していたという。また、施設長が食堂でパニックを起こした利用者を殴打していたことが判明した。

事案4

D施設で、入所者が職員の暴行を受けた後に死亡した。暴行した職員たちは、行動障害にかかる専門研修や、虐待防止に関する研修をほとんど受けていなかった。このため、支援に行き詰まり、行動障害を抑えるために暴行に至った面がある。また、はじめは緊急避難的な過剰防衛としての力を行使していたと考えられるが、だんだんとそのほうが通常の支援より楽だと思い、通常の適切な支援の実施に努めずに、安易に暴行を行うことを繰り返していた。

CHECK POINTS

①障害者福祉施設における深刻な虐待では、行動障害のある人が虐待を受けていた事案が複数報道されています。

②施設等における虐待を防止するためには、現場で直接支援する職員個々の取組みはもちろん、設置者、管理者等を含めた組織全体の虐待防止の取組みが重要です。

第3節　虐待をしない・させないために

1　深刻な虐待事案の背景

　これらの深刻な虐待事案に共通した背景として考えられることを2点あげます。

①施設・事業所における虐待防止に関する組織的な取組みが不十分だった。

　虐待防止について責任をもつべき管理者が、虐待が起きていることを承知していながら放置し、通報もせず、隠ぺいしようとした疑いさえあるという不適切な管理・運営の結果、虐待が繰り返し行われ、エスカレートしていったことが考えられます。

　障害者福祉施設従事者等による障害者虐待を防止するためには、施設等の管理・運営責任者の果たす役割が重大であることを自覚しなければなりません。障害者虐待を自ら行うような者はもちろん、虐待を放置したり、隠ぺいしたりする可能性があるような不適格な者を管理者にさせない、あるいは、そのような事案が発覚したらすぐに交替させる等、法人運営のガバナンスを強化し、適格な責任者の下で虐待防止体制を整備し、組織として取り組むことが重要です。

②職員の行動障害に関する専門的な知識や支援技術が不十分だった。

　「行動障害やパニックがなぜ起きるか」という原因に着目しないで、目の前で起きている自傷や他傷などの問題行動だけに目を奪われてしまうと、それを押さえ込むために力尽くの対応をとることしかできなくなり、職員による利用者への暴力や隔離、身体拘束の常態化といった事態に至ってしまいます。

　障害特性を理解し、行動障害を予防するための支援に転換するためには、研修を受けたり、専門家によるコンサルテーションを受けることが必要です。

2　施設、事業所における虐待防止に関する組織的な取組み

　2012（平成24）年9月、厚生労働省では、施設等において障害者虐待の防止などの取組みを適切に進めるため「障害者福祉施設・事業所における障害者虐待の防止と対応の手引き」を作成しました。そのなかで、施設等における組織的な虐待防止の取組みとして、次のことを示しています。

そのとき、あなたはどうしますか──障害者虐待、身体拘束、行動制限の防止は支援の向上から──　**221**

1 運営規程の定めと虐待防止の取組み

「障害者の日常生活及び社会生活を総合的に支援するための法律に基づく指定障害福祉サービスの事業等の人員、設備及び運営に関する基準」（平成18年9月29日厚生労働省令第171号）では、運営規程に虐待防止のための措置に関する事項を定めることとしています。指定障害福祉サービスおよび指定障害者支援施設等の一般原則として、利用者の人権の擁護、虐待防止等のため責任者を設置する等必要な体制整備を行うとともに、その従事者に対し研修を実施する等の措置を講ずるよう努めなくてはならないこととしています。組織として虐待防止に取り組むために、施設等の管理者を虐待防止責任者とした虐待防止の委員会（以下「虐待防止委員会」という）を設置することが考えられます（図9-2）。

2 虐待防止委員会の設置

虐待防止委員会には、❶虐待防止の体制づくり、❷虐待防止のチェックとモニタリング、❸虐待（不適切な対応事例）発生後の対応と総括の3つの役割があります。

①虐待防止の体制づくり

虐待防止のマニュアルやチェックリストの作成および倫理綱領、行動指針等掲示物等のツールの整備と周知徹底を行います。

②虐待防止のチェックリストとモニタリング

虐待防止委員会は、虐待防止のチェックリストにより各職員が定期的に自己および組織を点検し、その結果および担当部署の支援体制の状況、発生した不適切な対応を含む事故の状況（事故報告書、ヒヤリハット報告書の活用を含む）、苦情解決制度による相談の内容、職員のストレスマネジメントの状況等について虐待防止マネジャー（サービス管理責任者等）が虐待防止委員会に報告します。虐待防止委員会は、これらの現状を把握したうえで、今後の虐待防止策をどのように講じるかを具体的に検討し、各部署での改善計画や職員の研修計画を作成します。虐待防止マネジャーは、計画に基づいて各部署で虐待防止策を実行し、実施状況を把握する、というサイクルを繰り返し、継続して行います。

③虐待（不適切な対応事例）発生後の対応と総括

虐待やその疑いが生じた場合の通報その他の早期対応について、マニュアルに沿って実施し、通報後は自治体の事実確認等に協力し、その後施設等による検証を行い、以降の施設等における虐待防止策に反映します。

図9-2　虐待防止委員会の組織図の例

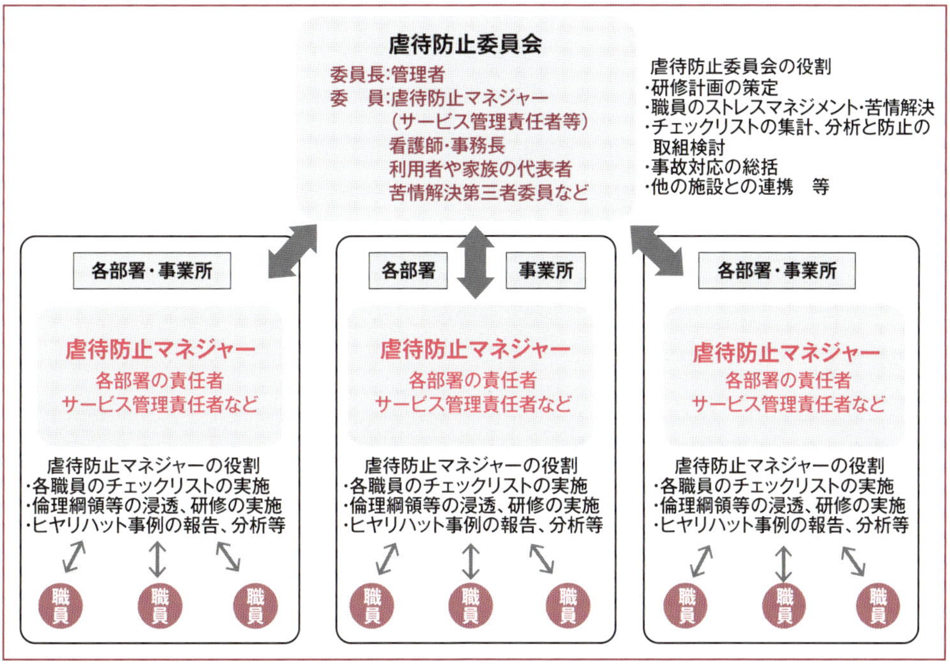

虐待防止委員会
委員長:管理者
委　員:虐待防止マネジャー
　　　　（サービス管理責任者等）
　　　　看護師・事務長
　　　　利用者や家族の代表者
　　　　苦情解決第三者委員　など

虐待防止委員会の役割
・研修計画の策定
・職員のストレスマネジメント・苦情解決
・チェックリストの集計、分析と防止の
　取組検討
・事故対応の総括
・他の施設との連携　等

各部署・事業所

虐待防止マネジャー
各部署の責任者
サービス管理責任者など

虐待防止マネジャーの役割
・各職員のチェックリストの実施
・倫理綱領等の浸透、研修の実施
・ヒヤリハット事例の報告、分析等

職員　職員　職員

各部署　事業所

虐待防止マネジャー
各部署の責任者
サービス管理責任者など

虐待防止マネジャーの役割
・各職員のチェックリストの実施
・倫理綱領等の浸透、研修の実施
・ヒヤリハット事例の報告、分析等

職員　職員　職員

各部署・事業所

虐待防止マネジャー
各部署の責任者
サービス管理責任者など

虐待防止マネジャーの役割
・各職員のチェックリストの実施
・倫理綱領等の浸透、研修の実施
・ヒヤリハット事例の報告、分析等

職員　職員　職員

3　密室性・閉鎖性の改善

　虐待は密室の環境下で行われるという指摘があります。苦情解決制度における第三者委員等や第三者評価の活用、実習生やボランティアの積極的な受入れや、行事などを通じて地域住民と施設等の利用者が交流する等の機会を増やすこと、相談支援専門員が継続サービス利用支援によるモニタリングで施設等に来所した際には、積極的に支援現場を見てもらうなど、外部の目を入れることが密室性・閉鎖性を改善することにつながります。

　また、職員が支援に当たっての悩みや苦労を職員同士や上司に相談できたり、人員配置等を含めた職場環境の把握と改善などを進めたり、職員と管理者等が一体となって、風通しのよい組織づくりに取り組んだりすることが、虐待を生まない環境づくりにつながります。

4　虐待の早期発見と通報義務

　施設等で虐待を受けた障害者が自ら被害を伝えられないことを想定すると、第三者が虐待に気づくことが極めて重要です。施設等の職員による虐待を最も発見しやすい立場にあるのは、同じ施設等に勤務している他の職員です。障害者虐待防止法第6条

第2項においては、施設等の職員などに虐待の早期発見が義務づけられています。

施設等で虐待の疑いを発見した職員には、障害者虐待防止法第16条に基づいて、速やかに市町村に通報する義務が生じます。しかし、現場の職員が直接市町村に通報することに不安がある場合などは、施設等のサービス管理責任者や管理者等に相談することが考えられます。その場合、相談を受けたサービス管理責任者や管理者等も、職員からの相談内容や障害者本人の状況などから虐待の疑いがあると判断した場合は、最初に虐待の疑いに気づいた職員同様、通報義務が生じることになります。

施設等で虐待の疑いがあった場合、虐待した疑いのある職員を管理者等が注意するなどして内部処分のみですませてしまい、市町村に通報しないということは通報義務違反に当たります。

また、障害者虐待防止法では、通報者の保護を定めていますが、それにもかかわらず施設等の中で通報者探しが行われ、通報した職員に対して解雇その他の不利益な取扱いが行われている実態も散見されています。職員に対して、障害者虐待防止法に基づく通報者の保護について周知するとともに、施設等においては通報者に対する不利益な取扱いをしないことを遵守する義務があります。

通報義務を正しく理解し、適切に実行することが重要です。

5 身体拘束の廃止と支援の質の向上

障害者虐待防止法では、正当な理由なく障害者の身体を拘束することは、身体的虐待に該当するとしています。やむを得ず身体拘束を行う場合は、

❶ 切迫性（利用者本人または他の利用者等の生命、身体、権利が危険にさらされる危険性が著しく高いこと）

❷ 非代替性（身体拘束その他の行動制限を行う以外に代替する方法がないこと）

❸ 一時性（身体拘束その他の行動制限が一時的であること）

の3要件のすべてに当てはまる場合であることが前提です。具体的事例においては組織的に慎重に判断し、本人・家族への十分な説明と了解を前提として、個別支援計画への記載を行うとともに、会議によって身体拘束の原因となる状況分析を徹底的に行い、身体拘束の解消に向けた取組みを継続して行うことが必要です。

施設等においては、特に行動障害のある利用者が興奮して他の利用者を叩く、噛みつくなどの行為や自分自身を強く叩き続けるなどの行為があるときは、やむを得ず利用者を居室に隔離したり、身体を拘束したりするなどの身体拘束や行動制限を行わざるを得ない場面があると思います。その際、職員に行動障害に対する知識や支援技術

が十分でない場合、対応方法がわからずに身体拘束や行動制限に頼ってしまうことが起き、虐待につながります。虐待を防止するためには、職員が行動障害のある利用者の特性を理解し、環境調整を含めた適切な支援方法を身につける必要があります。

3 職員の行動障害に関する専門的な知識や支援技術の向上

行動障害のある利用者に対しては、障害特性の理解に基づく適切な支援を行うことにより、行動障害が低減し、安定した日常生活を送ることができるようになることが調査研究などにおいて報告されています。このため、厚生労働省では、強度行動障害を有する利用者に対し適切な支援を行う従事者の人材育成を目的として「強度行動障害支援者養成研修」の「基礎研修」および「実践研修」を実施することとしました。これらの研修を積極的に受講する等、行動障害のある利用者に対する適切な支援を行うことができる職員を養成することが、身体拘束や行動制限の廃止、虐待防止につながります。

また、発達障害者支援センターに発達障害者地域支援マネジャーを配置し、事業所等に対して強度行動障害等の支援困難事例のコンサルテーションを行うなどの対応力強化のための支援を行っています。

これらの施策を活用し、強度行動障害を有する利用者に対する支援の質の向上と虐待の防止に取り組んでいただきたいと思います。

CHECK POINTS

①虐待を防止するには、法人運営のガバナンスを強化し、適格な責任者のもとで虐待防止体制を整備し、組織として取り組むことが重要です。

②行動障害のある利用者に対する適切な支援を行うことができる職員を養成することが、身体拘束や行動制限の廃止、虐待防止につながります。

事例 **15** **虐待やいじめで心に傷を負っている ケンジさん**

名前 ケンジさん　　**年齢** 25歳　　**性別** 男性
利用している主なサービス 就労継続支援Ａ型

✳ ケンジさんのこと

　ケンジさんは、高機能広汎性発達障害の診断を受けた男性です。

　知的に遅れがなかったため、大学を卒業後、離職を繰り返し、うつになるまで、発達障害があると気づかれませんでした。失敗経験の積み重ねから、普段は穏やかな性格ですが、何かしらのスイッチが入ると物を壊すなどの破壊行動がみられるようになりました。

　大学卒業後は、1人でアパート暮らしをし、一時はグループホームで生活していましたが、現在は再び一人暮らしをしながら、就労継続Ａ型事業所で働いています。

✳ ケンジさんのこれまで

　ケンジさんは、中学時代にいじめに遭い、また養父からは虐待を受けていました。しかし、学校には通わなければならないとの思いから、毎日学校に通い、大学に進学しました。大学卒業後は一人暮らしをしながら企業就労することができたのですが、職場での対人関係トラブルから離職をし、その後は職を転々としていました。離職の理由は、職場でのいじめ、対人関係トラブルでした。そのうち、うつとなり精神科を受診した際に、発達障害の診断を受けました。その後は、定期的に精神科に通院していました。

　主治医の紹介から、福祉サービスの利用をするようになりました。生活の場としてワンルームアパートタイプのグループホームに入居し、日中の就労準備訓練の場として就労移行支援事業を利用し、一般就労を目指すこととしました。しかし、他の利用者と口論となり、日中の就労移行支援事業所に通い始めて、わずか3日でグループホームにひきこもることとなりました。

　ひきこもり生活が始まると、昼夜逆転の生活になりました。ケンジさんは、明け方に眠ることになるのですが、隣の人は通所のための準備を始める時間となるため、ケンジさんは、その利用者の音が気になり眠れないという状態になりました。

　支援者がケンジさんと話をすると落ち着くのですが、本人の状態としては悪くなる一方でした。そのうち、少しずつ自室の壁に穴を開けるようになり、これまで自分をいじめてきた人に対する復讐だと話していました。また、壁に穴を開け始めると、自分の感情をコントロールできなくなるとも。徐々に、壁に穴を開ける行為だけでは済まなくなり、ベッドやテーブル等の破壊行動も始まりました。大切にしていたCDラジカセや液晶テレビをも破壊するようになり、ケンジさんは「このままここで生活を続けると、隣の部屋に侵入し暴力を振

事例15 ● 虐待やいじめで心に傷を負っているケンジさん

るってしまうかもしれない」と訴えるようになりました。ケンジさんは、ホームで生活しながら精神状態を安定させられると考えていたようですが、支援者は主治医と相談して、一時的に入院してもらうこととしました。しかし、本人はそのことについて納得しませんでした。そのため、任意入院は難しく、家族の同意のもとで医療保護入院となりました。

破壊行為がエスカレートし、そのターゲットが物から人に移っていくのではないかと支援者が感じたのは、「これまでのいじめられていた経験、会社での失敗経験から、自分は何もできないダメな人間だけど、こんな状態に自分をした社会にいつか仕返ししてやる」と話していたときでした。万一、罪を犯してしまう前に、生活の場をどこか別の場所に移して生活を落ち着かせる必要があると判断をしました。そのどこか別の場所として、精神科の病院がよいのではないかと考えたのです。

病院に同行し、医師から入院を宣告されたとき、ケンジさんは支援者に対して「自分は入院する必要はない。こんなことをして、お前も同じような思いをさせてやる」という言葉を残して病棟に連れていかれました。

✲ ケンジさんの今

入院中にケンジさんから支援者に面会に来てほしいと電話がありました。面会時には「入院をさせられたときには、実はホッとしました。あのままグループホームで生活していたら、どんなことになっていたかわからなかった。犯罪者になっていたかもしれません。しかし、あなたを100％許したわけではありません」と話してくれました。

退院後、しばらくはグループホームで過ごしましたが、「他の利用者に迷惑をかけたので、退所したい」との申し出がありました。現在はアパートで一人暮らしをしながら、就労継続支援Ａ型事業所に通っています。アパートでの一人暮らしになって１年間ほどは安定せず、攻撃的なメールや電話が支援者に届いていましたが、時間をかけ面談を何度も繰り返しました。そうしているうちに破壊行動はなくなり、ある程度落ち着いて生活できるようになりました。つい先日、ケンジさんから支援者にメールが届きました。その内容は次のとおりでした。

「陰湿下劣なこと（電話、メール）を、俺が支援者にしまくって、すみません」と。

事例
16

家族全体をサポートすることで地域で生活を続けるマサシさん

名前 マサシさん　　**年齢** 20歳　　**性別** 男性

利用している主なサービス 相談支援・居宅介護・生活介護

✳ マサシさんのこと

　マサシさんは自閉スペクトラム症とてんかん発作がある、重い知的障害のある男性です。

　マサシさんは言葉が出ませんが、日常生活での「ごはん」「おふろ」などの単語は理解しています。どこででも服を脱いでしまうことも多く、また冷たい食べ物や生ものも口に運んでしまいます。とても体力があり、意に沿わないことがあると自宅から出て行ったり、姉に噛みついてしまったりすることもあります。マサシさんは両親と兄と自閉スペクトラム症の姉の5人暮らしです。

✳ マサシさんのこれまで

　マサシさんには軽度の麻痺・自閉スペクトラム症・知的障害のある姉がいます。両親も障害者手帳はないものの、自宅が片づけられず、お金が上手にやりくりできない状態でした。

　マサシさんは小さい頃から活発で、目を離すといなくなってしまうこともあり、常に見守りが必要でした。3歳から療育施設に通い、特別支援学校に入学しました。

　中学生になる頃から、てんかん発作が出るようになりました。また、意に沿わないことがあるとズボンを履いたまま排尿してみたり、先生や友だちにも手が出ることがたびたびありました。この頃は、ヘルパー

が自宅で食事や着替え、入浴などの支援をしていました。まだ体が小さかったこともあり、いろいろなヘルパーが支援に入っていました。

　マサシさんは病院が苦手でなかなか病院に入れないため、通院時は母のみの受診となり、てんかんの薬も適切に服薬できていない状態でした。そのため、学校でもぐったりした状態だったり、激しく暴れてみたり、てんかんで倒れたりと落ち着かない状態が続いていました。

　また、学校や姉の通う事業所では、マサシさんや姉が体の不調（お腹を下す）を起こしたり、姉弟げんかにより姉が噛まれたと思われる傷（肩や腕に）に気づくことがたびたびありましたが、それぞれでの対応で終わっていました。

　あるとき、姉の下痢がなかなか治らず、噛まれた傷が増えていることから、姉の通う事業所から相談支援事業所に相談が入りました。相談支援事業所では、自宅に訪問して母から生活のリズムなどの聴き取りを行い、マサシさんの学校や姉の事業所に様子を見に行き、どのような状態であるかを確認しました。その結果、薬が飲めていないこと、学校から帰ってからの1〜2時間の間に自宅から飛び出してしまったり、冷凍食品をそのまま口にしてしまったりという課題があることがわかりました。

相談支援専門員は、今後の長期の課題と今必要な支援について検討しました。長期の課題としては1年後の卒業後に向けた通所先の確保、今必要な支援としては放課後1～2時間の過ごし方が課題でした。外に出たいという本人の思いに加えて体を動かすと夜も眠れて生活リズムが整うことから、定期的なヘルパーとの散歩を提案しました。学校では比較的穏やかに過ごせていることから、学校での支援の仕方を共有し、自宅での見守りや一緒に片づけをすることから始め、マサシさんとヘルパーとの関係ができた頃、放課後の散歩の支援をスタートしました。また、母が困っていた通院を男性ヘルパー2人の同行で行い、今の状態を説明し、服薬も確認するようになりました。

マサシさんの毎日の生活を整えるには複数の事業所が協力して支援することが必要であり、いくつもの事業所に支援の協力を呼びかけ、それぞれの事業所のできることを出し合ってプランを組み立てました。また、病院の見立てや事業所での様子を何度もケース会議ですり合わせて、支援の方法やルールを共有しました。その結果、どうしても缶ジュースがほしくて座り込んだり、外へ飛び出したりすることはまだまだありますが、複数の事業所が協力して毎日の支援を組み立てることができるようになりました。進路についても市内の事業所に声かけをして集まってもらい、可能な進路について検討し、マンツーマンによる半日からの実習をスタートさせ、卒業時には週4日の通所が可能になりました。

✻ マサシさんの今

生活介護に週4日通っているマサシさんは、迎えの車が来ると喜んで車に乗っていきます。事業所では主に畑仕事や散歩をして過ごしていますが、特定のスタッフでの対応になっており、マンツーマン対応が続いています。週4日から日にちを増やすことがまだ困難な状況にあります。

また、ヘルパーも自宅に入っていますが、母の気分によって時折拒否もあり、ぎりぎりの衛生状況を保ちながら生活を維持しています。ヘルパーが入ることで、姉が噛まれる傷は減ってきていますが、マサシさんは意に沿わないときに突発的な行動や他害があることから、居宅介護も特定のヘルパーのみの対応になっており、必要な支援量が入れていない状況にあります。

マサシさんの家庭のように、本人や家族が自分の意思や状況の変化を発信できない場合に、丁寧にモニタリングを行い、事業所の聴き取りや本人や家族の声になっていない状態の変化に気づくことが大切であると考えます。長期的な展望を示しつつ、本人や家族の意思決定に必要な情報を一緒に集めることを大切にしながら、支援を継続しています。

第10章 ひとりで悩まないで

── 支援者ケアの大切さ──

| 第1節 | 福祉の仕事と感情労働 |

1 福祉に従事する支援者の大切さ

　私たちは、障害のある人たちが幸せに暮らしてほしいと願いながら、日々の支援を行っています。それは福祉に従事する私たちの基本でもあります。福祉の仕事を選んで就職する人たちのなかには、「誰かのためになりたい」「誰かの役に立ちたい」という気持ちをもって仕事に就く人たちもたくさんいます。誰かのためになりたい、誰かの役に立ちたいという気持ちはとてもすばらしいことだと思いますし、障害のある人たちを支援するという仕事は、そのような人たちにとってはまさに"適職"といえるでしょう。

　社会にはさまざまな困難さや生きにくさを抱えた人たちがいます。障害のある人たちのなかにも生きていくうえでさまざまな困難を抱えている人がたくさんいます。このような障害ゆえの困難さは、地域を問わず社会のなかで必ず生じる可能性があり、そのような人たちに対して必要な支援を社会として提供していくのが福祉のシステムであり、そこで専門的な知識やスキルをもって直接の支援をおこなうのが、福祉に従事する私たち支援者です。

　言い換えると、福祉に従事する支援者がいなければ、この社会で困難さや生きづらさを抱えた人たちは、ずっと困難さや生きづらさを自分で抱えたまま、社会のなかで暮らし続けることになってしまいます。それでは誰もが安心して生活できる社会にしていくことができません。つまり、福祉に従事する支援者のみなさんはこの社会のなかでとても重要な役割を果たしていて、社会にとって欠かせない大切な存在なのです。

2 支援をしていくうえでの悩みや葛藤

　福祉に従事する支援者は、社会のなかでとても大切な役割を果たしているのですが、困難さや生きづらさを抱えている人たちを支えていく福祉職だからこそ直面する悩みや葛藤があります。

　支援の多くは、障害のある人や家族などと直接かかわりながら行われます。このような「人」を相手にやり取りをする支援では、往々にして想定していなかったことや

思いがけない相手の反応などに直面することがあります。人は機械のように決まった反応や規則的な反応をするものではなく、とても複雑で、時に繊細なものですから、思いがけないことが起こっても当たり前かもしれません。しかし、この思いがけないことが支援者の悩みや葛藤につながることも少なくありません。

ある支援現場の様子から、そのことを考えてみたいと思います。

グループホームで暮らすAさんの例

グループホームで暮らすAさん（自閉スペクトラム症、20代の男性）が、自分の部屋で大音量にしてテレビを見ていました。隣の部屋の入居者からそのことを聞いた支援員はAさんに音量を下げるように紙に書いて伝えました。すると、Aさんはその紙をクシャクシャにして支援員に投げつけました。

買い物にでかけたBさんの例

ショッピングセンターにヘルパーと一緒に買い物に来ていたBさん（自閉スペクトラム症、中学生の男性）は、レジで待っているときに前で泣きだした赤ちゃんが気になってソワソワしていました。ヘルパーはそんなBさんの様子をみて赤ちゃんとBさんの間に入っていましたが、だんだんと興奮してきたBさんが赤ちゃんに向かおうとしたのでヘルパーが止めると、Bさんはヘルパーの腕に爪を立てて大きな声を出しました。

このようなとき、支援者の心にはザワザワとした気持ちや葛藤が湧いてくるのではないでしょうか。もちろん支援者はAさんのことも、Bさんのことも大切に思っていますし、よい支援をしたいと思っているはずです。しかし、このような場面に遭遇したとき、支援者にはそれだけでは整理できない感情が生じることがあるのも確かでしょう。そして、障害のある人を大切にしたい、よい支援をしたいという気持ちと、整理できない感情のあいだで悩んだり葛藤したりすることがあるのです。

3 感情はどこからくるのか

支援者は、障害のある人のことを大切にしたい、よい支援をしたいと思いながらも、支援中のちょっとした出来事でネガティブな感情を抱いてしまうことがあります。

そのような感情に支援者は悩むことがあるのですが、そもそも「感情」とはどのようなものでしょうか。

「感情」と聞いて思い浮かぶのは、「うれしい」「楽しい」「悲しい」「怖い」「不安」「怒り」といったものだと思います。このような感情を脳のなかでつかさどるのは「扁桃体」というところだといわれています。「扁桃体」は、思考などをつかさどる前頭葉のように後から発達した脳ではなく、多くの生き物がもともともっている原始的な脳といわれていますが、何かを見たり聞いたりしたときに、それが生存にかかわる重要なものかどうかを瞬時に判断する役割を果たしています。外からの刺激や情報が、自分

ひとりで悩まないで——支援者ケアの大切さ—— **233**

にとって有益なものか危険なものかを、思考として考える前に評価して伝える役割を果たしているのです。

つまり、感情は人があれこれ考える前に生じるものであるので、感情を感じないようにしようということはできません。勝手に湧いてくるのが感情なのです。ですから、「こんな感情を抱いてはいけない」「こんな感情が生じるなんてダメなことだ」と思っても、感情が湧いてくるのを止めることはできないのです。言い換えると、感情は人が生きているかぎり本能的に自然と湧いてくるものなので、「抱いてはいけない感情はない」ともいえます。大切なのは、このような「感情」とどのように付き合うかということです。

4 福祉における「感情ルール」と「感情労働」

感情は自然と湧いてくるものだということを確認しましたが、人が社会のなかで生きていくうえでさまざまなルールがあるように、その感情を表に出すことについても社会的なルールが求められることがあります。

例えば、講義を受けているときに昨日の楽しかった出来事を思い出して、ふいに「楽しい」という感情を感じたとします。自然な感情の表出としては、そのようなときは笑顔になったり笑ったりするのですが、講義の時間中はそのような笑顔や笑いをグッとこらえて真面目な顔つきで講義を受け続けるでしょう。それは、講義という場面では、静かに真面目に話を聴くべきだという暗黙のルールがあるためです。

このように感情の表出を場面によってコントロールしなければならないことを「感情ルール」といいます。

感情ルールは、社会のなかのあらゆる場面において求められます。日本の国技である相撲では激戦に勝ってもうれしさをその場で爆発させることは相応しくないといわれます。将棋や囲碁の世界でも、勝負に勝ってもそのうれしさを前面に出すことはありません。これらもそれぞれの競技における感情ルールだといえるでしょう。このような感情ルールは、職業においても求められることがあります。

では、福祉における感情ルールはどのようなものでしょうか。福祉に従事する支援者に対して社会から期待されていることは「誰に対しても優しく親切である」「どのようなときも明るく爽やかである」「人のうれしさや悲しさに常に共感をする」「決して怒らない」ということかもしれません。そのような期待のなかでは、たとえ自分の感情

がどうであろうと表面上は期待されているような表情や態度を示さなければならなくなります。つまり、福祉という職業においては、感情ルールに基づいて、たとえどんなに悲しくてもつらくても、表面上は明るかったり優しかったり見えるように感情の表出をコントロールしながら仕事を進めなければならないのです。

このように社会から求められる感情ルールに基づいて、自分の感情の表出をコントロールしながら従事する仕事を「感情労働」といいます。

この「感情労働」という考え方は、1980年代にアメリカの社会学者アーリー・ホックシールド（Hochschild, A.R.）によって提唱されました。「感情労働」は、肉体労働でも頭脳労働でもない第三の労働形態といわれています。

感情労働においては、自分の本来の感情と、職業として求められる表出が時として一致しないことがあるので、「本当はつらいのに、つらさを見せず笑顔でなければいけない」「本当は悲しいのに、悲しさを表にあらわすことができない」など、感情の葛藤や不協和が生じやすいといわれています。

そして、このような感情の葛藤や不協和が続くと、意識していても意識していなくても、人は疲弊し、ストレスを溜めやすくなります。福祉の支援現場はこのような感情労働としての側面もあるので、支援者が過度に疲弊したりストレスを溜めすぎたりしないように、そのケアをすることが必要なのです。

CHECK POINTS

①支援者は、支援のなかでさまざまな感情を抱くことがありますが、感情は本能として自然に湧いてくるものなので、抱いてはいけない感情はありません。

②職業に求められる感情ルールに基づいて、自分の感情の表出をコントロールしなければならない仕事を「感情労働」といいます。

③福祉の仕事は感情労働の側面もあるので、支援者のメンタル的なケアが必要です。

ひとりで悩まないで——支援者ケアの大切さ—— **235**

第2節　支援者ケアと虐待防止

1 行動障害と支援者の感情

　行動障害のある人の支援をするとき、支援者は大きく感情を揺さぶられるときがあります。例えば、支援者が噛みつかれてしまったり叩かれたりしてしまったとき、支援者は自然と恐怖や怒りなどがこみあげてくることがあるでしょう。また、叫び声を長時間にわたって何度も聞き続けるということもあるかもしれません。そのようなときには、身体的な接触があるわけではありませんが、支援者は緊張感や圧迫感のようなものを感じることもあります。このような場面は行動障害のある人の支援の現場においては決して珍しいことではありません。

　また、行動障害のある人への支援は、支援の考え方やアプローチの方法などを学んでいないとうまくいかないことが多いので、そのような行動に対して何とかしたいと思って懸命に支援をやっているにもかかわらず、何をやっても支援がうまくいかないということが続き、支援者の悩みや疲労感が積み重なってしまうことがあります。

　このようなことをふまえると、行動障害のある人への支援は、通常の支援に比べて支援者の感情のバランスを保つことに、なお一層の注意が必要といえます。

2 行動障害と虐待

　2012（平成24）年に障害者虐待防止法が施行されてから、福祉施設での虐待の件数が公表されるようになりました。その調査結果によると、虐待を受けた障害のある人たちの2割近くに行動障害があるということがわかります（218頁参照）。この数字は行動障害と虐待において深い相関関係があることを示しているといえます。

　では、なぜ行動障害のある人が虐待を受けてしまう可能性が高いのでしょうか。逆の立場から言い直すと、なぜ支援者は行動障害のある人に虐待をしてしまう可能性が高いのでしょうか。

　その大きな理由は調査結果に記載されているように「（支援者の）教育・知識・介護技術等に関する問題」と「（支援者の）ストレスや感情コントロールの問題」に起因するところが大きいと考えられます。「（支援者の）教育・知識・介護技術等に関する問

題」については、強度行動障害支援者養成研修等において学ぶ機会が増えてきました。しかし、「（支援者の）ストレスや感情コントロールの問題」については、まだまだ支援現場においてその認識や対応策が十分に普及しているとはいえません。

　前述したように、行動障害のある人への支援現場では、支援者の感情において葛藤や不協和が生じやすく、その対策がなされないまま放置されると支援者の感情のバランスが崩れやすくなります。よくいわれることですが、支援者が通常の精神状態であるときには虐待は起こりにくいといわれます。現場を離れて虐待防止の研修などを受けているときには、どのような支援者でもまさか自分が虐待を起こすとは考えていないでしょう。しかし、人は精神的に疲弊したり追いつめられたりすることによって正常な判断ができなくなるときがあります。そして、不幸なことに虐待を起こしてしまうときには、その支援者は通常の精神状態ではないことが多いと考えられるのです。

　行動障害の支援現場と虐待の関連性を図にまとめてみました（図10-1）。

　この図であらためてわかるように、行動障害のある人への支援現場で虐待をなくすためには、「学ぶ機会を確保する」ことと「支援者をケアする」ことが必要なのです。

図10-1　行動障害と虐待の関連性

- ・行動障害について学ぶ機会がない。
- ・知識不足、アセスメント不足、技術不足。

- ・支援がうまくいかない。
- ・ときに傷つけられてしまう。

- ・支援者へのフォローがない。
- ・支援者のストレスケアがなされない。

- ・無力感、疲労感、ストレスが蓄積する。
- ・恐怖や怒りの感情をコントロールできない。

- ・力ずくでの対応
- ・虐待

- ・誰も止めない。
- ・修正の仕方を教えてくれない。
- ・虐待の常態化。

CHECK POINTS

①行動障害のある人への支援は虐待に結びつきやすい場合があります。

②行動障害のある人への支援現場で虐待をなくすためには、「学ぶ機会を確保する」ことと「支援者をケアする」ことが必要です。

ひとりで悩まないで——支援者ケアの大切さ——　237

| 第3節 | 支援者をケアする方法 |

1 自分の感情に気づく

　支援者として自分の感情のバランスを取りながら支援を続けていくには、どのようにすればよいでしょうか。

　これまで記述したように、行動障害のある人への支援において支援者は感情の葛藤や不協和を感じることがありますが、支援者はそのような感情を感じてはいけないものだと思い、そのような感情について考えないようにしようとしたり、封じ込めようとしたりすることがあります。しかし、感情は自然と生じるものであり、感情の葛藤や不協和を封じ込めようとしてもなくなるものではありませんので、そのような感情の葛藤や不協和に対しては、見ないようにするよりも、むしろその具体的な対応方法を考えていくことが大切になります。

　自分の感情の葛藤や不協和に対応していくためには、まず自分の感情がどのような状態にあるのかを意識することが必要になります。感情の葛藤や不協和を抱えたとき、支援者は「いつもと同じ状況なのに緊張する」「職場にいく前に億劫な気持ちになる」「なぜかイライラしてしまう」など、いつもと違う何かしらの違和感やモヤモヤとした気持ちを感じることがあります。そのような違和感やモヤモヤした気持ちは、実は感情のバランスが少し悪くなっているというシグナルでもあります。それは決して悪いことではなく、脳や体からのシグナルですので、素直に「自分はちょっと感情のバランスが崩れてきているかもしれない」という気づきとしてとらえることが大切です。

　では、支援者として自分の感情のバランスが悪くなってきていることに気づいたら、どのように対処すればよいでしょうか。ここでまず確認しておきたいのは、感情のバランスを取るためには、個人で対処できることと個人では対処できないことがあるということです。個人で対処できることであれば、普段の職場環境において個人がセルフケアを意識して取り組むことで解決ができるかもしれません。しかし、自分では冷静に対処できないほどの感情状態にいるときや、個人では解決できない環境の変更などが必要なときには、セルフケアだけでは解決できませんので、チームや組織による取組みが重要となります。

2 自分の感情のバランスを保つために

　自分の感情をコントロールするための方法はいくつか考えられます。

　まずはそのような違和感やモヤモヤした気持ちをなかったかのようにして自分のなかで抑制するということが考えられますが、これは前述したように好ましい方法ではありません。感情の葛藤や不協和はどんなに抑制しようとしてもなくなることはありませんので、抑え込んでも根本的な解決にはなりません。むしろ、そのような感情をもってはいけないと自分のなかで抑制しすぎると、いつか抑制していたものが収まりきれずに爆発してしまい、「バーンアウト（燃え尽き）」してしまうことがあります。そのような状態になると、職場に行くことができなくなったり、自分の生活自体に大きな影響を与えてしまうことにもなりかねません。たとえネガティブな感情であっても、感情は自然と湧いてくるものですし、感情労働としての支援にかかわるかぎり、そのような感情からくる葛藤や不協和は誰にでも起こりうる可能性があるので、その状態をまずは自分でも認めたうえでどうするかを考えたほうが解決に結びつきやすいのです。

　抑制をすることが自分にとってよくないことだとすると、葛藤や不協和を生み出す感情をなんとか外に出すことが、感情のバランスを取るために重要だということになります。実際に、自分の気持ちや感情を何らかのかたちで出すことは、精神的なバランスを保つために非常に大切だといわれています。

　自分の感情を出すためには、誰かにその感情や気持ちをありのままに話すことが一番よい方法です。しかし、誰かれ構わず場所も選ばずに自分の感情をぶつけてしまっては、当然その人との人間関係や信頼関係に影響してしまいますし、職業上の守秘義務違反をしてしまうことにもなりかねません。自分の感情や気持ちをありのままに話すときには、信頼できる人に、何を話しても大丈夫という環境のなかで話すということも大切です。

　もし、身近にそのようにありのままに話せる人がいない、信頼できる人がいてもどうしても話すことができないという場合には、守られた環境のなかで安心して自分の感情を出すことができる専門的なカウンセリングを受けるという方法もあります。または、医療機関などで専門医に相談してみる方法もあります。

　また、誰かに対して自分の感情を打ち明けるのではなく、自分で取り組むことがで

きる方法もあります。その1つが「筆記開示」という方法です。筆記開示は心理療法の一つですが、自分が経験したネガティブな経験について、感情や思考を包み隠さずに書き記すというものです。誰かに見せるわけではありませんので、より自分の気持ちをストレートに出せるかもしれません。書き記すだけでも自分の感情を外に出すことになり、感情のバランスを保つためには有効だと考えられています。

　自分の感情や気持ちを出すいくつかの方法をあげましたが、いずれにしても、自分の感情のバランスを保つためには、ネガティブな感情を抑え込んでしまうのではなく、何らかの方法で外に出すほうがよいということは覚えておいてほしいと思います。

　ほかにも、気持ちが晴れないときやイライラしたときには自分の好きなことをするなど、別のことに意識を向けたり発散したりすることも、感情のバランスを保つための有効な方法だといわれています。趣味であったりスポーツであったり、好きなことは人それぞれで違うと思いますが、自分の好きなことをしている間はあれこれ考えずに無心になることができ、そのことが自分の感情のバランスのためにも役に立つのです。そのような時間をもつためにも、普段からしっかりと休みをとって、仕事から離れる時間をつくることが大切です。

3　仲間を守るためのチームケア

　福祉の仕事はチームアプローチが基本です。人の生活を支えるという仕事は1人のスタッフでできることではありませんので、当然のことながら複数のスタッフでチームをつくって支援をしていくことになります。同じチームで一緒に仕事をしているスタッフは、お互いに支援の楽しさや大変さ、達成感や困難さなどを共有する仲間でもあり、職場のなかで何より大切な存在です。

　そのような同じチームのスタッフが、何かしらの悩みを抱えていて明らかに浮かない表情が続いていたとします。もしかしたらそのスタッフは前述のような感情の葛藤や不協和を感じていて、自分だけではどうしても解決できずにいるのかもしれません。そのようなとき、身近にいる私たちはどうすればいいでしょうか。

　ここでは、悩みを抱える人を周囲の人が支える方法をいくつかあげてみたいと思います。

　まず考えられるのが、その人の悩みを解決するために必要なきっかけや手順、解決に役に立ちそうな情報を伝えることによってサポートをすることです。例えば、支援

がうまくいかなくて悩んでいる人には、支援の方法や自分の経験などを伝えて本人が解決することを後方から支援することなどが考えられるでしょう。

次に考えられるのが、実際にその人が悩んでいることに一緒に取り組むという方法です。ある特定の利用者への支援に悩んでいる人には、一緒に支援に入ってその大変さや難しさを共有し、一緒に解決方法を考えて実施してみるということも考えられます。事務的な負担で悩んでいる人には、その事務を一緒に手分けしたり分担したりすることでその人の負担を減らすということも考えられるでしょう。

これらはその人が悩んでいることに対して具体的にサポートするという方法ですが、それ以外に悩んでいる人の気持ちをサポートすることも考えられます。

その1つが、その人がしていることやその人自身のすばらしいところをあらためて伝えることです。人は悩んでいるときには、自分への自己評価や自己肯定感が低くなるものです。今は悩んでいても、その人のすばらしさはきっとあります。その人ができていること、その人のよさをあらためて伝えることで、自分に自信を取り戻してもらうことはとても大切なことです。

そして最後に、その人の悩みをしっかりと聴くということです。その人が悩んでいることを評価せず、聴き手の価値観を押しつけず、傾聴したり共感することです。悩んでいる人にとってまず必要なことは、自分のなかの感情や気持ちを外に出すということです。誰かがその人の感情や気持ちを聴くだけで、本人のなかでの感情のバランスがよくなり前向きに考えていくことができるかもしれません。

仲間の誰かが悩んでいるとき、周囲のスタッフがこのようなことを心がけておくことで、その人は悩みを自分のなかに抑え込みすぎず、またチームで孤立してしまうことなく、ずっと一緒に支援に取り組んでいくことができるでしょう。

ひとりで悩まないで——支援者ケアの大切さ—— **241**

4 スタッフを守るための組織的ケア

　現場で懸命に支援に取り組んでいるスタッフが悩んでいるとき、そのスタッフを守ることは組織としてとても大切なことです。スタッフに心身ともに健康で前向きに職場で働いてもらうことは、障害のある人たちによい支援を行うためにとても大切なことでもありますし、組織の支援の質を保っていくためにも不可欠です。また、事業の継続性や組織の活性化のためにもスタッフ一人ひとりが前向きに仕事に取り組むことができることをサポートしていくことは重要です。

　そのために組織としてまずやるべきことは、一人ひとりのスタッフが孤立しないように、行動障害のある人の支援を担当の支援者だけに任せるのではなく、組織としてバックアップするような仕組みや雰囲気をつくることです。

　そのうえで、スタッフに過度に負担がかかりすぎないように、無理のない体制をつくったり、交代勤務でしっかりと休みをとってリフレッシュできるようにすることも大切です。

　行動障害と虐待の関連性の図でも示したように、スタッフが支援に行き詰まって感情のバランスを崩してしまうと虐待につながってしまうリスクも高くなりますし、疲弊感から離職に結びついてしまうこともあります。

　そうならないためには、支援に関してスタッフがしっかり学ぶことができる機会や環境をつくることも大切です。そして、実際に悩んでいるスタッフを孤立させたり放置したりせずに、チームとして、組織としてケアをしていくことが必要です。

最近は「ラインケア」という言葉をよく聞くようになってきました。ラインケアとは、職場における上司が部下の「いつもと違う」様子にいち早く気づいて必要なケアを行うことをいいます。職場における上司は、よい意味でも悪い意味でも部下にとっては影響力が大きい存在です。上司の立場にいる人が、部下のできないことを責めたり、無関心のような態度をとるのではなく、部下の悩みごとに対して必要なサポートをしたり、相談にのったり、できたことを評価したり、心身の状態に気を配ったりすることで、スタッフが安心して働くことができ、現場でよい支援ができるようになるのです。

5 障害のある人も支援者もハッピーに

福祉の仕事は人と人とのかかわりが基本です。人を相手にする仕事では自分の感情が揺れることもあるということを述べてきましたが、人を相手にする仕事だからこそ、他の仕事では得られない喜びや楽しさがたくさんあることを、福祉にかかわる多くの人たちが実感していると思います。

私たちも福祉の仕事に携わるなかでそのような経験をしてきた者として、福祉という仕事のすばらしさをもっと多くの人たちに知ってもらいたいと思いますし、いま福祉の現場で懸命に障害のある人たちにかかわっている支援者のみなさんに、これからも心身ともに健康で福祉の仕事のすばらしさを感じながら利用者にずっとかかわり続けてほしいと願っています。

私たちの願いは、障害のある人たちが社会のなかで人生の主人公として自分らしく幸せに暮らしていくことです。そして、障害のある人たちが幸せに暮らしていくためには、支援をする私たち自身も自分らしく、幸福感を感じながら、前向きに支援ができることが大切です。

支援者のみなさん、どうか自分を大切にしてください。そして、一緒に働く周りの人たちを大切にしてください。

障害のある人も支援者も、みんながハッピーになる――そんな福祉を目指して、未来に向かって一緒に歩んでいきましょう。

CHECK POINTS

①支援者の精神的なバランスを保つためには、自分の気持ちや感情を何らかのかたちで出すことが大切です。

②支援者の誰かが悩んでいるときには、一緒に支援に取り組んでいる周囲のサポートが大きな力となります。

③現場の支援者が悩んでいるときには、組織として支援者を守る取組みが重要です。

[**参考文献**]

Arlie Russell Hochschild (1983), *The Managed Heart: Commercialization of Human Feeling*, University of California Press. (＝石川准・室伏亜希訳 (2000)『管理される心──感情が商品になるとき』世界思想社).

末安民生 (2017)「第10章　ひとりで悩まないで─支援者ケアの大切さ─」特定非営利活動法人全国地域生活支援ネットワーク監修，牛谷正人・肥後祥治・福島龍三郎編『行動障害のある人の「暮らし」を支える─強度行動障害支援者養成研修テキスト［基礎研修・実践研修］テキスト─　第2版』中央法規出版.

関谷大輝 (2016)『あなたの仕事、感情労働ですよね？』花伝社.

浦　光博『支えあう人と人─ソーシャル・サポートの社会心理学─［セレクション社会心理学 (8)]』サイエンス社.

厚生労働省 (2017)「平成28年度『障害者虐待の防止、障害者の養護者に対する支援等に関する法律』に基づく対応状況等に関する調査結果報告書」

| 事例 17 | 受入れ先がない状態から少しずつサービスを使って通所できるようになったアイさん |

| 名前 | アイさん | 年齢 | 34歳 | 性別 | 女性 |

利用している主なサービス 生活介護・行動援護

✻ アイさんのこと

アイさんは重い知的障害のある女性です。また、自閉スペクトラム症の診断は受けていませんがそのような特性をもっている人です。喃語のような発語はありますが、理解も含めて言葉のやりとりは困難です。1人で過ごしているときは皮膚をかきむしるような自傷行為もあります。それ以外にはご飯粒を手で丸めて遊んだり、広告紙を丸めて遊んだりしています。また、時々、壁に頭を打ちつけたり、家族や支援者に突進して手が出たり、屋外では急に走り出したりすることもあります。

現在は自宅で両親と暮らしています。最近は両親も高齢になり、アイさんの生活について将来への不安を口にしています。

✻ アイさんのこれまで

アイさんの小さい頃の話です。言葉は初めから発することなく、兄弟と比べても這う、座る、歩くなどはすべてにおいて遅かったとのことです。しかし、歩くようになってからは手を放すと鉄砲玉のように走り出してどこへ行くかわからない状態だったようです。

特別支援学校の小学部、中学部を経て、卒業後は市内の通所事業所へ通っていました。また、自宅では父親とさまざまな場所へ出かけるようになりましたが、時々近くの店に走り出したり、近くの人に体当たりしたりするようになりました。何かの訴えや要求が理解してもらえないときには悲しそうに大きな声で泣きながら支援者へ手を出すこともありました。

アイさんの体も少しずつ大きくなり、通所事業所利用においても、人への体当たりや壁へ頭を打ちつけること、職員への他害行為などが目立ち始めました。そして30歳になる頃には通所することが困難となり、家庭のみの生活を余儀なくされてしまいました。

それから1年ほどが経過し、相談支援事業所もその経過や様子を心配し、他機関と連携をとりながら、ヘルパー2人による行動援護を活用して散歩などの外出を行えるようになりました。そして少しずつ慣れてきた頃から、何とか通所サービスを再開できないかと検討を重ねました。しかし、なかなか受け入れ可能な事業所が見つかりませんでした。結局、市内では難しく隣市も探すようになりました。そして、ようやく隣市の生活介護事業所が利用可能となりました。

その事業所はアイさんのような人たちをグループとした「活動所」を展開し始めた頃でした。自閉スペクトラム症の人たちで重度の知的障害があり、他の事業所が受け

入れ困難な人たちを地域の役割として積極的に受け入れて支援を行っていました。

＊アイさんの今

　事業所の利用は週3回から始まりました。お互いに慣れていく期間として事業所と両親と一緒に考えました。事業所としても「受け止めが困難です」とならないように、責任をもって受け入れたいと考えました。そして1年ごとに週1日ずつ日数を増やして、現在は週に5日通所できるようになりました。

　当初は他の利用者や職員への体当たりや頭を壁に打ちつけて破損することが何度もありました。当初は職員も困惑しましたが、外部研修などで学びながら、一貫した対応ができるように責任者を固定したチームをつくり、細かな手順など検討を重ね、少しずつ理解を深めました。また、アイさんに限らず、支援の行き詰まりを特定の職員が抱え込まないようにするためにチームでのアプローチを意識したシフト調整を行いました。

　体当たりについては、近くに不特定多数の人がいるとアイさんも気になって突進しているように感じました。また、急に人が近づいて来たりするときに、本人が不安な様子もみられました。そこでアイさんがリラックスできるように強い刺激を避けた「自分スペース」の場所を確保しました。本人が気になっている空間は棚を活用して見えないように環境を整えました。

　壁へ頭を打ちつける行為については、時間を持て余したときの1つの行動として行っているような様子でした。そこで、紐を結ぶ作業が得意なアイさんの強みに着目し、来所後の待ち時間と昼食後の休憩時間に視覚的にわかりやすい棚を準備して「1人でできる活動」を設定しました。今では本人も見通しがもて、自分で準備や片づけも行っています。

　現在、他害行為や自傷行為は大きく減少していますが、職員には不安もあるようです。生活介護事業所では常時個別対応は難しく、午前中の歩行では職員1人でアイさんのような人を2人以上対応しなければなりません。また、日によって利用する人々の変更がある毎日の送迎では、運転中に他害行為がある際にはどう対応するのかなど、いくつかの難しい場面についてさらに検討を重ねています。そして、将来の生活へ向けてショートステイ活用も視野に、日々奮闘しています。

事例 18	スタッフとの安心できる人間関係ができて落ち着いてきたイワオさん

名前 イワオさん　　**年齢** 28歳　　**性別** 男性
利用している主なサービス グループホーム・生活介護

✳ イワオさんのこと

イワオさんは自閉スペクトラム症と重い知的障害のある男性です。

2・3語文程度の言葉を滑舌よく早口で話します。話す内容は情報や物の要求と説明に限定されやすく一方的になりがちです。細部に注目が行くという特徴が強く、人や物事の変化があると、不安からさらに細部への注目が強くなり、気になったものが無視できず、破壊してしまうこともあります。また、適量や適度を自らコントロールすることが難しく、髭を剃りすぎたり、見えているものがすべてなくなるまで食べようとしたりすることがあり、支援の方法や環境に配慮が必要です。

✳ イワオさんのこれまで

イワオさんは2歳になっても言葉がなく、目を離せないほどの多動でした。

3歳児健診の頃、自閉スペクトラム症と診断されました。4歳から通所施設に通いますが、床にゴロゴロ寝そべって過ごすことが多く、みんなと一緒の活動に促しても拒否する様子が見受けられました。5歳頃からは、目を離している間に、家に買い置きしている大きなジュースを何本でもすべて飲み干してしまうようなことがあり、食べ物等の量をコントロールすることに難し

さが目立っていきました。止めたり、ダメと声かけをするとガラスを蹴ったり物を壊すことも増え始めました。中学部の頃には体も大きくなり、本人が強気に向かえば要求を聞いてくれる母親に対して攻撃がどんどん強くなっていったとともに、無断外出で女子トイレをのぞいたり、女性に至近距離でついて行ったりして補導されることがたびたびありました。警察からは「家から出さないでください」と言われ、在宅生活を断念し、生活を整えるために障害児入所施設へ入所しました。1日の見通しや暮らしやすい環境設定をしていた一方で、思いどおりにいかないことやさまざまな不安は、テレビやエアコン、照明等、あらゆる物の破壊に向かうこともありました。時には、髭などの毛を抜いたり、爪を剥ぐ行動に現れることもありました。そのような破壊行動がたびたびありながらも、障害児入所施設でイワオさんの生活を支えていましたが、イワオさんも18歳になり、一定年齢に達したため施設を退所することになりました。そこで、地域のグループホームがイワオさんを支えることになりました。グループホームに入居するにあたっては、それまでかかわってきた施設よりイワオさんのそれまでの状況や特性など細やかな情報を引き継ぎ、受け入れる環境を整備しました。綿密な引継ぎを受けたうえで移行とな

事例18 ● スタッフとの安心できる人間関係ができて落ち着いてきたイワオさん

り、初日からしばらくは破壊等の行動もなく穏やかに過ごしていました。しかし、2週間後にはそれまでいた施設のときと同じように、照明やエアコン・トイレ・天井など、さまざまな物に破壊が及んでいました。その頃は破壊行為の連続で、行動の分析や対策の立案が追いつかず、支援の難しさがありました。また、破壊によって壁や天井から電線が露出するなど、重大な事故につながりかねない緊急の事態への対策も、体制や対応のスピード等あらゆる組織力を要しました。また、破壊が起きた後の修繕に伴う、保険会社とのやりとりや保護者との連絡調整等、表面的にはみえにくい負担もありました。入居当時から1日の予定を視覚的に提示したり、必要な情報を紙に書いて伝えたりと変化への不安の軽減に配慮してきましたが、イワオさんが職員に対して安心感を得るようになるまで、構造化や行動分析による対応をしていても、破壊等の行動は現れていました。

✻ イワオさんの今

数年経過した現在、破壊行動は激減しています。それはかかわるスタッフを事前に視覚的に伝えたり、かかわり方を統一したりと不必要な変化がないよう配慮したことだけではなく、イワオさんが安心できる人間関係を形成できたからかもしれません。過去に外出先でさまざまなトラブルがありましたが、今ではコンビニエンスストアやファーストフード、水族館や服を買いに行くこと等、不適切なかかわりもなく少しずつ活動範囲を広げることができています。入居から4年以上経った今も小さな破壊はありますが、人やものの変化のほか、その時々で必要のないものが視界に入ってしまうと無視しておくことが困難で破壊につながるため、今では寝るときにだけ布団を渡すなど居室空間の簡素化をしています。爪や髭はスタッフが定期的にケアをしたり、さらに爪を切ることや髭を剃ることを要求する場合には、終わるべき理由や多少のびていても大丈夫であることを本人に伝え対応することによりトラブルはなくなりました。また、エアコンなど、体温調整に欠かせないものに関しては必要なときだけ出すような配慮は難しいので、冷風や温風だけ出るようエアコンに壊れないカバーをつけています。

そして、原因の振り返りや同じことを繰り返さないためのスタッフ間の連携を工夫して行っています。

コラム 7

組織で取り組むことの大切さ

　支援をするうえで大切なことは、障害のある人にかかわるすべての支援者が同じ方向を見て進むことだと思います。過去には支援論についての複数の考え方があり、論争も起こりましたが、これまでの実践のなかで確立してきた多くの人に有効で科学的に根拠のある支援方法が、本研修でも報告されています。

　歴史の長い当施設では、さまざまな考え方、支援技術をもった職員がいます。「職員にも個性があり、その人らしい支援方法があっていい」とか、「利用者との関係性が大切で、それは時間をかけて構築される」という考え方です。私を含め支援技術や障害特性を科学的にとらえることがなかなかできませんでした。利用者も職員に合わせて対応を変えていました。

　居宅支援の現場では、ヘルパーが個々に違う支援をしているために、利用者が混乱してパニックになっていました。私はヘルパーが支援計画や手順書に合わせて同じ支援を提供することが大切だと思いましたが、「自分のときにはパニックにならない」とか「パニックを何とかやり過ごしているから大丈夫」などの理由で、ばらばらの支援になっていました。そして1年後には、利用者が各々のヘルパーに合わせて動くようになっていたのです。これではお金を払って支援を受けているのに適切な支援を受けられないばかりか、支援者の様子を見ながら合わせている利用者に、頑張りを強いていると感じました。

　その後、行動援護の中央研修を受け、やはり今の支援のあり方は間違っているのではないかと思いました。

　「自分の職場を変えたい」——そのためにどうしたらよいかと考え、構造化支援のコンサルテーションを受けるため、先進的な取組みをしている社会福祉法人に相談しました。法人内では、管理職の会議に提案し承認をもらいました。もともと職種別・階層別に重層的な研修計画を作成していましたので、支援技術の研修として構造化支援を組み込み、新人研修にも障害特性を学ぶ機会をつくりました。

　また入所施設のサービス管理責任者には、行動援護研修受講を必須とし法人内で研修を実施しました。しかしながら、「職員が利用者を管理しようとしている」「職員が思いどおりのロボットのように動かそうとしている」「障害特性で支援を変えるのではなく、ありのままのその人を受け入れるべきだ」などの批判が起こりました。新人職員は困ったときに相談する先輩によって、指導される支援方法が異なるので混乱し、一番自分が取り組みやすい安易な方法に流れていってしまうということも実際に起こっていました。

　支援方針を合わせるための外堀を埋める（組織の手順を踏む）ところから取りかかりましたが、本当に現場で必要だと思って実践してくれなくては意味がありません。そこで、サービス管理責任者1名をコンサルタントを派遣してもらっている社会福祉法

コラム7 組織で取り組むことの大切さ

人に1か月間研修に出し、園内でも助言ができる職員の育成を行いました。

当施設にはさまざまな部署があり、さまざまな障害特性の人がいます。すべての部署が足並みを揃えて取り組むことは不可能だと考えましたので、構造化支援が合っていると思われる利用者の多い部署、この方法に興味を示してやってみようと思える職員がいる部署から始めました。

「下肢が麻痺している人には車いすを使ってもらい、移動手段を確保します。車いすを降りて這って行けとは言わないでしょう。自閉スペクトラム症の人にわかりやすい構造化支援を入れることはそれと同じです」という講師の話に、スタッフはまだまだ抵抗感をもっていました。「構造化支援を取り入れるべきか？」というところで、何度も立ち止まって検討するため、一向に進みません。また、うまくいかないと、自分たちのつくったツールがその利用者に合っていないとは考えず、「この人には構造化支援が合っていない」と判断して止めてしまうこともたびたびありました。

しかし、当施設の利用を始めて間もない自閉スペクトラム症の利用者が作業工程にスムーズに入れるよう、スケジュールや手順書を作成して試したところ、すぐに正しい方法を理解してくれました。この利用者には、グループホームでもスケジュールなどを取り入れ、生活のなかで一貫した支援ができるようにしました。

成功例に自信をつけたスタッフにより、支援の質が上がってきました。部署ごとの取組みには温度差があるものの、アセスメントに基づく支援が広がってきました。

1人の利用者の支援について、日中の活動・学校・余暇・家庭生活のすべてに同じ方向性の支援をしていくことで、本人にとってわかりやすく、暮らしに見通しがもて、安定した気持ちで生活できるだけでなく、自分で次の活動を考え伝えてくれるようになります。利用者も常に人にかかわられているより自立的に動くほうがよいのです。

二次障害をつくらないためにも、みんなが学び、想いを1つにして実践していきましょう。気づいた人が動くところから始まります。自分らしく生きようとする障害のある人の力を信じ、寄り添い、本人の思いを確認しながら進めていきましょう。そして結果は、組織全体で取り組むことによって生まれてきます。

本多　公恵（社会福祉法人滝乃川学園地域支援部管理者）

第11章 豊かな世界
── 行動障害のある人のもつ可能性 ──

行動障害のある人の才能や豊かさ

1 行動障害のある人とアート

　行動障害と呼ばれる行動の1つに、何度も繰り返される行動、あるものへ固執するということ（こだわり）があります。これらの行動のなかに、本人の豊かな世界を知る手がかりが詰まっていることに気づくことが、私たちの仕事をもっと楽しく、もっと好きになることにつながるということを、この節ではお伝えしたいと思います。1人の行動障害のある方の「アート」にまつわるエピソードから考えていきましょう。

　ヤマオカさん（仮名）は、知的障害を伴う自閉スペクトラム症の男性です。簡単な言葉は理解できますが、自身はほとんど言葉を話しません。普段は、音楽を聴きながら体を揺らしたり、電車を眺めたりすることを好みますが、自分のパターンが崩れたり、見通しが立たなかったり、自分の要求が叶わないことに納得できなかったりするときには様子が一変します。ガラスを割る、近くにいる人に頭突きをする、噛みつく、蹴るなどの行動で気持ちを表現します。30代のヤマオカさんは体格がよく力も強いので、頭突きをされたり、蹴られたりすると、大きなけがにつながることもあります。このような行動が小学校高学年から目立って現れ始め、成長するにつれて「他害行為や破損行為をする、支援が難しい人」というように受け止められ、なるべく刺激のない1人の環境を提供するようになっていました。

　一方でヤマオカさんは、中学生の頃からずっと続けていることがありました。ノートを使った制作です。字のような記号のようなものを書いているようなのですが、最後に一部を除いてそれを全部塗り込めてしまうので、絵画とも、文章とも言い切れず、何とも分類しがたいものです。1日1頁のペースで繰り返された制作は、ノート100冊近くに及びます。ヤマナカさんはそれを暮らしている施設の自分のタンスにしまっています。

　ヤマオカさんの「ノート制作」は、家族はもちろんのこと、過去にかかわった支援者も知っていました。そしてそのノートを、塗り残された一部と塗り込められた部分が、繊細さと力強さの両面をもっていておもしろいと思っている人もいました。しかし、長年当たり前のように行われている行為だということ、作品として制作しているようには見えなかったこと、そして何よりヤマオカさんが大切にしているものに触れるなどして、ヤマオカさんの不穏な行動を引き起こすのを心配するあまり、誰も触れ

ずにいました。ある年、ヤマオカさんが暮らしている施設に、新たにカワカミさん（仮名）が支援員として加わりました。カワカミさんは、前職でも知的障害のある人を支援していました。カワカミさんは、施設に暮らすヤマオカさんたちを支援するなかで、ヤマオカさんの「ノート制作」に気づきます。カワカミさんはそのノートが放つ強烈なエネルギーに魅力を感じ、この魅力をもっといろいろな人にも届けたいと思いました。カワカミさんは、周りの支援員にそのことを伝えると、ほとんどの人はあまり関心を示してくれませんでしたが、何人かの人が共感してくれました。カワカミさんは共感する支援員とともに上司にも相談し、どうしたらいろいろな人に見てもらえるか、そしてどうやってヤマオカさんにそのことを伝えるかについて話し合いました。伝えるためのいくつかのアイデアを出し、見てもらう方法として公募展に応募するのはどうかということで話はまとまりました。ヤマオカさんの両親にもそのことを伝えると「あれがそんなにおもしろいですか？」と不思議そうにしながらも、本人が了解を示すなら応募してよいと言ってくれました。

　まずはヤマオカさんの部屋を訪ねて制作の様子を見せてもらうことにしました。最初は怪訝(けげん)そうにしていましたが、カワカミさんたちがノートに好意や関心をもっていることが徐々に伝わり、制作を見せてくれるようになりました。それから時間を見つけては、制作の様子を見せてもらうようにし、それを繰り返すうちに塗り込められた下にはヤマオカさんが大好きな電車の名前と運行経路、車両番号などが書き込まれていることがわかり、さらにはノートを貸してくれるようにもなりました。「公募展に応募する」という意味はどうしても伝えられず、そのようななかで出展してもよいのか迷いましたが、展示されている様子をヤマオカさんに見てもらい、本人がいやそうな様子を見せたらよそに出すのは止めようと決め、両親にも了解を得ました。応募したところ、ヤマオカさんのノートは受賞しました。展示会場で自分のノートを見たヤマオカさんは、特に反応もなく会場を一周しました。ただ、会場内で行われた授賞式では機嫌のよいときにうたう歌を口ずさみ、いつもなら苦手とする賑やかな場に最後までいることができ、自分が紹介されたときには笑顔で来場者に手を振り、両親やカワカミさんたちを驚かせました。その後、ヤマオカさんのノートはアール・ブリュット展を主催する団体から出展のオファーを受け、アール・ブリュット作品として国内外で展示さ

れるようになりました。ヤマオカさんは以前と変わらない生活をしています。混乱したときに攻撃的な行動が出るのも変わりません。でも、カワカミさんたち支援者は、ノートを通じてヤマオカさんの新たな一面をたくさん発見しましたし、ヤマオカさんは何かを要求する以外にもカワカミさんたちにコミュニケーションを求めるようになりました。

ヤマオカさんが当たり前のように繰り返していたことを、カワカミさんが「作品」という目線をもってとらえ直したことにより、ヤマオカさんのノートの見方が変わり、ヤマオカさん本人の見方も変わったであろうことは想像に難くありません。

アートというと、障害福祉サービス事業所において活動時間が設けられ、その時間活動し作品を生み出すというイメージがあるかもしれません。または余暇支援としてアトリエ教室に通うことをイメージするかもしれません。もちろんそういう活動から生まれるアートもありますが、日々繰り返される行為から生み出されるアートもあることがわかると、その行為自体もアート活動とみることができます。

2 アール・ブリュットとは

ヤマオカさんのノートがアール・ブリュット展に出展されたとありましたが、「アール・ブリュット」とは何でしょう。

この言葉はフランス人の画家ジャン=デュビュッフェ（1901～1985）により生み出されました。「アール（Art）」は「アート」、つまり芸術を表し、「ブリュット（Brut）」は「生の」「加工されていない」「原始的な」ということを意味し、日本語では「生の芸術」と訳されます。既存の美術教育や文化の潮流に影響を受けず、制作リズムも表現方法も自分のルールに基づいて作られる独創的な作品を指します。デュビュッフェは、従来の西洋美術の価値観を否定する意味でこの言葉をつくり、精神科病院の患者や庶民階級の独学者、受刑者、霊媒師などの作品のなかに価値を見出します。一方、「胃弱の人や膝の病気の人の芸術がないように、狂人の芸術などない」と表すなど、芸術を創造することに病気、障害の有無は関係ないことを説いています。彼が蒐集した作品はスイス・ローザンヌ市にある「アール・ブリュット・コレクション」に収蔵されており、現在でも観ることができます。

近年は、日本のアール・ブリュットが国内外で注目を集めています。2008（平成20）年のアール・ブリュット・コレクションでの企画展を皮切りに、フランス・パ

リ、イギリス・ロンドンなどヨーロッパ各地で日本のアール・ブリュット展が開催され、国内のあちらこちらでも開催されるなど多くの人を魅了しています。

　アール・ブリュットは障害のある人のアートを指す言葉ではありませんし、障害のある人がつくった作品がすべてアール・ブリュットと呼ばれるわけでもありません。しかし、日本でアール・ブリュットとして紹介されている作品のつくり手に、障害のある人が多いことも事実です。日本のアール・ブリュットは、障害福祉分野からの発信が先行したことで、障害のある作者が生み出したアール・ブリュットが多く発見されているともいえます。このことから日本においては障害福祉ととても緊密な関係にあります。2017（平成29）年には、「2017ジャパン×ナントプロジェクト」という日本の障害者の文化芸術による総合的な国際交流事業が行われました。これは、日本の障害者にまつわる豊かで魅力的な文化芸術があることを知ったフランス・ナント市の芸術関係者が開催のきっかけとなっていますが、その人物が日本の障害者のさまざまな文化芸術の存在に気づいたのも、アール・ブリュットを通じてでした。だからといって、これらのことが障害福祉分野の出来事に限定されているかというと、そうではありません。公立の美術館においてもアール・ブリュットを収蔵する動きがありますし、前述の「2017 ジャパン×ナントプロジェクト」は、文化庁の主催でもあります。また、美術、教育、医療、商業、科学などさまざまな分野の人たちが関心をもっており、新たな領域同士のつながりをもたらしているという事実もあります。

　アール・ブリュットを観た人の多くは、その作品のもつ力に大きく心を動かされます。それと同時に、「この作品はどんな人がつくったのだろう」「どうやってつくったのだろう」「どれくらいの時間をかけているのだろう」という作品の背景、つまりは作者への関心が湧きます。また、「作品内にたくさん散りばめられているモチーフはこうい

写真11-1 「2017 ジャパン×ナントプロジェクト」オープニング（2017年 ナント）（photo：大西暢夫）

うことを意味するのでは」とか「この絵は作者にとって生きることそのものなのではないか」など、自分なりの解釈がたくさん浮かび、それを誰かと共有したくなります。美術の専門家でなくても、普段はアートが好きと言っていない人でもです。このように、アール・ブリュットは、垣根が高いと感じてしまうアートを、本来誰のそばにもあるものだということを認識させてくれる力ももっています。

3 行動障害のある人をとらえ直すアートという視点

行動障害のある人を支援していると、問題となっている行動に目を向け、原因を考え、どう予防的に回避したり対処したりするかを考えるのが先で、アート活動なんてありえないと思うかもしれません。しかし、ヤマオカさんの例を通してお伝えしたとおり、時間と場面を設定するだけがアート活動ではありません。アートという言葉に距離を感じるということであれば、その人が表すもの「表現」と考えてみてもよいかもしれません。

「行動障害のある人」という匿名化され、カテゴライズされた人ではなく、一人ひとりの人間であるということに目を向ける必要があることを、このテキストでは一貫して伝えてきています。頭ではわかっていても、目の前で繰り返される行動上の問題がその人をとらえるうえでの大前提となってしまい、その人の別の面をとらえる方向に気持ちが向きにくいということもあるかもしれません。ここでアート、表現ということが、本人をとらえ直すのに有効な1つの視点といえます。いつもは困った行動につながりがちな常同行動やこだわりが、強みとして立ち現れることがあるからです。その人の表現として生み出されるのは、絵や造形物、何にも分類しがたいものなど何らかの形になるものもあれば、歌やダンス、何とも分類しがたい動きも含めたライブパフォーマンスのようなものまで幅広くあります。それを本人の表現として気づくことができる一番身近な存在なのが、家族や支援者であることは間違いありません。「表現」としてとらえたとき、本人の一側面、一世界を新たに知ることができる大きなきっかけになるでしょう。たとえるなら、本人とつながるパイプが加わる、経路が見つかるというイメージです。このように困った行動のなかには、アートとしての視点をもって見ると、別の見方ができるものもあるかもしれません。

また、アートという視点が大事なことの理由に、行動障害のある人が、福祉や医療、心理領域の対象者として何らかの支援や治療を受けるという受動的な存在だけではな

いということに気づかせてくれるということもあります。表現を「アート」としてみると、作品を生み出す主体であり、芸術文化の価値を発信する人です。こうなると、支援する人・支援される人という関係が変わり、作品を観る人・その作品を生み出す人という、与える・与えられるという関係が逆転します。このことは人間と人間との関係として極めて当然であり大切なことです。もちろん、支援する立場であることを忘れてはならないのですが、その大前提としては同じ人間であるという尊重が必要なのです。1つだけ気をつけなければならないのは、行動障害のある人の常同行動、こだわりのすべてが表現活動につながり、誰もが芸術の才能をもっているという一方的な見方をしてしまうことです。支援者の都合でその人に表現活動を押しつけることは誤りであり、気をつけなければなりません。

　行動障害のある人にとってのアート、表現は、家族・支援者にとって、本人の多面性、重層性を知るうえで大きな手がかりになることは間違いありませんが、本人にとってはどういうことなのでしょう。これは千差万別です。自分が存在する世界とつながる方法として表現している人もいれば、クセのような行為の繰り返しである人もいますし、他の人がしているのを見て影響されたという人もいるでしょう。私たちが思いもよらない動機に基づいている人もいるかもしれません。なぜこの人はこのような表現をしているのか、そしてこの表現にはどんな要素が込められているのか——そう考えていくと興味は尽きず、その人をわかろうという気持ちを保ち続けることにも「アート」という視点が役立ちそうです。いずれにしても、アートという視点で支援している人に出会い直してみると、私たちの仕事の新たなおもしろさを発見できる——このことに気づかない手はありません。

CHECK POINTS

①行動障害と呼ばれる行動のなかには、本人の豊かな世界を知る手がかりが詰まっていることがあります。

②アール・ブリュットとは、既存の美術教育や文化の潮流に影響を受けず、制作リズムも表現方法も自分のルールに基づいてつくられる独創的な作品のことです。

③本人の行動を表現としてとらえたとき、本人の一側面、一世界を新たに知ることができ、私たちの仕事の新たなおもしろさが発見できるかもしれません。

[参考文献]

保坂健二朗監修（2013）『アール・ブリュット アート 日本』平凡社, 56〜66頁.

豊かな世界——行動障害のある人のもつ可能性——　**257**

事例 19 絵画制作が生活の安定につながっているタクヤさん

| 名前 | タクヤさん | 年齢 | 27歳 | 性別 | 男性 |

利用している主なサービス 生活介護・行動援護・
共同生活援助

❋ タクヤさんのこと

タクヤさんは自閉スペクトラム症と重い知的障害のある男性です。

言葉は出ませんが、本人が経験してきたことや見たものから、独自のジェスチャーをつくったり、絵を描いたりして周りに自分の思いを伝えていきます。しかし、本人の思いが周りにうまく伝わらなかったり、要求が通らなかったりすると、大声をあげたり、着ている衣服を破いたり、家族や支援者に手が出たりすることがあります。

また、タクヤさんは貼り絵が大好きで、図鑑や旅行雑誌を参考に、本人の世界観で作品をつくっていきます。時には一晩中、作品づくりに没頭することもありました。

一軒家で両親と暮らしていましたが、現在は行動障害のある人たちを受け入れているグループホームで暮らしています。

❋ タクヤさんのこれまで

タクヤさんは笑顔がかわいらしく、周りを元気づけてくれるような男の子でした。

しかし、1人で家の外に出てしまうなどの多動であり、一時も目が離せない状況でした。

タクヤさんは、物事の終わりが本人にわかりやすい形で伝わらないと、次の行動に移せないという特徴がありました。

母親と公園に遊びに行き、砂場をスコップで掘り始めると、砂場の底が見えるまで穴を掘り、その場を離れることができませんでした。途中で止めようとすると大声を出すなどの行動があるため、母親は本人の納得がいくまで側で見守るしかありませんでした。また、タクヤさんは放課後や休みの日など、カレンダーを自分の予定ですべてうめたい気持ちが強く、母親も本人の思いに寄り添い、月曜日はウォーキング、水曜日はプールなど曜日ごとに決まった予定を決めていきました。

特に金曜日は本人が大好きな絵画制作をする日で、本人も作品づくりを楽しみながら週末を過ごしていました。絵画を制作するときには、好きな図鑑や思い出の写真を見ながら作品づくりを行っていました。図鑑や写真を材料に、楽しかった思い出や好きなことをキャンバスに目一杯に表現することで、タクヤさん自身の日々の安定につながっていました。

高等部卒業後は、生活介護を利用し、日中は仕事をして過ごすようになりました。

生活介護では、支援員と家族が相談し、タクヤさんにわかりやすいよう絵カードのスケジュールを使い、1日の活動の見通しを立てて仕事を行ってもらいました。物事の終わりや今行ってほしい活動を、本人に合った形で示すことで、徐々に本人の安定

を図れるようになっていきました。もともとの手先の器用さもあり、本人に任せられる作業が増えていき、できることの幅も増えていきました。

そのようななか、今までは休みの日の予定が気になっていましたが、それが次第に、来週の予定、来月の予定、来年の予定とどんどんと際限がなくなっていきました。本人の希望や要望に家族もうまく返答することができず、混乱することが増えていきました。本人が混乱するたびに、衣服が破れ、家の中の食器や家具が壊されていきました。また、混乱することが増えたと同時に、大好きだった絵画制作も全く行わなくなっていきました。画材道具を手渡しても、興味を示すことはありませんでした。

ある日、家族と外出しているときに、本人が勢い余って母親を突き飛ばしてしまいました。母親は転んだ拍子に足を骨折してしまい、そのまま病院へ行き処置を受けることになりました。

母親のけがをきっかけに、本人の将来の生活について、家族と施設職員で相談の機会をもちました。これまでの自宅での経緯をふまえ本人と家族の安全を第一に考え、生活の場を自宅からグループホームに移すことになりました。

✳ タクヤさんの今

グループホームでの生活が始まり、生活介護と同様に絵カードのスケジュールを使い、本人にわかりやすい形で1日の見通しを立てて伝えていきました。

生活の場がグループホームに移った当初は、新しい生活に慣れずに眠れないこともありましたが、絵カードで次に行うことを示すことで、徐々に安定していきました。タクヤさんは、もともと生活動作の能力が高いこともあり、洗濯物をたたむことや片づけなど自分でできることも増えていきました。また、今までは曜日ごとに決めていたプールやウォーキングも、絵カードで伝えながらランダムに示していくことで、その日の予定について以前と比べると訴える回数が減っていきました。

生活の場面が安定してくると、本人から絵画制作をしたいという訴えも自然とでてくるようになりました。久しぶりに絵画制作を行ったタクヤさんはいきいきとした表情で作品づくりを楽しむことができました。絵画制作は、タクヤさんにとって自己表現方法の1つとなっており、今までの楽しかったこと、これからやりたいことなどを、作品にすることでタクヤさん自身の安定につながっていきました。今では、グループホームで絵画制作を楽しんで行うことができています。

しかし、本人の予定として、休日の過ごし方が「外出する」ことに固定化してしまっている状況が続いています。絵カードで外出の代わりになる活動を示しても、納得ができておらず、本人に理解してもらえる方法を見つけることが支援の目標・課題となっています。

現在は、地域での生活や家族との時間の過ごし方、休日の過ごし方を検討しながら、グループホームでの生活を続けています。

| 事例 20 | 生活介護に通うことが できなくなったヒロムさん |

| 名前 | ヒロムさん | 年齢 | 38歳 | 性別 | 男性 |

利用している主なサービス 生活介護・共同生活援助（グループホーム）

✳ ヒロムさんのこと

ヒロムさんは自閉スペクトラム症のある男性です。幼児期より戦隊もの（ヒーロー）が大好きで、友達の名前を覚えたり、職員の自家用車の車種名称も覚えたりすることも得意です。若い人、特に女性が大好きで、「おねえちゃん」と好意を表します。好意を伝えるのが苦手で、気になる人を追いかけてしまったり唾をかけたりして、嫌われてしまうこともよくありました。自閉スペクトラム症特有のオウム返し的な会話や同じ話を繰り返したりといった確認言語も多いですが、自分の気持ちを伝えることはできます。また生活のいろいろな場面でのルールを自分でつくります。決まったところに決まった物が置かれていないと困ってしまい、時には興奮して物を投げてしまったりします。

ヒロムさんには大事な日課があります。小学校の頃から続いている「絵日記」を付けることです。その日記は段ボール箱数十箱にもなります。作業所に通い始めた頃は昼食後に約1時間かけて日記を書いていました。家庭や作業のことなど、他者にはわからないのですが、1ページで終わるときもあれば1冊分書き終えるまでやめられないこともありました。周囲からは強迫的に日記を書き続けているようにも見えます。

日記とも関係しますが、彼にはアートの才能があり、東京タワーや花などの静物を、独特な技法で表現していきます。画用紙に木炭で、輪郭を力強く形づくり、クレヨンで色を塗り込んでいきます。その力強い作品は芸術的にも高く評価をされています。

✳ ヒロムさんのこれまで

グループホームの事業が開始されることになったとき、ヒロムさんは体験利用などを通じて何とか利用の見通しがたち、また作業所での日記へのこだわりも少なくなっていたことから、新しい生活にチャレンジすることになりました。週末は自宅で母親と過ごし、平日はグループホームから作業所に通うというリズムに、思ったより早く慣れることができました。

新しい生活のスタイルが始まって3年ほど経った頃から、徐々にリズムが崩れ始めました。はじめは「絵日記」がやめられずに延々と書き続けるようになりました。その頃は作業所の終了時に日記を書き、送迎車に乗り込むことを区切りにしていましたが、そのうち延々と書き続けるようになり、送迎車両の出発に遅れるどころか、夜の10時までやめられず、家族に迎えをお願いせざるを得ないときもありました。また、作業室に入れず朝から静養室で布団に入ることが多くみられるようになりまし

た。作業室を構造化したりヘッドホンで音刺激を抑えることで作業室に入れるようになりましたが、さらに1年ほどするとグループホームから出勤できない日がみられるようになっていきました。ホームでの決まりごとが他の利用者との関係で崩れたときなど、物を投げてガラスを割ったり、「作業所、行きません」と拒否することもみられましたが、それほど頻度は高くありませんでした。出勤できない日の行動を観察すると、前夜に入浴ができていない、出勤用の服を破るなどの行動がみられました。このことから本人の行動パターンを観察していますが、今のところ決定的な原因がわかりません。現在は主治医の見解・家族の意向、そして本人の意思を尊重し、支援側からの誘導的なかかわりは行わず、本人の意思を尊重しながら作業所への出勤を見極めています。最近は、てんかん発作がみられ始めています。

✱ ヒロムさんの今

グループホームの利用と週末帰省のパターンは同じです。前日の行動がスムーズな場合、翌日は必ず出勤できていたのですが、現在では出勤できる日のほうが少なくなっています。

家族と話し合い、医師の見解も含め、作業科目や生活環境に変化をつくってはたらきかけてみようかと検討をしましたが、「ホームから出勤できない」だけで激しい自傷行為や他害行為があるわけでもなく、ホームでは自室にこもっていますが昼食の呼びかけには素直に応じ、着替えてリビングで食事がとれていることから、恣意的なはたらきかけは行わない方針で今のヒロムさんを受容するようにしています。あくまでも「自発的」な出勤に向かえるように取り組んでいますが、決定的な方策は見つかっていません。昨年、週末に自宅で階段を降りようとしているときにてんかん発作がみられ、捻挫をしてしまいました。また、ホームでも自室に1人でいるときに転んで鎖骨を骨折しました。その骨折も、てんかん発作が原因だったかもしれません。今は、医療的な配慮が必要になり始めています。

現在のところ、本人の自発性や意思を尊重しているため、取り立てて課題といえる行動はありません。支援者は、本人のこだわりや日課に沿ってできる限り、本人の規則どおりにペースを崩さず、「いつもの日常が送れるように」寄り添っていますが、ただ「見守るしかない」状態です。本人の日常を崩さないことが今の支援になってしまっています。

コラム 8

家族の気持ち

　私の長男・良太は、9か月の早産で1985グラムしかありませんでした。主人と私は「身も心も大きく育つように」と願いを込めて「良太」と名づけました。すべてにおいて発育が遅れていましたが、未熟児なのでそのうち追いつくだろうと思っていました。

　しかし、3歳を前に言葉の遅れがいよいよ気になり、思い切って良太を連れて大学病院を受診しました。そこで後に自閉症と知的障害ということを告げられたのですが、「なんで？　どうして私の子が……」と泣いてばかりいました。次男も誕生して子育てに身も心も疲れ果てた私は、良太を乗せた車で橋を渡るときに何度かこのまま落ちて二人で死んでしまおうか？と思いつめたこともありました。それほど障害のある子どもがどのように育っていくかがわからなくて不安だったのです。

　養護学校（現在の特別支援学校）12年間の学校生活での宝物は、先生方との日々のやり取りの連絡帳です。先生方の力がなくては、私はこの大変な子育てをできませんでした。私があるとき、良太が修学旅行に行けるかどうかで悩んでいる胸のうちを担任の先生に話したところ、「お母さん、私たちはプロですから安心してお任せください」と言われて、「はっ」としたことがあります。先生方には本当に感謝しています。

　さて、そんな良太も27歳になりました。生まれたときは2キロもなかったのに、今では173センチ、162キロの巨漢です。障害支援区分は「区分6」です。私はつくづく思います。私はいつになったら人間らしい生活ができるのだろうか、と。とにかく、いつも誰かが良太を見守っていなければなりません。

　うっかりしている間に冷蔵庫の生肉を食べてしまったこともあります。また「すもも」を1パック種ごと食べてしまったこともあります。ビニールや紙も食べてしまいます。今までで一番命の危険を感じたのは、私が電話中に良太が自分の安定剤や抗てんかん薬を大量に飲んでしまったことです。救急で胃洗浄をして事なきを得ましたが、私は自分がきちんと見ていなかったからだと自分で自分を激しく責めました。

　今の一番の心配ごとは、医療を受けられないことです。採血や検査も小さな頃は抑えられても、今となってはとても無理です。私は、良太が病気で取り返しのつかないことになったらどうしようと、いつも心配で心配でたまりません。かさぶたをいじる自傷もあり、今は耳のかさぶたが気になって手で触っては出血を繰り返していて、耳が少し変形してきています。また、興奮すると大声を上げて机を押したり、ものを投げたり、周りの人を突き飛ばしたりしてしまいます。制止する私も引きずられてしまいます。

　施設でそのような良太の様子の報告を聞くと、友達や職員の方々に本当に申し訳なく「なんでこんな子なのだろう」と泣けてきます。「この子は、人に迷惑ばかりかけて

262

コラム 8　家族の気持ち

生きているのではないか？」とも思います。

　少し前にも、お迎えのときに若い女性職員の髪の毛を良太が引っ張ったことがありました。私が「ごめんなさいね、痛かったでしょう」と謝ると、「いいえ。私がうまくかかわれなくてすみません」と言ってくれました。息子と同じような年齢の職員です。私は本当にうれしく、ありがたく思いました。また良太は、職員に抱っこされた肢体不自由の友達と一緒に入浴するときがあるのですが、そのときは、そぉーっと波を立てずにお風呂に入ると聞きました。普段はバッシャーン！と入る良太が、です。私はその話を聞いて、傍若無人のような良太でも、そんなやさしい気持ちがあるのだなとうれしく思いました。また、そのできごとを報告してくれる職員もすばらしいと思います。

　支援者のみなさん、いつもお仕事、お疲れさまです。みなさんのお力に、どれだけ多くの親が救われているかはかりしれません。本当にありがとうございます。

　私からみなさんにお願いしたいことが3つあります。

　1つめは、本人が人を傷つけてしまうような大きなパニックのときには、必ず前触れがあります。その小さなサインを見逃さないで対応していただきたいです。2つめは、多くの自閉症の人はお楽しみ会（クリスマス会や観劇）が苦手です。もし「いや」と意思表示をしたら、本人のために別メニューを用意してもらえたら助かります。「みんなと一緒でなければかわいそう」「やり続ければ楽しくなれる」という考えは、いかがなものかと思います。3つめは、スタッフ間の共通理解をお願いしたいです。支援者によってやり方が変わると本人は混乱します。

　最後に、本人は周囲の人たちの気持ちがよくわかります。みなさんの愛情も十分わかっているかわいらしい人たちです。「困った人」ではなくて、「困っている人」たちなのです。「強度行動障害」と呼ばれる人がいなくなる日を、私たち親は心から願っています。

小島　幸子（一般社団法人　栃木県手をつなぐ育成会会長）

263

第**12**章 行動障害のある人の
暮らしを支えるために

| 第1節 | 地域で行動障害のある人を支えるために |

1 ライフステージを見通した支援

　小さい頃は手のかからない子どもだったのに、ある年齢からこだわりや落ち着きのなさが目立つようになり、普段の生活にも支障が出たり親や周囲への暴力などが増えたりして、家族と一緒に暮らすことができなくなることがあります。そのような例は決してめずらしい話ではありません。その理由はいくつか考えられると思います。

　例えば、思春期に入り、体の変化を自分のなかで受け入れることができなかったり、自分でうまく調整することができなくなってしまい、もて余した感覚や感情を好ましくない形で表に出してしまっていることも考えられます。または、体が小さい頃は、激しく動き回ったり、他人に手を出してしまうようなときも、周囲が体で止めることができていたものが、本人の体が大きくなり、時には親よりも体格が大きくなって、同じような行動が起こっても止めることができなくなってしまうことで顕在化するということも考えられます。いずれにしても、成長の過程で行動障害と思われるような行動が目立ち始める時期があることは確かなようです。

　平成24年度に全日本手をつなぐ育成会が実施した「強度行動障害の評価基準等に関する調査」において、行動障害が発生する年齢には一定の傾向があることが示されています（**16頁**参照）。この調査では、行動障害が最も激しかった時期について、中学校および高等学校（あるいは特別支援学校中等部および高等部）に在籍している時期をあげた養護者が最も多く、小学校前期・後期と比べて、中学校では3倍以上、高等学校では5倍以上となっています。

　調査の考察によると、行動障害は一定の年齢層に現れやすく、その行動障害が現れる要因として、学齢期における教育環境や教育システムについての言及もありますが、「自傷、他傷、物壊し、騒がしさ、粗暴さ、パニックについては、周囲とのかかわりや対応によって学習してきた結果であると考えられる。これらの行動の多くが要求や注目、回避や拒否などのコミュニケーションの機能を有しているとみられ、幼児期からの補助代替手段を含めたコミュニケーションの獲得が望まれる」とあるように、幼少期や学齢期における不適切なかかわりが、その時期の行動障害の発現にかかわっていることが示されています。

　このことは裏を返すと、行動障害が現れやすい一定年齢になる前に、できる限り本

266

人にとって適切なかかわりや環境を整え、一番混乱しやすい時期に行動障害をできるだけ起こさなくてもすむようにしていくことが重要だということです。つまり、幼少期や学齢期の早いうちから、行動障害を発現しやすい年齢のことを予測して支援を組み立てていくことが大切なのです。幼少期や学齢期において、適切な行動を身につける力があるにもかかわらず、周囲の無理解や不適切なかかわりによって身につけることができないままに育ってしまうことは「未学習」の状態ともいえます。未学習であるために、その場に相応しい行動がとれなかったり、自分の希望や気持ちを適切な方法で周囲に伝えることができなかったりすることがあります。未学習のままでいると、本人は何とかその希望や気持ちを伝えようとして自分なりの行動をとることになります。その行動が他害であったり物壊しのようなかたちで現れると、周囲の人たちはその行動を止めようと無理やり制止したり、または、逆に本人の希望することを何でも認めてしまうことになります。すると、本人はますます激しい行動で自分の希望や気持ちを表したり、どのようなときにもそのような行動で自分の希望や気持ちを表すようになってしまいます。このような「誤学習」の積み重ねによって行動障害がつくられ、激しくなっていくこともあるのです。

　行動障害が起こってしまってから対処するのでは、本人もつらい思いをしますし、支援者もその対応に心痛することになります。時には、その行動を修正することができずに、本人や周囲が望まないにもかかわらず行動制限をせざるを得なくなってしまったり、家庭で暮らすことができなくなってしまうこともあります。このようになる前に、小さい頃から本人の特性を周囲が理解し、本人が安心して暮らすことができる環境や、本人がもっている能力を伸ばしていくことができる環境を準備していくことが大切だということを、支援者は意識することが必要です。

　この調査でもう１つ示されていることは、行動障害が現れやすい年齢層を過ぎると、なおも一定の割合で行動障害が現れる層があるものの、行動障害が現れやすい一時期に比べるとグッとその発現数が減ることです。その要因もいろいろと考えられますが、学齢期に比べると、成人期においては環境の変化が少ないことが影響しているのかもしれません。

2 「困った人」ではなく「困っている人」

　行動障害とは、本人の特性と周りの環境とのミスマッチや不適切な支援の積み重ね

によって、徐々につくられたり、抑えていたものが、あるとき一度に噴き出して現れる状態です。つまり、行動障害は本人がもともともっている障害ではなく、さまざまな要因によりつくられた二次的な障害なのです。本人に行動障害が現れているときには、ほとんどの家族や支援者が「困った」と感じるでしょう。その「困った」行動を何とかしなければならないと悪戦苦闘するかもしれません。しかし、本当に困っているのは誰でしょうか。自分で見通しをもつことが苦手であるにもかかわらず、生活のさまざまな場面で、何をするのかわからない状態でずっと不安な気持ちを抱えたままでいる。感覚の過敏があるにもかかわらず不快な刺激のなかで長時間じっとがまんしている。このような障害の特性からくる本人の困難さがあるにもかかわらず、そのことに配慮のない環境で過ごすことは本人にとって非常につらいことです。行動障害はこのような自分ではどうしようもない不安や混乱、我慢のできない不快な感覚などがさまざまな行動として現れているのです。そのことを考えると、一番困っているのは行動障害を起こしてしまっている「本人」だということがわかります。つまり、行動障害を起こしてしまっている人は、周囲から見た「困った人」ではなく、本人がそもそも「困っている人」なのです。このことを私たちはまちがえてはいけません。行動上の問題が出ているときには、ついつい私たちは「困ったな」と思ってしまいがちですが、そこを「(本人が) 困っているんだな」と考えることが大切です。そして、本人が困っている状態になるには何かしらの要因があるはずなのです。

　例えば、これまで食事では出されたものを全部食べていた人が、あるときから全く食べなくなったとします。支援者は何とか食べさせようと「全部食べましょう」と声かけをしたり、それでも食べなかったら食事を口までもっていき食べさせようとするかもしれません。そして、どのようなことをしても食べないと「今は食べたくないのだろう」などと食事を片づけてしまうことになります。このように対処的な考え方や方法では、自分の気持ちをうまく表すことができない人の行動についてきちんと理解することができません。あるときから全く食べなくなったとしたら、必ずその要因があるはずです。表面上の行動だけに気を取られずに、その要因を考えることが大切です。「本人の感覚的な過敏がかかわっていないか」「食べる環境がこれまでと違っていないか」「身体的な変化はないか」など、行動の要因にあるものを考えることが大切なのです。そのようなことを考えていくと、本人は実は食べたかったのに、「最近周囲に声を出すようになった人がいて、その声が気になっていた」「ご飯を食べるときにテレビをつけるようになってうるさかった」「最近便秘ぎみである」などの原因がみえてくるかもしれません。

このように、行動の要因を考えるときには漠然と考えるのではなく、❶本人の障害特性についてきちんと知ること、❷本人がおかれている環境についてきちんと調べること、❸行動の前後の状況をきちんと調べることが大切です。そのうえで適切な支援を行うのです。

3 「予防」のための支援を組み立てる

　行動障害のある人の支援を組み立てるときにまず考えてほしいことは、行動障害は不適切な支援や環境などによってつくられた「二次的な障害である」ということです。つまり、はじめから行動障害があるのではなく、行動障害はさまざまな要因によりつくられた状態だということです。ですので、支援を組み立てるときには、まず行動障害をつくらないようにすることを考えることが第一です。それは、普段の穏やかな状態のときにも、本人の障害特性を理解して必要な配慮をしながら支援をしていくということです。そのことによって、さまざまな行動上の問題が出にくくなり、本人も支援者もことさら大変な思いをしなくてもよくなります。逆に、本人の障害特性への配慮が不足していたり、本人にとってつらい環境に長くいることで行動障害が起こってしまうと、元の状態に戻るまでに非常に長い時間を要してしまったり、時には本人がずっとつらい状態を引きずってしまったりすることもあり、本人の人生に大きく影響してしまいます。また、支援者にとっても行動障害という大変な状態へ対応することになり、多大な労力を使うことにもなり、その状態が長く続くと支援者自身も疲弊しやすくなります。

　本人の障害特性に配慮した支援は、行動障害が起こってから始めるのではなく、行動に大きな問題がないときから行っていくことが大切です。それは支援者が本人の障害特性や困り感、強みなどを理解したうえで、本人が快適に自立的に生活できるための支援を目指すことにほかなりません。そのことが行動障害の予防にもつながるのです。

　とはいえ、すでに行動障害を起こしてしまっている人や、どうしても行動障害が起こることを防ぐことができない人への支援も重要です。どれだけ配慮しても、さまざまな支援の工夫をしても、行動障害が現れてしまう人がいることも事実です。支援の現場においては、このような行動障害を起こしてしまった人への対応に頭を悩ませていることもあるでしょう。しかし、行動障害を起こしてしまった人に対しても、やみ

行動障害のある人の暮らしを支えるために　**269**

くもに支援をしていては、改善しないどころかますます問題となる行動を強化してしまうことにもなりかねません。行動障害を起こしてしまっている人への支援については、その行動に着目して、問題となる行動を軽減したり、別の行動に振り替えたりするための支援の組立てが必要となってきます。ここでもまず大切なことは、本人の障害特性を理解するということです。そのうえで、その行動が起こる環境的な要因を考えたり、その行動の前後の様子や支援者の接し方などを振り返って、本人の行動を修正したり好ましい行動を習得するための方法を考えます。

予防のための支援においても、行動障害を起こしてしまった人への支援についても、必要な支援の枠組みは同じです。それは、アセスメントによって本人の障害特性をしっかりと理解し、その障害特性に基づいて、一人ひとりに配慮された環境のなかで適切な支援を行っていくということです（図12-1）。

図12-1　行動障害へ対応した支援

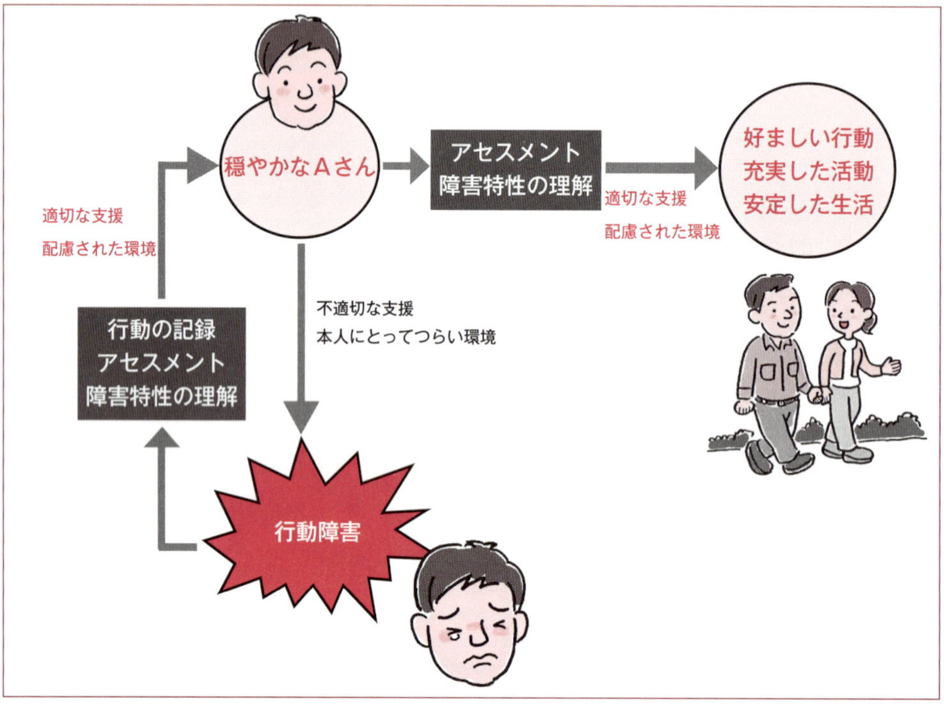

4　組織として取り組むことの大切さ

行動障害のある人を支援するときには、その人を担当する支援者が中心となって支援を進めていくことが多いと思います。担当する支援者が研修などを受けて、しっかりと行動障害への支援の考え方や対応方法を学んでかかわっていくことはとても大切

なことです。しかし、担当する支援者だけが熱心に学んで対応するだけでは支援がうまくいかないことがよくあります。どうして担当する支援者だけが熱心に支援をしてもうまくいかないのでしょうか。それは、行動障害のある人への支援は、スタッフ間で対応を統一する必要があったり、事業所のなかで必要な備品をそろえたり、建物内を物理的に工夫したりすることが必要な場合があるからです。しかし、そのような行動障害のある人に向けた支援に取り組んでこなかった事業所では、上司にその必要性を認めてもらえなかったり、同じ職場の支援者に理解してもらえないことがあります。これまでのやり方を変えることは少なからず労力が必要ですので、担当の支援者が必要性を感じていても、事業所のなかでその支援方法を取り入れてもらえなかったり、他の支援者から協力を得られないことがあるのです。そのようななかで担当の支援者だけが孤軍奮闘しても、当然のことながら支援はうまくいきませんし、担当の支援者が孤立してしまい、精神的に疲弊してしまうこともあります。そのようななかでは、もちろん行動障害のある人への支援もうまくいきません。

　そうならないためにも、行動障害のある人への支援を、担当する支援者だけに任せるのではなく組織として支援に取り組んでいくことが必要です。

　まずは事業所内で行動障害のある人に対して組織として取り組むべき支援の方向性を示して、すべての支援者に伝えて浸透させることが必要です。そうすることで、支援者が同じ方向をむきながら協力して支援に取り組むことができます。また、行動障害のある人たちの支援を行うためには、多くの支援者に支援に対する考え方や必要なスキルを身につけてもらうことが重要ですので、支援者に対する計画的な研修などを実施することが必要です。時には、支援体制の整備や支援に必要な備品の購入、建物内の改修などが必要な場合もあります。それらは現場で働く支援者だけでは実現できませんので、組織として取り組んでいくことが必要なのです。

　このように、行動障害のある人への支援は、特定の支援者の課題ではなく、事業所や法人全体の課題としてとらえる必要があります。そのことを組織のリーダーや管理者は認識し、行動障害のある人に対して組織全体として適切な支援ができるように導いていくことが大切です。

5　支援の6つの原則

　行動障害を起こしてしまう人たちの多くは自閉スペクトラム症の特性をもつことが

わかっていますので、行動障害のある人の支援において、自閉スペクトラム症に対する支援の方法を理解しておくことは欠かせません。そのなかで、これまでの自閉スペクトラム症に関する多くの研究や行動障害への支援の積み重ねにより、特に強度行動障害を起こしてしまった人に対しては、以下の6つの内容が支援の基本的な枠組みとされています。

①構造化された環境の中で

まずは本人にとってわかりやすく活動しやすい環境をつくることが大切です。

②医療と連携しながら

環境の調整や支援の工夫だけでは落ち着いた生活ができない場合は、医療と連携して支援をしてくことが大切です。

③リラックスできる強い刺激を避けた環境で

本人にとって苦痛であったり集中できないような刺激がある場合は、その刺激を避けるか和らげることができるように調整して、本人がリラックスして過ごすことができる環境をつくることが大切です。

④一貫した対応をできるチームを作り

本人にかかわる支援者が一貫した方針と支援方法で対応していくことが大切です。

⑤自尊心をもち1人でできる活動を増やし

常に誰かに注意されたり指示をされながら動くことは、本人にとって非常にストレスになるばかりでなく自尊心も傷つけることになります。本人が自信をもって生活ができるように、自分でできるような環境やツールを準備して、できるだけ自分でできることを増やしていくことが大切です。

⑥地域で継続的に生活できる体制づくりを進める

特定の場所や特定の人がいることで地域での生活ができるのではなく、さまざまな関係者が協力して継続的に本人が地域で生活ができる体制をつくることが大切です。

CHECK POINTS

①行動障害は本人がもともともっているものではなく、さまざまな要因によりつくられた二次的な障害です。

②行動障害はつくられた障害なので、支援を組み立てるときには、行動障害を起こさないような予防的な支援を考えることが大切です。

③行動障害を起こしてしまっている人には、やみくもに支援をするのではなく、障害特性や環境要因、前後の状況などを分析して支援を考えることが大切です。

④行動障害のある人を支援するときには、担当者だけに任せるのではなく、組織として取り組むことが大切です。

第2節　地域で支えるためのチームアプローチ

1　それぞれの場面をチームで支える

　私たちの1日はさまざまな生活場面で成り立っています。自宅で過ごす暮らしの場面、学校や仕事などでの活動の場面、休日に余暇活動として出かける外出の場面などです。行動障害のある人の地域での生活も同じようにいろいろな場面があります。家庭やグループホームなどの暮らしの場面、生活介護などの日中活動の場面、行動援護などで出かける外出の場面などです。そして、一つひとつの場面でそれぞれに担当する支援者が本人にかかわっていくことになります。そこで重要になるのが、それぞれの支援者がバラバラの認識や方針で本人とかかわることをしないということです。それぞれの支援者が思いおもいのやり方で本人に接してしまうと、本人が混乱してしまうか、本人が場面場面で支援者に合わせてしまうことになります。行動障害のある人にはそれぞれの障害特性があり、その人に合った環境を整えることが大切です。それは、生活のどの場面でも変わりません。ですので、それぞれの場面における支援者が、本人を支えるチームのメンバーとして、本人の障害特性や配慮すべきことについて共通の認識をもち、同じ方針に沿った支援をしていくことが大切です。それは、支援者がいくつかの事業所にまたがる場合であっても同じです。支援者の所属する事業所の中だけの認識で支援するのではなく、事業所の垣根を越えて共通した認識と方針でチームとして本人を支援していくことが大切です。スポーツのチームにおいては、プレイヤーはポジションも違いますし、得意なこと不得意なことも違います。そのうえで1つの目標に向かって力を合わせて競技を行います。支援も全く同じです。一人ひとりの支援者がそれぞれの受け持ちや得意なところを担いながら、本人の生活の安定や生活の質の向上という目標に向かって力を合わせて取り組んでいくのです。

2　さまざまな協力体制をつくる

　行動障害のある人たちを支援していくうえで、現場の支援者だけで対応しようとしてもうまくいかないことがよくあります。例えば、ある人が日中の場で落ち着きがなく、頻繁に身の回りの物を投げてしまうことがあったとします。支援現場において本

人が好みそうな活動を組んだり、刺激の少ない環境をつくったりと試行錯誤しても一向におさまりません。どれだけ支援を工夫しても行動が変わらないことに支援者は途方に暮れてしまいます。このようなときには、少し視点を広げて考えてみます。もしかしたら、本人が落ち着かない身体的な要因があるかもしれません。身体的な要因については医師に相談することになります。医師の診断により何かしらの疾患が見つかったり、精神的な不安定さの要因が見つかるかもしれません。また、現在の生活に本人が満足できていないのかもしれません。生活のなかで満足感を生み出すために、家族やヘルパーなどに協力してもらい、休日に外出の機会を確保することにより生活全体に落ち着きが出てくるかもしれません。

このように、行動障害のある人を地域で支えていくためには、現場の支援者だけでなく、さまざまな立場の人がかかわっていくことも大切です。医師による医療的なアプローチやアドバイスも重要ですし、家族との協力も非常に大切です。また、サービスの支給を調整する行政担当者の協力も欠かせません。支援の全体をコーディネートする相談支援専門員がかかわっていくことも必須でしょう。つまり、行動障害のある人を支えていくためには、現場の支援者だけではなく、もっと広いチームによるアプローチが大切になります。それぞれの立場での専門性を活かし、本人の地域での生活を支えていくために、チームとして協力しながらアプローチしていくのです。

3 根拠(エビデンス)に基づくチームアプローチ

行動障害のある人を地域で支えていくためにはチームアプローチが重要ですが、チームアプローチのためには情報や課題をチームで共有することが重要です。チームで情報や課題を共有するためには、誰かの思いつきや感覚だけで発信したり決めたりしては、共通した認識とはなりません。「私は〇〇だと思う」「いや、私は△△だと思う」というだけでは、意見交換にはなっても共通した認識とはならないのです。チームにおいて共通した認識をつくるためには、「根拠(エビデンス)」に基づく情報共有や課題設定が必要となります。「根拠(エビデンス)」と聞くと難しい感じがしますが、行動障害のある人を支援していく際の根拠(エビデンス)とは、アセスメントによって導き出される本人の障害特性が中心となります。本人にとって、何が得意で何が不得意なのか、どういう環境を好むのか、どういう刺激が苦手なのか等を、アセスメントを通して明らかにし、みんなで共通して理解しておくことです。その共通認識をふ

行動障害のある人の暮らしを支えるために　**275**

まえて、チームで情報の共有や課題の設定を行っていくのです。本人に対する最初の認識がバラバラでは、その先の情報共有や課題設定も各人で違う方向に向かっていくことになりかねません。障害特性についてはこれまでのさまざまな研究によりかなり明らかにされています。本テキストにおいても障害特性についてまとめたものを提示していますので、ぜひ参考にしてください。それらの障害特性を理解したうえで、本人のアセスメントを通して支援していく際の根拠（エビデンス）を明らかにして、チーム内で議論をしながら支援内容を組み立てていきます。

4 チームにおける情報や課題の共有方法

　行動障害のある人をチームアプローチにより支援していくにあたって、支援者同士の情報や課題の共有は非常に大切です。状態が安定している人を支援するのであれば、必要なときにやり取りをすればよいかもしれません。しかし、状態が不安定で行動面での課題が顕著な場合は頻繁なやり取りが必要です。

　支援者で情報や課題を共有するためにはいろいろな方法がありますが、まずは支援者同士が日頃からお互いに頻繁なやり取りをすることでしょう。起こったことをできるだけ早く伝達するためには、日頃から密に連絡を取り合っておくことが重要です。そのためにも事業所において支援者同士で気軽に話ができる環境や雰囲気をつくることや、異なる事業所でも普段からすぐにやり取りができる関係をつくっておくことが大切です。

　また、日頃のタイムリーなやり取りだけではなく、情報や課題をしっかりと共有したいときや、関係者で意見の交換をしたいときには、個別の支援会議（ケース会議）を開催します。これは本人の支援に関係する支援者が時間と場所と内容を決めて集まって行う会議で、定期的に開催することもありますし、必要なときに招集をかけて開催することもあります。支援会議（ケース会議）では支援者が一堂に会しますので、全員で一度に情報や課題を共有できることや深い議論ができるメリットがあります。

　その他にも、チームで情報や課題を共有するツールとして、本人の生活上の課題や将来の生活への見通しをもとに支援を組み立てるための「サービス等利用計画」があります。サービス等利用計画は、平成27年度より障害福祉サービスを利用するすべての利用者に作成されることになりました。基本的には指定特定相談支援事業所の相談支援専門員が計画を作成しますが、事業所を越えたチームアプローチにおいては、こ

の相談支援専門員がコーディネーターとしての重要な役割を果たします。それぞれの
サービス提供事業所における支援もこのサービス等利用計画に位置づけられたうえで
提供されることになります。また、それをふまえてサービス提供事業所内においては
個別支援計画を作成します。個別支援計画は事業所内でのアセスメントをもとに、さ
らに本人や家族から希望を聴き取ったうえで、サービスを提供する際の目標や課題を
計画として明らかにするものです。事業所においてはこの個別支援計画をもとに、支
援者が本人の目標や課題を共有しながら支援にあたることになります。

　さらに、行動障害のある人に対しては、本人の支援において必要な配慮や支援の手
順を示した支援手順書を作成することで、事業所において誰が支援をしても同じ方法
で支援することができるようになります（第2章第1節参照）。

　このような一つひとつの計画も、支援者が情報や課題を共有し、統一した支援方針
や支援方法で支援していくためには非常に大切なものです。

CHECK POINTS

①行動障害のある人を地域で支えていくためには、現場の支援者やさまざま
な立場の人たちがチームとしてかかわっていくことが大切です。

②チームにおいて共通した認識や目的をもつためには、根拠（エビデンス）
となる本人の障害特性に基づく情報共有や課題設定が必要となります。

③行動障害のある人をチームで支援していくためには、普段から支援者同士
で情報や課題を共有していることが大切です。

<table>
<tr><td>事例
21</td><td colspan="2">チームアプローチで自宅での
生活を続けているヨシノリさん</td></tr>
</table>

名前 ヨシノリさん　　**年齢** 24歳　　**性別** 男性
利用している主なサービス 相談支援・生活介護・行動援護・短期入所

✳ ヨシノリさんのこと

　ヨシノリさんは自閉スペクトラム症と知的障害のある男性です。言葉のやり取りはできません。こちらが何か伝えたいときは写真や絵カードと指差しで伝えます。本人が伝えたいときは改善してほしい物（事）を指差して「んっ」と訴えます。物の位置や変化に対してとても強い「こだわり」があり、その「こだわり」に対して常に先の方法で改善を要求します。でも伝わらなかったり叶わなかったりしたときはとても激しく粗暴になってしまいます。

　そんなヨシノリさんは母親と二人暮らしです。日中はどこに通うこともなく、ずっと家にいます。母親は「毎日不安！でも慣れた！」と言いながら頑張っています。

✳ ヨシノリさんのこれまで

　小さい頃は大きな問題もなく過ごしていましたが、成長とともに強いこだわりをもつようになり、要求が伝わらなかったり、自分でどうにもならなかったりするときに激しく粗暴になるようになりました。

　ヨシノリさんのこだわりには、「お風呂の蒸気、雨等で窓に水滴がつくのを除去して元に戻したい」「いつも車で通る国道に石が落ちているのが気になり、車から降りてでも石を除去したい」「グレーチングや溝に挟まった小石や砂利、砂を何としても除去したい」「ゲームセンターのゲーム機に貼ってある注意書きのシールをすべて剥がしたい」などがあります。

　さらに、ヨシノリさんは、学校や事業所への通所を拒否していたため、母親はとても大変な状況でした。このようなことから、母親はよりよい支援を求めて「他県に引っ越す」という一大決心に至ります。

　ヨシノリさんと母親の引っ越しに備えて、受け入れ先の自治体行政、事業所A、相談支援専門員で受け入れ準備会議を開催しました。相談支援専門員は本人、母親との面談で情報収集を綿密に行い、受け入れ事業所Aではヨシノリさんが以前少しだけ利用していた他県の事業所や学校に出向き綿密な調査を行いました。

　準備会義の結果、ある支援方法の案が出されましたが、その支援方法は一事業所で対応できるものではなかったので、相談支援専門員は事業所Bにも協力を依頼し事前会議に参加してもらいました。

　会議で決まった支援内容は、以下のとおりです。

・写真、絵カードによるスケジュールを作成する。──→見通しをもつことで安心してもらうため。

・事業所ではシンプルで低刺激環境を用意する。──→穏やかでこだわりが少なく過

ごせるように。
・毎朝本人が好きなフライドポテトを購入し、ドライブしてから事業所へ行く。
　──→現在のひきこもり生活をまず改善するため、本人の好きなもので動機づけをする。

3つめのフライドポテト支援が、事業所Aとして人員、設備が不足していたので、事業所Bに人員等（人員、車）の協力依頼を行いました。協力してくれることになった事業所Bはその趣旨を理解し、ヨシノリさんの障害特性も事業所Aと同じぐらいのレベルで理解してくれました。そこで、2事業所混合7名のチームを結成し、支援を実施することになりました。その結果、支援の開始は良好で、数週間はスムーズに事業所Aに通うことができました。

しかし、1か月後にはまたひきこもり状態になってしまいます。そこで、再度会議を開催し、作戦を練り直しました。いくつもの支援を考えては取り組み、トライ&エラーを繰り返しました。

そして、最後にたどりついた支援方法は、以下のとおりでした。
・家庭の環境をヨシノリさんに合わせたわかりやすい環境につくり直し、家庭でもスケジュールを利用して安心して過ごせるようにする。──→事業所Bの職員が1週間交代で家庭に入って支援する。
・再度事業所Aに通うことができるように、ヨシノリさんが楽しみにしている活動を事業所Aに導入する。──→家庭での本人の大好きな活動（インターネットで動画を観る）を事業所Aに場所と機能を引っ越す。

その結果、ヨシノリさんは再び家から出て、事業所Aに通うことができるようになりました。

✻ ヨシノリさんの今

ヨシノリさんは、月の3割を短期入所事業所で過ごし、それ以外の日は安心して過ごせる環境となった自宅で母親との二人暮らしを継続しています。短期入所事業所は当時の協力事業所Bです。日中は、9割は事業所Aに通ってパソコンメインの活動で過ごしています。時々通所を拒否して家で過ごしますが……。作戦成功から早4年です。そして、余暇は、事業所Cを利用して火曜日はゲームセンターでゲームをしてから、木曜日はレストランで食事をしてから、事業所Aに通います。これは当時のフライドポテト支援（動機づけ支援）の名残です。週間スケジュールとして本人に伝え、通所の動機づけとなっています。

事業所A、事業所B、事業所C、相談支援専門員、行政、母親が事業所の枠組みを越えて、チームとして本人を支え続けており、「何かあったら、チーム集合！」が合言葉となっています。

| 事例 22 | 周囲の理解と配慮で一般就労を続けてきたユウマさん |

| 名前 | ユウマさん | 年齢 | 35歳 | 性別 | 男性 |

利用している主なサービス 就労継続支援B型

✷ ユウマさんのこと

　重い知的障害と自閉スペクトラム症の特性をもっているユウマさんは、長身で腕力も強く、身体面では長年健康を維持していました。食欲が旺盛で、年齢とともに、最近では、体重やカロリー管理が気になる方です。自分で健康管理をするのは難しいですが、グループホームに入居していますので、食事等の支援を受け、現在のところ病気もなく暮らしています。

　ユウマさんは、言葉で文章を発することはほとんどできず、時々単語などで伝えることはありますが、コミュニケーションのほぼすべては、絵カード、単語カード、身振りです。人が言葉で話す内容を、表情、単語、身振りなどから想像して反応するスキルをもっていますが、本人の想像が外れて支援者が伝えている内容と全く違う反応や動きをしてしまうことも多いです。また、何かを思い立ったら急にその場から走り出したり、気になるものがあったらすぐに手に取ったり持ち去ったり、という行動が時々みられます。

　人へのこだわりもあり、特に声の大きい人や、本人が予期しないときに絡んでくる人は苦手で、その人に対しては、小突いたり、壁を蹴ったりすることもあります。また、人に対してだけでなく、自分の思いどおりにならなかったときにも、物への破壊的な行動がみられます。

✷ ユウマさんのこれまで

　ユウマさんは、以前、地域の製造工場に一般就職をしていました。就職直後は、毎日、勤務時間中、職員が付き添い、手順書や写真による指示を使って仕事を進めていました。企業には決まった内容と手順を繰り返す仕事となるように配慮を依頼していましたので、付き添っていた職員も徐々に本人から離れ、最終的には一人で仕事を進めるまでになりました。しかし、そうなるまでには数年の期間がかかり、その間には多くの混乱や困惑もあり、そのたびに支援の立て直しがありました。

　さまざまなトラブルのいくつかは休憩中に起こりました。昼食時、お弁当を休憩室で他の従業員と一緒に食べる際、温めるために使用した電子レンジの中に水滴が付着しているのが気になり、電子レンジの中を舐めまわすので、他の従業員が使えなくなったり、カレンダーを1年分すべて破いてしまったり、他の従業員のタイムカードを勝手に打刻してしまったり……と大小のトラブルをあげると枚挙にいとまがありません。そのたびに企業と相談していろいろな対策を打ちました。例えば、タイムカードについては、ユウマさんだけ別の場所に

設置したり、関係のない部屋に入り込んでしまう行動には、入るべき部屋を提示したりと、トラブルのたびに視覚的な指示が増え、次第に会社内に視覚支援があふれてきました。

通勤も、支援者が交代で送迎をしました。公共交通機関を利用しても、通勤中に暴れたり飛び出したり、といった危険もあったからです。そのようななかでの就業は、本人のがんばり、支援者の忍耐力、何より企業の寛大な理解なくしては実現しなかったことです。

行動が安定してからも、2週間ごとに職員が職場を訪問して本人の職場適応に努めてきました。8年近く勤務していましたが、2週間ごとの訪問は最後まで続きました。

周囲の人々に支えられながら8年間がんばった本人も、年齢による体力の低下、上司の異動等も影響し、退職をすることになりました。退職といっても、残念な思いで去るのではなく、本人、企業、私たち支援者は、達成感を十分に感じながらの退職でした。

✳ ユウマさんの今

ユウマさんは退職後、就労継続支援B型事業所に移りました。長い就労生活の疲れや緊張を癒しながら、新しい生活を始めています。新しい事業所でも、他の人が気になってしまうというユウマさんの特性は変わらず、他の人を叩いたり、備品を損傷させたりといった小さなトラブルはいろいろとありますが、前職で使用した視覚的なツールも活用しながら、本人が力を発揮しやすい支援が続いています。禁止する指示ではなく、正しい行動を示した視覚的な支援は本人にも理解しやすいようです。また、一つひとつの仕事の終わりを提示して構造化することで、作業にも集中しやすくなっています。そうすることで、気になる他のことからも注意を逸らすことができるようです。

今通っている事業所は、仕事の成果よりもやりがいや過程をみてくれる事業所でもあり、ユウマさんの障害特性や行動パターンも理解している支援者が、傍らで応援するなかで、本人も安心して仕事に取り組むことができています。

コラム 9
これからの行動障害のある人への支援のあり方

ライフステージを見越した支援

　行動障害のある人と聞くと、どんな人のことをイメージしますか。私は学校を卒業して、最初の福祉現場が知的障害者の入所施設で、そこで多くの行動障害のある人たちに出会いました。当時は、経験も知識も不十分でしたので、その人たちの行動障害を生まれながらの障害であるかのようにとらえていました。しかし、冷静に考えると、どんなに知的障害が重くても、自閉スペクトラム症の特性が強くても、生まれつき行動障害のある人はいないのです。私がそのことに気づいたのは、その後、地域支援の事業所を立ち上げ、自閉スペクトラム症の子どもたちに出会ってからのことでした。残念なことに、行動障害は、つくられていくのです。

　自閉スペクトラム症の障害特性を知らなければ、彼らに正しい学びの機会を提供することはできません。こちらがどんなに愛情を込めて正しい情報を伝えたところで、伝え方が相手の学び方とかみ合っていなければ、正しい情報は届かないのです。かつて、障害特性をよく理解せずに、自閉スペクトラム症の人たちとかかわっていた頃、よくこんな失敗をしました。水遊びをしてはいけない室内を水浸しにして遊んでいた自閉スペクトラム症の人に、言葉で止めるように伝えても伝わらず、仕方なく「ドライブに行くよ」と車のキーを見せて連れ出したことがあります。以後、彼はドライブに行きたくなると、室内に水をまくようになりました。彼らの「見て学習する」という特性を理解していなかったことで、私が伝えたかった「水遊びは終わりです」は伝わらず、伝えたはずのない「部屋に水をまくと、ドライブに行くことができます」が伝わってしまったのです。

　彼らは、毎日、自閉スペクトラム症でない人とは違う方法でしっかり学んでいます。学びとった内容が正しいことか、誤っていることかは別にして、見てわかることを吸収しようと懸命になっています。その一方で、その独特な学び方のおかげで、学び残しが多いのも事実です。般化する（要するに同じだとわかる）機能に障害のある自閉スペクトラム症の人たちは、一つひとつを学ぶことはできても、1つ学んだことをヒントに似たような事がら全部が同じようなしくみでできていると、自動的に理解することは困難です。

　また、一度覚えたことを律儀に守ることは得意ですが、変更を強いられると強いストレスを感じます。つまり、「大人になったらわかるようになる」とか、「大人になってから覚えればよい」ではなく、子どものうちから、その子にあった学びの場を提供することがとても大切になります。必要なことをわかる方法で正しく学べるように、誤った学習をしないように、必要以上に変更しなくてもすむよう成功体験で学習でき

るように、しっかりと環境を整える必要があるのです。

予防的アプローチの大切さ

子どもの頃から学ぶ機会が十分に与えられないまま、誤った学習を積んで大人になると、やがては行動障害が強くなり、本人も周囲も生きづらさを抱えるようになります。私自身も、何度となく、叩かれたり、噛みつかれたりしましたし、泣き叫びながら自分の頭を床や壁に打ちつける人に、何もしてあげられない状況に、幾度となく遭遇してきました。確かに、重い知的障害と自閉スペクトラム症を合併している人が、適切に学習し、社会に適応できるよう支援するのは難しいことです。しかし、難しいからといって、彼らが強度行動障害と呼ばれるようになるのは仕方がないことだと、手をこまねいていてもよいのでしょうか。

どんなに環境を整えても、結果的に強度行動障害の状況になってしまうことはあるのかもしれません。しかし、多くの場合は、彼らが苦痛に感じている刺激を統制したり、わかりやすい環境を整えたり、成功体験ができるように工夫をしたりすることで、ひどい行動障害は防ぐことができるのです。あるいは、行動障害を軽減することも可能なのです。

強度行動障害になってしまった人に救いの手を差し伸べることは、もちろん大切なことです。しかし、それよりもっと大切なことは、今現在、まだ行動障害のない人たちを、このままずっと行動障害がないまま、自分らしく生きていけるよう支援することだと思うのです。つまり、行動障害をつくらないための予防的支援は、彼らの人権を守ることにもなるのです。

この研修で学ぶ支援方法は今までやってきたこととは違って、最初のうちは面倒だとか、特別扱いだとか思う人が多いかもしれませんが、数年後には誰もが自閉スペクトラム症の人たちへの合理的配慮であると、疑わない時代がくることを心から願っています。

大友　愛美（特定非営利活動法人ノーマライゼーションサポートセンターこころりんく東川）

強度行動障害支援者養成研修
［基礎研修・実践研修］演習資料

| 演習 1 | 私たちが困っていること
――感覚の違いを体験しよう―― |

1時間

行動障害の背景にあるもの（1）

演習の目的

強度行動障害の様相を示している人たちは、理解できないままに指示される状況や感覚的な苦痛のなかでもがいているのだと思います。その苦しさを少しでも理解するための演習です。設定している体験メニューのように感じているかどうかは一人ひとり異なりますし、その内面世界を正確に再現することは難しいでしょう。模擬体験だけで終わるのではなく、支援者として、そうした苦しい状況のなかにいる人たちへの理解を続けていく気持ちを忘れないことがこの演習の目的です。

配置

グループワーク形式
（1グループ4〜8名）

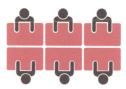

教材はグループごとに
1セット準備しておく

イントロダクション　　10分

- 演習の目的や内容の説明

演習 「作業（視覚的な手がかりがない場合、ある場合）」　20分

| 準備するもの | 折り紙、スライド、折り紙の完成品、手順書、記録シート（個人用） |
| 内　　容 | 折り紙を、指示や手順書がない状態で折る場合と指示や手順書がある状態で折る場合で折ってみて、指示や手順書がない状態での不自由さを体験します。
❶スクリーンに映された完成品を見て折ってもらいます。
❷完成実物を配り、実物を見たり触ったりしながら折ってもらいます。
❸手順書（説明書）を配り、手順書を見ながら折ってもらいます。
❹手順書でもわからない参加者には周囲の人に作り方を教えてもらいながら折ってもらいます。
※終了後、記録シート（個人用）に感想や必要な配慮を個人で記入してもらいます。 |
| 留意事項 | 折り紙で何を折るかは研修の主催者で決めてください。誰でも折り方を知っているものはNGです。 |

演習 「作業（軍手をはめて）」　10分

| 準備するもの | 折り紙、軍手、記録シート（個人用） |
| 内　　容 | 軍手をはめて折り紙を折り、手先がうまくきかない不自由さを体験します。 |

❶軍手を両手につけてもらいます。
❷スクリーンに完成品を映して折ってもらいます。
※終了後、記録シート（個人用）に感想や必要な配慮を個人で記入してもらいます。

留意事項　折り紙で何を折るかは研修の主催者で決めてください。ここでは、誰でも折り方を知っているものがいいと思います。

演習 「騒がしい環境での聞き取り」　🕐 10分

準備するもの　スライド、記録シート（個人用）

内　容　周りが騒がしい環境で指示を聞き取ることで、聴覚刺激が多い環境での不自由さを体験します。
❶グループで1人、司会の指示を聞いてそのとおりにしてもらうよう役を決めてもらいます。
❷グループの他の参加者に聞き役に向かってそれぞれ話をしてもらうように伝えます。
❸「はじめ。」の合図で聞き役に向かって大きな声で話し始めてもらいます。
❹壇上より普通の声で指示を出します。（例：「手をあげてください。」「好きな食べ物を教えてください。」）
❺聞き役の人に聞き取ることができたかをたずねて、感想を述べてもらいます。
※終了後、記録シート（個人用）に感想や必要な配慮を個人で記入してもらいます。

留意事項　他の参加者が話す内容を主催者で準備しておくとスムーズに演習ができます。

演習 「狭い視野での活動」　🕐 10分

準備するもの　A4コピー用紙、記録シート（個人用）

内　容　円筒の中をのぞきながら物を取ったり動いたりすることで、視野が狭い状態での不自由さを体験します。
❶A4コピー用紙を丸めてもらいます。
❷目に当ててのぞきながら、机の上の物を取ったり、会場が広ければ机の周りを一周してもらいます。
❸隣の人と握手をしたりじゃんけんをしてもらいます。
※終了後、記録シート（個人用）に感想や必要な配慮を個人で記入してもらいます。

留意事項　参加者同士でぶつかったり、壁や机やイスなどにぶつかってケガをしないように環境に配慮し、参加者にも注意を呼びかけます。

| 演習 2 | わかりにくいんです
──伝わりにくさを体験しよう── |
1時間 |

固有のコミュニケーション（1）

演習の目的

行動障害のある人たちとのコミュニケーションは時に難しいものです。しかし、わかりやすいコミュニケーションであれば、それは伝わるコミュニケーションになります。この演習2はどのような環境やコミュニケーションがわかりにくく、どのような環境やコミュニケーションであればわかりやすいかを体験することを目的としています。普段の支援のなかでちょっとした配慮を行うことで、本人にとってわかりやすいコミュニケーションとなり、お互いの思いが伝わりやすくなるかもしれません。

配置

グループワーク形式
（1グループ4〜8名）

演習 「意味のわからない言葉での指示」　10分

| 準備するもの | スライド、記録シート（個人用） |

| 内　容 | 意味のわからない言葉で指示をされたときの不自由さを体験します。
❶全体に向けて、架空の言語で指示を出します。例：「トカデグ（立つ）」「テカゴング（座る）」
❷ジェスチャーをつけながら、架空の言語で指示を出します。
❸スライドで答えを映します。
❹2人組（3人組）になり、提示された指示を使ってお互いに指示を伝え合います。
※終了後、記録シート（個人用）に感想や必要な配慮を個人で記入してもらいます。 |

| 留意事項 | 指示の内容は具体的な言葉（例：「立つ」）だけでなく、抽象的な言葉（例：「ずっと」）を入れると、指示の伝わりにくさがわかります。 |

演習 「視覚と聴覚で違う情報」　10分

| 準備するもの | スライド、記録シート（個人用） |

| 内　容 | スライドでの情報と、口頭での情報を一度に受けることで、複数の情報を一緒に伝えられたときの不自由さを体験します。
❶スライドショーで関連のない文章をいくつも映します。
❷口頭で関連のない話をいくつも話します。
❸参加者にスライドの内容と口頭の内容に含まれている質問に答えてもらいます。
※終了後、記録シート（個人用）に感想や必要な配慮を個人で記入してもらいます。 |

| 留意事項 | スライドの内容と口頭の内容のそれぞれにあらかじめ質問を入れておきます。一度でわかりにくいようなら、再度行います。 |

演習 「わかりにくい提示」　 10分

| 準備するもの | スライド、記録シート（個人用） |

| 内容 | わかりにくい提示の仕方をされている情報をみることで、整理されていない情報の提示の理解のしづらさを体験します。
❶全員に立ってもらいます。
❷スライドを映します。
❸読み取れた人から座ってもらいます。
❹スライドを見やすくしていきます。
❺最後に残った数人に感想を聞きます。
❻わかりにくいスケジュールの提示と整理したスケジュールの提示の例を映します。
※終了後、記録シート（個人用）に感想や必要な配慮を個人で記入してもらいます。 |

| 留意事項 | 感想を聞くときには、わからないときにどのような気持ちだったかも聞きます。他の人がわかっているなかで自分だけわからないときの気持ちは、障害のある人たちが日頃感じていることかもしれません。 |

グループ討議　 20分

| 準備するもの | 記録シート（基礎演習：資料①・資料②） |

| 内容 | 司会・記録・発表の係を決め、演習を受けて感じたことや配慮したほうがよいことなどを話し合います。 |

発表　 10分

強度行動障害支援者養成研修（基礎研修）演習資料① ✎

「私たちが困っていること ─感覚の違いを体験しよう─」記録シート

演習 「作業（視覚的な手がかりがない場合、ある場合）」

（感想）

（必要な配慮）

演習 「作業（軍手をはめて）」

（感想）

（必要な配慮）

演習 「騒がしい環境での聞き取り」

（感想）

（必要な配慮）

演習 「狭い視野での活動」

（感想）

（必要な配慮）

強度行動障害支援者養成研修（基礎研修）演習資料② 🖊

「わかりにくいんです ―伝わりにくさを体験しよう―」記録シート

演習 「意味のわからない言葉での指示」

（感想）

（必要な配慮）

演習 「視覚と聴覚で違う情報」

（感想）

（必要な配慮）

演習 「わかりにくい提示」

（感想）

（必要な配慮）

（感想）

（必要な配慮）

| 演習 3 | 本人にわかりやすい環境と活動
――支援手順書を使って―― |
1.5時間 |

固有のコミュニケーション（2）

| 演習の目的 | 配置 |

支援現場では個別のアセスメントに基づいて作成された支援手順書に従ってかかわることで、適切で統一された支援をすることができます。また、自閉スペクトラム症の人の特性に配慮した構造化された環境で、それぞれに合わせた視覚的な伝え方をすることで、活動の意味を理解しやすくなり、自立して活動に取り組むことにつながります。この演習では、支援手順書に従って支援すること、構造化された環境でかかわること、言葉の指示ではなく視覚的な手がかりを使って支援することを体験します。

グループワーク形式
（1グループ4〜8名）

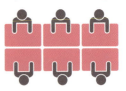

イントロダクション　　30分

- 演習の目的、内容を説明
- グループで配役（モデル役、支援者役、観察者役）を決める

演習「整えられた環境での活動（歯磨き場面）」　　60分

準備するもの　スケジュールカード（洗面所・いす）、マッチングする台紙（洗面所・いす）、歯磨きセット（ペン類で代用）、歯磨きカード、構造化の工夫（基礎演習：資料③）、Tさんの事例（基礎演習：資料④）、モデル情報シート（基礎演習：資料⑤）、チェックシート（基礎演習：資料⑥）、支援手順書／記録用紙（基礎演習：資料⑦）

内　容　支援者が支援手順書に沿って自閉スペクトラム症のAさんに歯磨きの支援をする

演習の手順

事前準備
モデル役（Aさん役）、支援者役、観察者役に分かれる
- モデル役：課題に取り組む
- 支援者役：支援手順書に従って、モデル役に活動を促す
- 観察者役：チェックリストに従って観察する

課題の流れ
① 座っているモデル役にスケジュールカード（洗面所）を手渡し、洗面所に移動する
② 歯磨きカードを見ながら歯磨きをする
③ 歯磨きが終わったら支援者がスケジュールカード（いす）を手渡し、席に戻る
④ 席に戻れば終了

観察
チェックシートに沿って支援者役のかかわり方を観察する

振り返り
配役に沿って、取り組んでみての感想を振り返る

交代
配役を交代する

留意事項	● 言葉の指示でなく、視覚的な手がかりを使ってかかわることを体験してもらうため、支援者役は言葉の指示を出さないようにする。
	● 言葉の指示は大事なコミュニケーションツールだが、自閉スペクトラム症の人にとっては多すぎる言葉の指示で混乱する場合があることを理解してもらう。

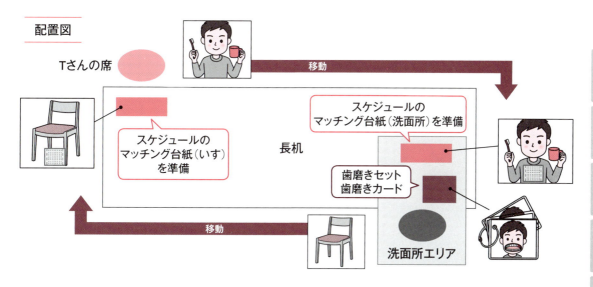

歯磨きカードの例（絵カード）

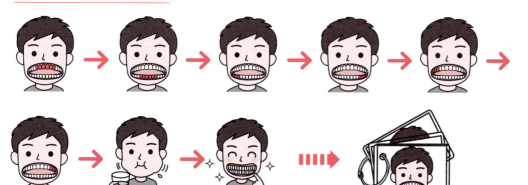

強度行動障害支援者養成研修（基礎研修）演習資料③

「本人にわかりやすい環境と活動 ──支援手順書を使って──」構造化の工夫

	構造化の工夫	理由
環境の整備	● 気になる物を見えないようにする（机の上の物をよける） ● 動線を妨げる物を置かない（いすなども必要な物以外はよけておく）	● 刺激（気になる物や人、音、光など）を遠ざけることで、注意がそれたり不適切な行動を予防する ● 動線が妨げられることで、注意が途切れやすい
見通しを伝える	● スケジュールカードで見通しを伝える ● 行き先にスケジュールカードをマッチングさせる台紙をおく	● 見通しがもちにくいので視覚的に予定を伝える ● スケジュールカードを台紙にマッチングすることで、どの場所に移動して活動に取り組むかがわかりやすい
視覚的な手がかり	● 歯磨きの絵カード	● 活動の始まりから終わりまでの手順を視覚的に示すことで、具体的に活動の内容を理解する

強度行動障害支援者養成研修（基礎研修）演習資料④ ✎
「本人にわかりやすい環境と活動 ── 支援手順書を使って ──」

事 例 ## 「入所施設で暮らすTさん」

　Tさんは重い知的障害と自閉スペクトラム症を併せもつ23歳の男性です。

　施設入所支援〇〇園に入所して5年になります。

　本人から表出される言葉はほとんどありませんが、普段から「あー」「うー」という声を出していて、特にうれしいときや不安になったとき、不快なときには、さらに大きな声で「あー！」「うー！」といった声を出すことがあります。

　支援員の指示は言葉で通じないことが多く、普段はスケジュールカードなどの視覚的な指示を使って指示を理解しています。

　歩行は少し足を引きずるような歩き方ですが、自力歩行は可能です。

　視力は正確には測定できませんが、遠いところにいる支援員の様子を見ていることもあり、それほど悪くはないのではないかと思われます。

　音には過敏で、他の人が声をあげているときには耳をふさいだり、大きな音やかん高い話し声がしているときには明らかに不快そうな表情をしています。

　支援員や他の人から声をかけられると耳をふさいで動きが止まってしまうことが多く、特に本人が気づいていないときに後ろや横から急に声をかけられると、びっくりして耳をふさぎながら「あー！」と声を出して不安な表情で動きが止まってしまうこともあります。

　身辺のことや施設内の普段の活動については、本人が慣れていることは自分でできますが、新しいことや久しぶりにやることはやり方がわからないためか止まってしまうことが多いようです。支援員が説明しても本人が理解できないときには止まって動くことができません。

　普段のTさんは穏やかで笑顔がとてもステキな男性で、うれしいときや好きな人を見かけたときに見せる笑顔は支援員をとても和ませてくれます。

　施設では、そんなTさんにずっと穏やかに暮らしてほしいと願い、Tさんの障害特性を理解しながら環境設定や接し方をするように支援員で話し合っているところです。

強度行動障害支援者養成研修（基礎研修）演習資料⑤ ✏

「本人にわかりやすい環境と活動 ── 支援手順書を使って ──」
モデル情報シート

入所施設で暮らすTさん（p.294参照）をモデルに行動する

行動	背景の特性
● 日常的に「うー」という独語がある	言葉をコミュニケーションに使えない
● 声かけをされたときは耳を塞いで5秒ほど動かない	言葉の理解が苦手で、混乱しやすい
● 複数の指示（声かけ、ジェスチャー、指示書を見せる）を同時に出された時は動かない	情報処理が苦手で、同時に指示を出されると混乱しやすい
● 後ろから声をかけられたときは、「あー」と声を出して動かない	後ろから急に声かけされると、驚いて不安になりやすい
● 指示が理解できないときは、動かない	自分で次の行動を考えることが苦手
● 歯磨きは、1つの工程を5秒ぐらいかけて磨くことができるが、途中で一度動きが止まる	注意の持続が難しく、活動の途中でも動きが止まりやすい
● 歯磨きは毎日取り組んでいるので、スケジュールカードを渡されるとスムーズにエリアに移動できる	視覚的な手がかりを理解すること、同じパターンを繰り返すことは得意

強度行動障害支援者養成研修（基礎研修）演習資料⑥ ✏

「本人にわかりやすい環境と活動 ── 支援手順書を使って ──」
チェックシート

	チェック項目	様子
支援者の理解	支援手順書を理解し、内容のとおりにかかわっているか	
	Tさんの特性と構造化の意味を理解してかかわっているか	
支援者のかかわり方	視覚的な手がかりに注目させているか	
	過度な声かけは控えているか	
	指示は1つずつ伝えているか（声かけとジェスチャーは同時にしないなど）	
	Tさんのペースに合わせてかかわっているか	

強度行動障害支援者養成研修（基礎研修）演習資料⑦ ✎

「**本人にわかりやすい環境と活動** ── **支援手順書を使って** ──」

支援手順書／記録用紙

日付け	20○○年○月×日	氏名	Tさん	記入者	支援員B

スケジュール	本人の動き	支援者の動き・留意点	本人の様子（記録）
事前準備		● 動線で刺激になるものをよける ● 歯磨きセットを洗面所にセットする ● 歯磨きカードを準備する	
洗面所に行く	スケジュールを見て、洗面所に移動する	● 本人の正面からスケジュールカードを渡す	
		● 本人と洗面所に移動	
歯磨きをする	歯磨きセットを取り、歯磨きをする	● 洗面所で歯磨きセットを指差す	
		● 歯磨きカードを1枚ずつめくりながら歯磨きしてもらう ● 歯磨きの途中で動きが止まったら、歯磨きカードの磨く部分を指差し促す	
		● 終わったら歯磨きセットの置いてあった場所を指差し、置いてもらう	
席に戻る	スケジュールを見て、元の席に移動する	● 本人の正面からスケジュールカードを渡し、元の席に戻る	

かかわる際に考慮する点

● 声かけが苦手なので、言葉以外の手段でかかわる
● 複数の指示を同時に出すと混乱しやすい
● 後ろから急にかかわると驚くので、本人の視野に入ってから指示を出す
● 動かなくなったときはしばらく待ってから次の活動を伝える

| 演習 4 | 知ることから始めよう
――根拠をもって支援する―― |

0.5時間

情報収集とチームプレイの基本（1）

演習の目的

今までの講義や演習で、理解しようとすることの重要性は伝わっていると思います。その理解を形にして支援の根拠としていかなければなりません。そのためには本人の様子をしっかりみることが必要になります。本人の様子からその特性に気づき、特性に配慮された環境が用意できればパフォーマンスは上がりますから。この演習では、「かねすけくん」の動画を見て、特性が表現されている行動を拾い出していく作業を体験します。

配置

グループワーク形式
（1グループ4～8名）
スクール形式でも可

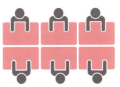

イントロダクション　　10分

- 演習の目的や内容の説明
- アセスメントについての説明

演習「アセスメント」　　20分

準備するもの　「DVD 自閉症の子どもたち――バリアフリーを目指して」（一般社団法人日本自閉症協会*）、アセスメントシート［支援のヒントシート］（基礎演習：資料⑧）
＊日本自閉症協会ホームページ　http://www.autism.or.jp/

内　容　　社会性の障害のアセスメント
　　　　　想像力の障害のアセスメント
　　　　　コミュニケーションの障害のアセスメント
　　　　　感覚の障害のアセスメント
　　❶あらかじめアセスメントシートの「現れている行動の例」に✓の入ったシートを配布し、✓項目を確認
　　❷DVDの該当箇所を視聴
　　❸具体的な行動をアセスメントシートの「本人の具体的な行動」に記入する
　　❹項目ごとに同じ作業を繰り返します。

留意事項　演習4は、障害特性が具体的にどのような行動となって表現されるかを理解する演習です。行動を観察し、客観的な事実を書き出してみましょう。

強度行動障害支援者養成研修（基礎研修）演習資料⑧

「知ることから始めよう ──根拠をもって支援する──」アセスメントシート［支援のヒントシート］

		現れている行動の例【1】	✓
コミュニケーションの障害	ア 理解が難しい	言語で指示をしてもすぐに行動できない・指示されたことと違うことをする	
		決まりきった場面での言葉はわかるが状況が変わるとわからないことがある	
		同じ指示でもわかるときとわからないときがある	
		短い言葉でないとわからない	
		相手の言葉をそのまま繰り返す（反響言語・エコラリア）	
		物を見て理解したり、勘違いしたりする（帽子を見て外出とわかる、間違える）ことがよくある	
		とりあえず拒否をする／とりあえず「わかった」と言う	
		抽象的・曖昧な（ちょっと、ゆっくり、できるだけなど）表現の理解が難しい	
		他者から与えられる情報や指示に対して回避をする傾向がある	
		冗談やダジャレ、慣用句などが理解できない／字義どおりの理解	
		自分なりの解釈が多く周囲と理解がずれることがある	
	イ 発信が難しい	行動（かんしゃく・パニック・身体表現など）で気持ちを伝える	
		コマーシャルやアニメの台詞は言えても伝える手段で言葉を使えない	
		自分にしかわからない言葉や、言い方がある（帰りたくなると「りんご」と言うなど）	
		指差しや相手の手を取って（ハンドリング・クレーン）訴える	
		言葉の特定の機能しか使えない（要求のみ・あいさつのみ）	
		伝え方がわからず相手の言葉をそのまま繰り返す（反響言語）	
		この場所ではこの台詞、この人とはこの台詞とお決まりの台詞が多い	
		文法が使えない（単語・二語文）／使えても助詞（がのにを）を間違える	
	ウ やりとりが 難しい	やりとりができない／かみあわない	
		やりとりが続かない	
		唐突に話し出す・自分が知ることは相手も知っている前提で話をする	
社会性の障害	エ 相手の 気持ちを 想像できない	視線が合わない／アイコンタクトが取れない	
		人とのかかわりが一方的・相手の気持ちに関係なく行動する・一人を好む	
		周囲にどのように見られているかわからない、興味がない	
		相手の表情や気持ちを読むことが苦手／特定の表情や雰囲気にだけ過剰に反応する	
		一緒に同じものを見て気持ちを通わせることができない／共感が少ない	
	オ 状況の 理解が できない	周囲の様子から期待されていることを理解することが苦手	
		同世代の人と上手に付き合うことができない	
		年齢相応の常識(社会のルール)が身についていない	
		待つのが苦手／自由時間を上手に使うことができない	
		その場にふさわしい（安全・迷惑等の状況に配慮した）行動がとれない	
		周囲に合わせて行動できない／周囲に合わせ過ぎてしまう	
想像力の障害	カ 物の一部に 対する 強い興味	標識、ロゴ、数字、テレビCM、電車、DVDの繰り返しの再生などの一部分に執着	
		必要があっても、自分の興味のないものに関心を示すことができない	
		細かいことが気になってひっかかる	
		声をかけても聞こえていないようにふるまうことがある	
	キ 常同・反復的 な行動	同じ場所に置きたい・同じ角度にしたいなどのこだわりがある	
		同じ行動・活動、同じ言葉を何度も繰り返す・長時間続ける	
		フラッシュバックと思われる混乱がある	
		自分なりの手順、日課、道順などの自分ルールが多くある	
	ク 変化への 対応困難	自分のルールを変えられることに抵抗がある／必要があっても変更できない	
		日課が変わる、担当者が替わる、場所が変わるなどの変更に弱い	
		活動の途中で止められると対応できない	
感覚の障害	ケ 感覚の 敏感・鈍感	視覚/眩しがる、目を閉じる、帽子やフードを目深にかぶる、キラキラに没頭する　など	
		聴覚/耳を塞ぐ、特定の音を嫌がる・怖がる、特定の音を大音量にしたがる　など	
		触覚/同じ素材の服しか着たがらない、特定の食感のものしか食べない　など	
		味覚/著しい偏食、特定の刺激の強い味を好む、同じものばかり食べる　など	
		嗅覚/刺激臭を好む、特定の臭いを極端に嫌う　など	
		ぐるぐる回っても目が回らない、姿勢が悪い、高い場所が好き、ロッキングが多い　など	
		爪切り、散髪、歯磨き、洗髪など日常的な場面で激しく抵抗する	

その他気づいたこと（強み、得意、できること、好きなことを中心に）

障害特性		関連する情報処理の特性【2】	本人の具体的な行動【1】	支援のアイデア【3】
コミュニケーションの障害	ア 理解が難しい	● 見えないものの理解が難しい ● 音声言語の理解が苦手 ● 見える情報で考える ● 一度にたくさんはわからない ● 理解するのに時間がかかる ● 聴覚に過敏がある（音・声など）		● 本人が理解できる見える情報（文章、単語、絵、写真、シンボル、具体物等）で伝える ● 伝える量に配慮する ● 理解できるまで待つ ● 苦手な刺激への配慮
	イ 発信が難しい	● 見えないものの扱いが難しい ● 音声言語ではうまく伝えられない ● 誰に伝えたらいいかわからない ● どこに伝えたらいいかわからない ● 刺激に影響を受けやすい ● 忘れやすい		● 本人が使いやすいツール（文章、単語、絵、写真、シンボル、具体物等）の提供 ● 誰に、どうやって伝えるかわかるように具体的に支援 ● 忘れたときに思い出す工夫
	ウ やりとりが 難しい	● 気持ちなど見えないものの理解が難しい ● 忘れやすい・処理速度を合わせられない ● 情報が多いと処理が難しい		● 会話も見えるツールでする ● 相手の処理速度に合わせる ● 人数などにも配慮する
社会性の障害	エ 相手の 気持ちを 想像できない	● 見えないものの理解が難しい ● 情報の多いものは苦手 ● どこを見たらいいかわからない ● 関係性がわからない ● 表情や声質など全体的な理解が苦手		● 関係性、感情なども見える形で伝える ● 汲み取ってもらう、察してもらうではなく、具体的に伝える（誰にどう伝えたらよいかなど）
	オ 状況の 理解が できない	● 見えないものの理解が難しい ● 時間の流れを頭の中で組み立てられない ● どこを見たらいいのかわからない ● どこで活動したらいいのかわからない ● 視線や雰囲気から読みとるのは苦手 ● 曖昧なものの理解が苦手 ● 終わりが理解しにくい ● 刺激に影響されやすい ● 手順が思いつかない		● 「いつ」「どこで」「何を」の情報を見てわかるように伝える ● 着目すべき場所を強調する ● 一つの場所を多目的に使わない ● 「どうなったら終わり」「次に何をする」がわかるように工夫する ● すべきことを具体的に伝える ● 環境を整え刺激を少なくする ● 見てわかるように手順を伝える
想像力の障害	カ 物の一部に 対する 強い興味	● 興味関心が強くて狭い ● 一つ思いつくとそれ以外思いつけない ● 集中しすぎると注意の移動ができない ● 部分的に強く処理し全体の理解が苦手		● 本人の興味関心に合わせた提示 ● 最初から正しい方法で学ぶ配慮 ● 活動に意味をもたせる（ごほうびの活用） ● 終了ときっかけの支援
	キ 常同・反復的 な行動	● 細部が強調され違いに敏感 ● 少しの違いで大きな不安 ● 見た記憶が強くて引っ張られる ● その都度判断するのが苦手		● 最初から正しい方法で学ぶ配慮 ● 変わらないものは習慣化する ● 変わるものは「やり方」「教え方」を統一する
	ク 変化への 対応困難	● 一度思いつくとそれ以外思いつけない ● 細部が強調され違いに敏感 ● 手がかりが変わるとわからなくなる ● やり方を忘れる		● 活動を始める前に成功につながる手がかりを提供する ● 忘れても確認できるようにする ● 変更の伝え方を統一する
感覚の障害	ケ 感覚の 敏感・鈍感	● 感覚に過敏がある ● 感覚に鈍感がある ● 独特な感覚がある ● 刺激が重なると処理が難しくなる		● 苦手な刺激を少なくするための配慮（イヤーマフ・サングラスなど） ● 強い刺激など危険な刺激、好き過ぎる刺激への配慮 ● 避難場所の確保 ● 本人に必要な刺激は止めない

演習 5	本当の理由を考えよう
	――氷山モデルで考える――

1.5時間

行動障害の背景にあるもの（2）

演習の目的

強度行動障害の様相は、特性に配慮された環境がないなかで必死にもがき続けた結果だともいえます。確かにその様相は複雑にからまった糸のようであり、糸をほどくためにはからまっている背景や要因を整理しなくてはなりません。強引にほどこうとするとますますからまってしまいますから。強度行動障害の様相の背景にある、配慮すべき特性や環境を整理する考え方として氷山モデルがあります。この演習では、演習4に続き「かねすけくん」の行動を例に、氷山モデルの考え方を整理していきます。

配置

グループワーク形式
（1グループ4～8名）

イントロダクション　　10分

- 演習の目的や内容の説明
- グループで司会、記録、発表の係決め
- 氷山モデルについての説明

演習「氷山モデル」　　80分

準備するもの　「DVD 自閉症の子どもたち――バリアフリーを目指して」（一般社団法人日本自閉症協会）、アセスメントシート［支援のヒントシート］（基礎演習：資料⑧）、環境情報シート（基礎演習：資料⑨）、氷山モデルシート（基礎演習：資料⑩）

内　容　「かねすけくん」がスーパーで走り出す行動の理由を氷山モデルで整理していきます。
❶DVDを視聴し、資料⑧で確認する（5分）
❷資料⑧の「関連する情報処理の特性」を見ながら行動の理由について仮説を立て、資料⑩「本人の特性」欄を埋める
　個人ワーク5分→グループワーク15分（20分）
❸DVDと資料⑨「環境情報シート」を手がかりに資料⑩「環境・状況」欄を埋める（15分）
❹発表と共有（10分）
❺必要なサポートを資料⑧「支援のアイデア」を参考に考える（20分）
❻発表とまとめ（10分）
演習5の内容は演習4の続きとなります。続けて行うことも可能です。

強度行動障害支援者養成研修（基礎研修）演習資料⑨
「本当の理由を考えよう —氷山モデルで考える—」環境情報シート

事例 「かねすけくんの外出風景補足情報【4】」

- とても大きなショッピングモールに休日、家族で買い物に行きました。
- 人出の多い日で、ショッピングモールはかなりにぎわっていました。
- 人の声、館内アナウンス、BGMなどがひっきりなしに鳴っています。
- 色とりどりの商品がたくさん並べられた店が通路の両脇にぎっしり並んでいます。
- かねすけくんの大好きなおもちゃがある店の前に出たとき、かねすけくんはおかあさんを振り切って走っていき、気になるおもちゃを持って走り出しました。
- おかあさんは慌てて「かねすけ、ダメダメ、待ちなさい」などと声をかけましたが、一向に気にする様子はありません。
- お母さんが追いかけてきたことに気づくと、笑って逃げ、お母さんが商品を取り上げても怒る様子もありません。
- お母さんが商品を店の棚に戻している間に、かねすけくんは他の店に走って行き、気になる商品を触っていました。

強度行動障害支援者養成研修（基礎研修）演習資料⑩
「本当の理由を考えよう──氷山モデルで考える──」氷山モデルシート

行動障害とされるさまざまな行動を理解するために、「氷山モデル」という考え方があります。これは行動的な問題が現れていることを水面上に出ている氷山にたとえてみるということです。氷山は、水面上に見える部分だけでなく、水面下にある部分のほうが大きいことから、水面上に見える「行動上の課題」があれば、その背景には多くの要因が潜んでいる、とする視点です。氷山モデルでは、課題となる行動を水面上に見える氷山の一角の部分に書き表し、氷山を水面上に押し出している水面下の部分に「本人の特性（個人因子）」と「環境・状況（環境因子）」を書き表します。　　　　　（井上雅彦）

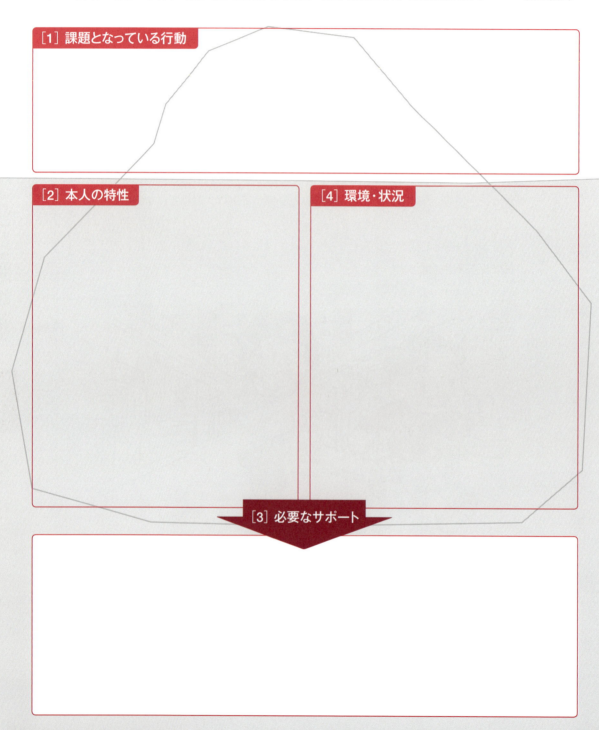

［1］課題となっている行動

［2］本人の特性

［4］環境・状況

［3］必要なサポート

| 演習 6 | お互いに共有しよう ——記録と情報共有—— | 0.5時間 |

情報収集とチームプレイの基本（2）

演習の目的

支援の現場では、1人の利用者に複数の支援者がかかわることが多いでしょう。しかも、同時にかかわることよりも、それぞれに場面や時間を担当しながらかかわることのほうが多いかもしれません。利用者の生活は連続していますから、支援者も「連続・共有・一貫」した対応が必要です。そのために重要になってくるのが記録ツールです。演習6では、「主観が多い記録」と「具体的な記録」の例を見比べながら、どのような記録のあり方がよいかを検討し、それぞれの職場に合った記録ツールについて考えることが目的です。

配置

グループワーク形式
（1グループ4〜8名）

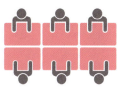

イントロダクション　　5分

- 演習の目的や内容の説明
- グループで司会、記録、発表の係決め

演習 「記録と情報共有」　　25分

準備するもの　記入例（1）主観の多い記録（基礎演習：資料⑪）、記入例（2）具体的な記録（基礎演習：資料⑫）、記録シート（基礎演習：資料⑬）

内　容
❶ 記録の記入例のモデルを把握します。（5分）
- 重度知的障害を伴う自閉症の人
- 生活介護、施設入所事業を利用中
- 支援員は睡眠時間の乱れや支援員を叩く行動が課題だと感じている

❷ 2つの記録を見比べながら、支援現場でどのような記録がよいかを話し合います。（20分）

強度行動障害支援者養成研修（基礎研修）演習資料⑪ ✏

「お互いに共有しよう─記録と情報共有─」記入例（1）主観の多い記録

日 付	ご本人の様子	前後の様子・支援員の考察
○月1日（月） 日 中	記入者　　支援員A 日中活動の際、怒った様子で支援員を叩く。 しばらくすると落ち着く。	
夜 間	記入者　　支援員B 夕食はスムーズに完食。 夜間は起き出すことが多い。	
○月2日（火） 日 中	記入者　　支援員A 午前は自立課題、 午後からは散歩の活動に取り組む。	
夜 間	記入者　　支援員B 夕食は野菜炒めを残す。 明け方、廊下をウロウロ歩いていた。	
○月3日（水） 日 中	記入者　　支援員C 午前は自立課題、午後からは受注作業の納品に行く。 機嫌がよい。	
夜 間	記入者　　支援員A 夜間起き出すことが多い。 明け方、トイレで排尿する。	
○月4日（木） 日 中	記入者　　支援員D 日中活動中に急に怒り出し、支援員を叩く。 午後からは自立課題に取り組む。	
夜 間	記入者　　支援員B 大声を出していることが多い。 よく寝ているが、明け方廊下を徘徊する。	
○月5日（金） 日 中	記入者　　支援員A 午前中は自立課題に取り組むが、昼前に支援員を叩く。	
夜 間	記入者　　支援員D よく寝ている。	
○月6日（土） 日 中	記入者　　支援員B 午前中は安定して過ごす 午後からは公園でティータイムの余暇に参加する。 表情よい。	
夜 間	記入者　　支援員D 夜間に利用者Bさんとトイレで一緒になり、 引っかかれたのか顔に傷がある。	
○月7日（日） 日 中	記入者　　支援員A 午前中は安定して過ごす。 午後からは散歩に行き、ジュースを買う。	
夜 間	記入者　　支援員A 大声を出していることが多い。 よく寝ている。	

強度行動障害支援者養成研修（基礎研修）演習資料⑫

「お互いに共有しよう ─記録と情報共有─」記入例（2）具体的な記録

日 付	ご本人の様子	前後の様子・支援員の考察
○月1日（月） 日 中	記入者　　支援員A 午前中は自立課題に取り組む。 昼食後イスに座っていたが、12：30ごろ支援員を叩く。 作業を促すと落ち着いて取り組む。	
夜 間	記入者　　支援員B 21時ごろ就寝する。途中、22時、24時、5時ごろに起き出す。 起き出した際にはトイレに行っている。	
○月2日（火） 日 中	記入者　　支援員A 午前中は、型はめ、パズル、色分けの自立課題に取り組む。 30分くらいで終わり、追加でもう1セット取り組む。 午後からは散歩に行く、鼻歌を歌うなど機嫌がよい様子。	
夜 間	記入者　　支援員B 夕食は野菜炒めを残す、その他は完食。21時ごろ就寝し、 起き出すことなく就寝しているが、5時ごろに起きてトイレに行き、 その後は眠れずに廊下や自室で過ごしている。	
○月3日（水） 日 中	記入者　　支援員C 午前は、型はめ、パズル、色チップの袋詰めの課題に取り組む。色チップの袋詰めは初めて取り組む課題であったが、袋に入れる色チップを実物で示すとよく見ている。午後は納品に行き、納品先で品物を運ぶ。	
夜 間	記入者　　支援員A 21時ごろ就寝し、明け方5時ごろ起きだしトイレに行く。その後寝付けない様子だったが、自室に誘導し、ベッドの側に支援員が付き添っていると10分後に再入眠する。	
○月4日（木） 日 中	記入者　　支援員D 午前は、型はめ、パズル、色チップの袋詰めの課題に取り組む。 30分ほどで取り組める。12：20ごろイスに座って昼食の配膳を待っているときに支援員を叩く。食事を促すと落ち着いて食べる。	
夜 間	記入者　　支援員B 夕食前に食堂で「あー」と声を出している。 21時前には自室で就寝している。 朝の6時ぐらいに起きだしトイレに行く。	
○月5日（金） 日 中	記入者　　支援員A 午前は型はめ、パズル、色分けの自立課題に取り組む。ペースが速く20分ほどで取り組めるため、もう1セット取り組むがこれも早く終わったため、昼食まで待ってもらっていると11：30ごろ支援員を叩く。一旦、距離をあけ、食事を促すと落ち着いて食べる。午後からは散歩に行く。	
夜 間	記入者　　支援員D 22時ごろトイレに行ってからしばらく自室で座っているが、 23時ごろ就寝、その後は翌朝7時頃まで寝ている。	
○月6日（土） 日 中	記入者　　支援員B 午前中は自室でTVを見ている（アニメ番組）。 午後は、公園まで散歩に行き、クッキーとチョコレートの実物を見せ選んでもらうと、チョコレートを選んで食べる。	
夜 間	記入者　　支援員D 22時ごろトイレに行ったあと、廊下を歩いているが23時ごろ就寝。 よく寝ているが、7時ごろ本人の右頬に4センチほどの引っかき傷がある。出血はなし。看護師出勤後に消毒の処置をする。	22時のトイレの際に利用者Bさんと一緒になったので、その際に引っかかれた可能性が高い。
○月7日（日） 日 中	記入者　　支援員A 午前中は自室でTVを見ている（アニメ番組）。 午後からは散歩に行き、自販機でジュースを買う。 ミルクティーを選んで飲んでいる。	
夜 間	記入者　　支援員A 夕食前に「あー」と声を出している。 23時ごろ就寝し、朝の6時ごろまで就寝している。	

強度行動障害支援者養成研修（基礎研修）演習資料⑬ ✎

「**お互いに共有しよう** ― 記録と情報共有 ―」 **記録シート**

1. より客観的な記述が多いほうがわかりやすいのはなぜか？

2. どのような情報がわかるとよいか？

3. 自分たちの職場の記録はどうか？ しっかり情報収集できているか？

強度行動障害支援者養成研修（基礎研修）　参考資料

具体的な記録の例

夜間　ケース記録

201○年度　　利用者名　利用者Aさん

日　付	様　子	記入者
○月1日	夜間起き出すことが多い	支援員A
○月2日	明け方、廊下をウロウロ歩いていた	支援員B
○月3日	夜間起き出すことが多い	支援員A
○月4日	よく寝ているが、明け方廊下を徘徊	支援員C
○月5日	よく寝ている	支援員D
○月6日	夜間に利用者Bさんとトイレで一緒になり、引っかかれたのか顔に傷がある	支援員B

夜間の様子を支援員の観察をもとに記録した様式

具体的にすると

	21	22	23	24	1	2	3	4	5	6
○月1日		△							△	
○月2日									△	
○月3日		△							△	
○月4日										△
○月5日										
○月6日		△								

■…就寝　△…トイレ

夜間の様子を一覧表にして、時間ごとの睡眠時間を記録した様式

行動記録

201○年度　　利用者名　利用者Aさん　　日中の様子を簡単に記録、支援員を叩く行動が課題となっている

○月1日	怒った様子で支援員を叩く。しばらくすると落ち着く	記入者：支援員A
○月4日	急に怒り出し、支援員を叩く	記入者：支援員A
○月5日	昼前に支援員を叩く	記入者：支援員B

具体的にすると

	ターゲットとなる行動	事前の様子	対応と事後の様子	記入者
○月1日	12：30　支援員を叩く	食事を食べ終わっていすに座っている	作業を促すと落ち着く	支援員A
○月4日	12：20　支援員を叩く	いすに座って食事を待っている	食事を促すと落ち着く	支援員B
○月5日	11：30　支援員を叩く	作業が終わっていすに座っている	いったん距離を空け、食事を促す	支援員C

支援員を叩くという行動とその前後の文脈を整理して記録した様式

307

演習1 適切な支援を組み立てる（予防モデル）

⏱ 4時間

演習の目的

行動障害が起きてしまった人たちへの支援を考える前に、行動障害が起きないように支援していく予防の視点が大切です。この演習では、まだ強度行動障害が起きるまでになっていない状態の人の行動から、障害特性を理解し（アセスメントし）、その結果をもとに、支援計画（支援手順書）を作成する方法を体験します。行動障害が起きる前の状態の人が、障害特性ゆえに困っているということは、意外に気づきにくいものです。支援者が困っていない場面であっても、すでに本人の困難やストレスは始まっていることに気づくために、どこに着目すればよいのか、そしてどのように支援することで、その困難が軽減され、本来の力を発揮することができるようになるのか、「基本的な支援の流れ」を体験することがこの演習の目的です。

配置

グループワーク形式（1グループ4〜8名）

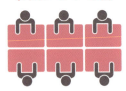

演習 「行動のアセスメント」 ⏱ 2時間

障害特性とアセスメント（1）

準備するもの	STさんの動画（※） アセスメントシート［支援のヒントシート］（基礎演習：資料⑧） 氷山モデルシート（基礎演習：資料⑩）
内　容	自閉スペクトラム症のSTさんが外出する事例を通して、障害特性のアセスメントと認知特性のアセスメントを丁寧に行います。

```
┌─────────┐    ┌─────────┐    ┌─────────┐
│  説　明  │ →  │ 動画の視聴 │ →  │ デモ演習  │
└─────────┘    └─────────┘    └─────────┘
● 演習の進め方                   ●「①予定を確認する」の
● アセスメントに                   場面を使って講師でデモ演習
  ついて                              │
● STさんの情報                        ↓
                              ┌─────────┐    ┌─────────┐
                              │ 個人ワーク │ →  │ 発　表  │
                              │グループワーク│    └─────────┘
                              └─────────┘
                              担当（司会者・記録者・発表者）決め
                              動画の各場面におけるアセスメント
                              ●「現れている行動の例」のチェック
                              ●「本人の具体的な行動」に記入
                              ● 氷山モデルシートに記入
```

演習 「支援手順書の作成」 2時間

構造化の考え方と方法（1）

準備するもの　氷山モデルシート（基礎演習：資料⑩のつづき）、
　　　　　　　　支援手順書　兼　記録用紙（実践演習：資料①）

内　容　障害特性のアセスメントをもとに、グループで外出の支援手順書を作成します。

説　明	→	グループワーク	→	発　表

- アセスメントのまとめ　　支援手順書の作成　　　　　　　　　　　　↓
- 支援手順書とは　　　　● 本人の特性を活かした支援を組み立てる　　まとめ
- 手順の説明　　　　　　● 必要な配慮（構造化）を考える
- 作成例の解説　　　　　● 支援手順書の作成

※STさんの動画は、全国地域生活支援ネットワーク（全国ネット）主催の指導者研修で配付しています。
　＜問い合わせ＞全国ネットメールアドレス：shien.net.japan@gmail.com

強度行動障害支援者養成研修（実践研修）演習資料①

「適切な支援を組み立てる（予防モデル）」 支援手順書 兼 記録用紙

日付　　年　　月　　日　記入者

スケジュール	本人の動き	支援者の動き・留意点	本人の様子（記録）
事前準備			
①予定を確認する			
②移動する			
③購入する			
④食べる			
⑤片づける			
⑥帰宅する			

演習2 行動上の課題に対応する（行動障害対応モデル）

3時間

演習の目的

さまざまな理由で行動障害が起きてしまった人たちは本人が「困っている」状況にあります。そして、その行動を起こしてしまう背景には必ず何かしらの理由があるものです。この演習では、課題となっている行動を修正するために、障害特性と環境を整理した氷山モデルでその行動の背景を理解し、さらに行動の記録を活用しながら、行動の前後関係を整理して、好ましい行動へ移行していくための支援の方法を組み立てていきます。そして、誰もが同じ支援を行うことができるように組み立てた支援方法に基づいて支援手順書を作成します。行動上の課題に対して、やみくもに支援をするのではなく、行動の背景や前後関係を考えながら支援を組み立てていくプロセスを体験することが、この演習の目的です。

配置
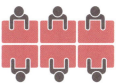
グループワーク形式
（1グループ4～8名）

演習 「記録とアセスメント」　1.0時間

記録の収集と分析

準備するもの
- AHさんの情報（実践演習：資料②）
- AHさんの動画（※）
- 行動記録用紙（実践演習：資料③）
- AHさんの行動記録用紙（実践演習：資料③-1）
- ストラテジーシート（実践演習：資料④ ➡ p.280）
- 氷山モデルシート（基礎演習：資料⑩）

内容　行動障害のあるAHさんの事例を通して、その背景と前後関係を考えます。

【説明】
- 演習の進め方
- AHさんの情報
- 動画の視聴
- ターゲットとする行動の決定
- 行動に名前をつける
- 行動を記録する
- アセスメント（行動の前後関係の説明）

↓

【個人ワーク】
ストラテジーシート（上段）の作成
氷山モデルシートの作成

↓

【グループワーク】
ストラテジーシート（上段）、氷山モデルシートをグループで共有する

↓

【発表】

演習 「支援手順書の作成」 2時間

障害特性とアセスメント（2）／構造化の考え方と方法（2）

準備するもの
ストラテジーシート（実践演習：資料④ ➡ p.280）
氷山モデルシート（基礎演習：資料⑩）
AHさんの障害特性シート（実践演習：資料⑤）
支援手順書 兼 記録用紙（実践演習：資料⑥）
AHさんの支援手順書 兼 記録用紙（実践演習：資料⑥-1）

内容
行動障害のあるAHさんの事例を通して、行動障害への対処方法と支援内容を考え、支援手順書を作成します。

説　明	→	グループワーク	→	発　表

↓
まとめ

- 原因を取り除く計画
- 予防的計画
- 支援手順書の作成
- 実施、検証
- 再アセスメント

- 本人の特性を活かした支援を組み立てる
- 必要な配慮（構造化）を考える
- ストラテジーシート（下段）の記入
- 氷山モデルシートの完成
- 支援手順書の作成

※AHさんの動画は、全国地域生活支援ネットワーク（全国ネット）主催の指導者研修で配付しています。
＜問い合わせ＞全国ネットメールアドレス：shien.net.japan@gmail.com

強度行動障害支援者養成研修（実践研修）演習資料②

「行動上の課題に対応する（行動障害対応モデル）」AHさんの情報

名前：AHさん（仮名）　**年齢**：37歳　**性別**：男性　**診断名**：自閉症
IQ：30（田中ビネー）　**利用しているサービス**：施設入所支援・生活介護

主な生育史

　言葉の遅れから3歳児健診時に児童相談所経由で精神科を受診し「微細脳損傷症候群」と診断され、その後、自閉症との診断を受ける。言葉をコミュニケーションの道具として使えず、多動で落ち着きがなかった。また他の子どもには興味を示さず、物への固執と、状況の変化を嫌い1人で過ごすのを好んだが、中学校までは通学が維持できていた。

　中学校の頃から行動の停止が目立つようになり、促すと他害行為やパニックになることが多くなり、特に通学の付添いを行っていた母への他害行為から、母が強い恐怖を感じるに至り、障害児施設への入所となった。その後も、行動の停止、自傷行為、他害行為がみられたが、成人したため施設入所支援利用となった。現在は施設に入所しながら、日中は生活介護事業所へ通所している。長期休暇等には自宅に帰宅し、両親との時間も過ごせるようになっている。

本人の主な行動上の特徴

　AHさんは普段は職員との言葉遊びを要求したり、ゲームの話をしたりと他者とのコミュニケーションを楽しんだりしているが、行動が停止すると表情が厳しくなり、耳をふさいで時には数時間も同じ姿勢でいることもある。促すと激しい他害行為に及ぶこともある。また、洋服を破ってしまうことも頻回にあり、破った洋服を持ってきては着替えを要求する。

　突発的な自傷行為もあり壁に頭突きをしたり、自分の顔をこぶしで殴って歯が折れたりすることもあった。また、食事中に箸を折り自分の腕に突き立てることもあった。自傷行為を止めるために複数の職員で対応したりすると、そのことを覚えていて「暴れたねー」「暴れたから○○さん（職員）来たねー」と暴れたときの話をすることもある。裂傷治療で使用した医療用のホチキスを自ら取ってしまったり、痛みに鈍磨な様子もみられる。

　コミュニケーションは2語文程度は理解でき、表出表現も豊かだが独自のやり取りをしようとする（「あ」に点々で「あ゛ー」、「の」に点々で「の゛ー」等）。文字を使ったスケジュールやデジタル時計の理解はできる。ファミコンが好きで昔やったゲームの話をすることを好む。

強度行動障害支援者養成研修（実践研修）演習資料③ ✏

「行動上の課題に対応する（行動障害対応モデル）」 行動記録用紙

氏名：　　　　　　　　　　　ターゲットとした行動（B）：

日付	先行事象（A）	誰に・何に	何をした（B）	結果事象（C）	対応後の本人の様子（その他）	記録者

強度行動障害支援者養成研修（実践研修）演習資料③-1 🖊

「行動上の課題に対応する（行動障害対応モデル）」行動記録用紙

氏名： AHさん　　　　　　　　ターゲットとした行動(B)： 行動が停止する

日付	先行事象(A)	誰に・何に	何をした(B)	結果事象(C)	対応後の本人の様子(その他)	記録者
○月○日(月)	自立課題をするように口頭で促した	支援員K	作業部材を持ったまま耳ふさぎして止まる	自立課題は中止された	その後も止まったまま、なかなか次の活動に移れなかった	K
○月○日(土)	「昼食はドリアです」と言って、昼食（ドリア）を提供したとき	支援員K	立ったまま耳ふさぎして止まる	昼食は食べられなかった	朝から昼食は「ハンバーグ」と言っていた	K
○月○日(金)	就寝時、支援員が寝るように声かけしたとき	支援員Y	毛布をかぶり、隅で片足立ちしたまま行動が止まる	支援者が複数名で身体介入をしてベッドへ誘導	朝まで寝ることなく過ごす翌日はに楽しみな外出の予定が入っている	Y
○月○日(火)	就寝前、歯磨きをするよう声かけしたとき	支援員Y	歯ブラシを持ったまま耳ふさぎして、行動が停止する	歯磨きはできず、中止して就寝	夜はなかなか入眠ができずにいた日中、作業の時間に長時間居眠りをしていた	P
○月○日(木)	入浴時、そろそろ出るように口頭で促した	支援員P	シャワーを出したまま、行動が停止する	支援員が手を取って浴槽から出た	しばらくいらいらした様子が続いた	T

強度行動障害支援者養成研修（実践研修）演習資料⑤

「行動上の課題に対応する（行動障害対応モデル）」障害特性シート［支援のヒントシート］

	障害特性	関連する情報処理の特性【2】
コミュニケーションの障害	ア 理解が難しい	● 見えないものの理解が難しい　● 音声言語の理解が苦手 ● 見える情報で考える　● 一度にたくさんはわからない ● 理解するのに時間がかかる　● 聴覚に過敏がある（音・声など）
	イ 発信が難しい	● 見えないものの扱いが難しい　● 音声言語ではうまく伝えられない ● 誰に伝えたらいいかわからない　● どこに伝えたらいいかわからない ● 刺激に影響を受けやすい　● 忘れやすい
	ウ やりとりが 難しい	● 気持ちなど見えないものの理解が難しい ● 忘れやすい・処理速度を合わせられない ● 情報が多いと処理が難しい
社会性の障害	エ 相手の気持ちを 想像できない	● 見えないものの理解が難しい　● 情報の多いものは苦手 ● どこを見たらいいかわからない　● 関係性がわからない ● 表情や声質など全体的な理解が苦手
	オ 状況の理解が できない	● 見えないものの理解が難しい　● 時間の流れを頭の中で組み立てられない ● どこを見たらいいのかわからない　● どこで活動したらいいのかわからない ● 視線や雰囲気から読みとるのは苦手　● 曖昧なものの理解が苦手 ● 終わりが理解しにくい　● 刺激に影響されやすい ● 手順が思いつかない
想像力の障害	カ 物の一部に対する 強い興味	● 興味関心が強くて狭い ● 一つ思いつくとそれ以外思いつけない ● 集中しすぎると注意の移動ができない ● 部分的に強く処理し全体の理解が苦手
	キ 常同・反復的な 行動	● 細部が強調され違いに敏感　● 少しの違いで大きな不安 ● 見た記憶が強くて引っ張られる　● その都度判断するのが苦手
	ク 変化への 対応困難	● 一度思いつくとそれ以外思いつけない ● 細部が強調され違いに敏感 ● 手がかりが変わるとわからなくなる ● やり方を忘れる
感覚の障害	ケ 感覚の 敏感・鈍感	● 感覚に過敏がある ● 感覚に鈍感がある ● 独特な感覚がある ● 刺激が重なると処理が難しくなる

316

日付　　　/　　　/　　　氏名　　　　　記入者	
本人の行動や状態【1】	**支援のアイデア【3】**
●2語文程度の言語指示は理解できる ●行動停止や不調時には、返答できずにいることが多い	●本人が理解できる見える情報（文章、単語、絵、写真、シンボル、具体物等）で伝える ●伝える量に配慮する ●理解できるまで待つ ●苦手な刺激への配慮
●言語表出はできるが、一方的な言葉のやりとりを求めることがある ●一方的な会話や決まったフレーズの言葉遊びを、支援者に対して要求することがある ●行動停止や不調時には、返答できずにいることが多い	●本人が使いやすいツール（文章、単語、絵、写真、シンボル、具体物等）の提供 ●誰に、どうやって伝えるかわかるように具体的に支援 ●忘れたときに思い出す工夫
●スケジュールやカレンダーで予定を事前に伝えることで、日程や計画内容を理解することができる ●活動場所（休憩場所、食事場所など）を明確にすることで活動とのつながりを理解できる ●上記の特性があるが、衝動性や固着行為の影響を受け、実行困難な場合もある	●会話も見えるツールでする ●相手の処理速度に合わせる ●人数などにも配慮する
●行動が停止することで現在の活動がわからなくなることがある	●関係性、感情なども見える形で伝える ●汲み取ってもらう、察してもらうではなく、具体的に伝える（誰にどう伝えたらよいかなど）
●行動が停止することで現在の活動がわからなくなることがある ●職員の入れ替わり（異動などで現場を離れる）の際に不在の理解が難しく「○○さんは死んだ」というフレーズを用いてとらえることがある ●上記の内容に位置づけられた人に顔を合わせた際には混乱し自傷・破壊行為に発展してしまうことがある ●動機が強い活動に関して字義どおりの解釈を行う	●「いつ」「どこで」「何を」の情報を見てわかるように伝える ●着目すべき場所を強調する ●一つの場所を多目的に使わない ●「どうなったら終わり」「次に何をする」がわかるように工夫する ●すべきことを具体的に伝える ●環境を整え刺激を少なくする ●見てわかるように手順を伝える
●過去にかかわった職員や医師の名前を口にする、建物の名称や移転などを覚えていて、口にする（「前は○○あった。いまはない」）など長期記憶の特性が見られる。同時に、フラッシュバックによる思考や活動の停止も考えられる ●女性や過去にかかわった職員が近くにいる場合は、注意や着目が見られる	●本人の興味関心に合わせた提示 ●最初から正しい方法で学ぶ配慮 ●活動に意味をもたせる（ごほうびの活用） ●終了ときっかけの支援
●特定の人に対しての関係や言葉のやりとりを強く求めることがある	●最初から正しい方法で学ぶ配慮 ●変わらないものは習慣化する ●変わるものは「やり方」「教え方」を統一する
●タイミングや納得の度合いにもよるが、不調時には突発的な自傷・他害・物損などの衝動的な行動、長時間活動停止することによる場面の切り替えと注目することの困難さがある ●対応者が複数いる場合や視覚的に気になる刺激（人、物）の多い環境下では転導的な様子が見られる ●職員が替わることによる行動の停止が見られる	●活動を始める前に成功につながる手がかりを提供する ●忘れても確認できるようにする ●変更の伝え方を統一する
●濡れたり汚れたりする事に対する鋭敏さや痛みや寒さを訴える事が出来るが、不調時には頭突きによる頭部裂傷や腕を噛むことや処置した医療用ホチキスを自ら抜鉤するなどの鈍感さがある ●上記の理由から、衝動的な自傷行為や破壊行為も頻回に見られる ●不調時には、目を閉じたり耳を塞ぐことが多くあり、その場で止まり毛布にくるまる状態で数時間以上過ごすこともある	●苦手な刺激を少なくするための配慮（イヤーマフ・サングラスなど） ●強い刺激など危険な刺激、好き過ぎる刺激への配慮 ●避難場所の確保 ●本人に必要な刺激は止めない

強度行動障害支援者養成研修（実践研修）演習資料④
「行動上の課題に対応する（行動障害対応モデル）」ストラテジーシート

記入日：　　年　　月　　日　　氏名：

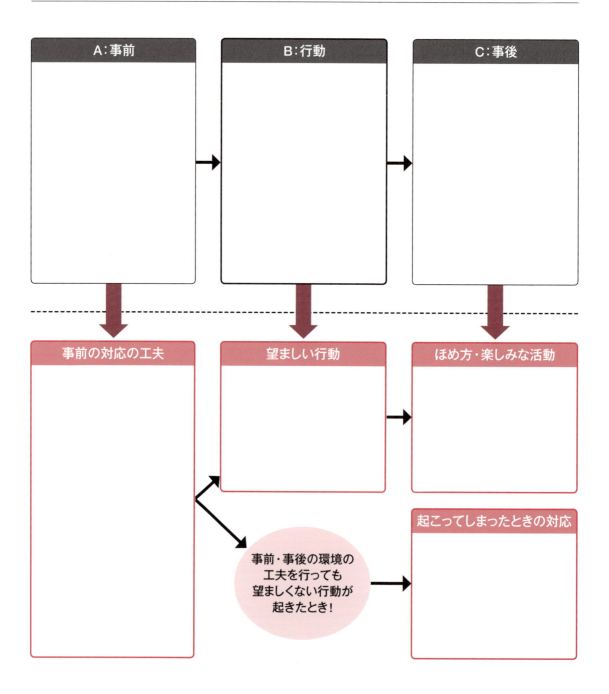

強度行動障害支援者養成研修（実践研修）演習資料⑥ ✏

「行動上の課題に対応する（行動障害対応モデル）」

【場面　　　　　】支援手順書 兼 記録用紙

日付：　　　　　氏名：　AH　様　　　　　記入者：　　　　　印

スケジュール	本人の動き	支援者の動き・留意点	本人の様子（記録）

強度行動障害支援者養成研修（実践研修）演習資料⑥-1 ✏

「行動上の課題に対応する（行動障害対応モデル）」

【 場面　昼食 】支援手順書 兼 記録用紙

日付:　　　　　　　氏名:　AH 様　　　　　　　　記入者:　　　　　　　　　印

スケジュール	本人の動き	支援者の動き・留意点	本人の様子（記録）
事前準備		● 昼食メニューをあらかじめスケジュールに記入しておく ● テーブルに食事はあらかじめ置いておく ● ご褒美のシールを昼食のスケジュールの横にセットしておく	
食堂に行く	スケジュールを見て、食堂に移動する	※部屋から移動せずに止まってしまっているとき（5分以上）は、声かけはせずに、再度「昼食」のスケジュールを指差し	
食事をする	昼食を食べる	見守り	
片づけ	食器を棚に片づける	見守り ※片づけずに5分以上止まっている場合は、食器を指差しする	
自室に戻る	自室に戻る	見守り	
ご褒美シール	ご褒美のシールを台紙に貼る	見守り	
スケジュールチェック	次のスケジュールをチェックする		

※ご褒美シールがたまったときは、スケジュールにおやつの活動を文字で書いて追加してください。

320

演習3 危機対応と虐待防止

1時間

演習の目的

障害者虐待の陰には、虐待とはいいきれないかもしれませんが、不適切な支援が隠れています。「1つの重大な事故の背景には29の軽微な事故があり、その背景には300のヒヤリ・ハットがある」――これは労働災害の統計的分析から導かれた「ハインリッヒの法則」です。行動障害のある人の尊厳を守り、自立した生活を実現するためには、不適切な支援に気づき、支援の質を上げていく、リスク・マネジメントの取組みが欠かせません。演習3では、事例をもとに、不適切な支援を改善するチームミーティングを体験します。

配置

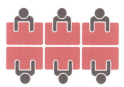
グループワーク形式
(1グループ4〜8名)

イントロダクション　5分

- 演習の目的や内容の説明
- グループで司会、記録、発表の係決め

演習「危機対応と虐待防止」　55分

危機対応と虐待防止

準備するもの
事例1「行動援護の場合」（実践演習：資料⑦）
事例2「施設入所支援の場合」（実践演習：資料⑧）
記録シート（実践演習：資料⑨）
グループ用のワークシート（A2）
付せん

内容 2つの事例をSHEL(L)分析手法に基づき、その要因を4つの視点で整理し、今後の防止策を検討します。

```
┌─────────────────────────┐
│ 危機対応についての説明(5分) │
└─────────────────────────┘
            ↓
┌─────────────────────────┐
│ SHEL(L)分析についての説明(5分) │
└─────────────────────────┘
            ↓
┌──────────────┐
│ 事例の説明(5分) │
└──────────────┘
   ● ファシリテーターが事例を読みあげる
            ↓
┌──────────────┐
│ 個人ワーク(5分) │
└──────────────┘
   ● 事例を聴きながら、各自に配付されている付せんに要因と思われる
     ことをメモに書き込む
            ↓
┌──────────────┐
│ グループワーク(25分) │
└──────────────┘
   ● 要因の共有(10分):グループ用のワークシートに個人ワークで書
     き込んだ付せんを貼り付けて、グループで共有する
   ● 対策の検討(15分):所属する事業所での取組みについてグループ
     で共有し、同じような事故を起こさないための対策を意見交換する
            ↓
┌──────────────┐
│ 発表・まとめ(10分) │
└──────────────┘
```

強度行動障害支援者養成研修(実践研修) **参考資料**
SHEL(L)モデルの4つの要因

SHEL(L)分析では、これらの項目に沿ってなぜ事故が起きたのかを検討し、対策を立てるときもこの4つの要素の視点で幅広く考えていきます。

[参考文献] Hawkins, Frank. H. (1987) Human Factors in Flight, Gower Technical Press.(=1992,黒田勲監修、石川好美監訳『ヒューマン・ファクター——航空の分野を中心として』成山堂書店.)

強度行動障害支援者養成研修（実践研修）演習資料⑦
「危機対応と虐待防止」

事例1　「行動援護の場合」

　Aさんは自宅で両親と暮らしている重度の知的障害を伴う自閉スペクトラム症の20代の女性です。平日は、生活介護、土日の外出は行動援護を利用しています。

　ある日、Aさんの母親から、「昨日の外出後に、手首にあざのような傷ができていた。何があったか説明してほしい」と連絡がありました。当日担当したヘルパーのBさんに確認すると次のようなことがわかりました。

　いつもはプールなど運動をしている土曜日の利用時間で、ショッピングモールの中にあるレストランでハンバーグを食べるという外出を依頼されました。平日の夜に家族とよく行っている慣れた場所とのことで、Bさんもそのレストランをよく知っていたので、特に準備もせず当日を迎えました。

　その日は小雨が降っていました。土曜日でお昼近かったために、平日よりもたくさんの人がいてかなり蒸し暑く感じました。目的のレストランは満席で、Aさんは順番が待てず、イライラし始めたので、すいているパスタ店に入ることにしました。Aさんは店に入るとすぐに「ハンバーグ！」と何度も叫び、立ち上がって、頭を激しく叩きながら通路を走り出しだしました。周囲のお客さんも驚いて見ていて、店員が「どうかしましたか？」とBさんに声をかけました。

　Bさんは慌ててAさんを止めようとして、かなりの力でAさんの両手首を押さえて、引っ張り、トイレのほうに連れていきました。そのときに傷がついたかもしれないとのことでした。帰宅する頃には落ち着いていたので、詳しい報告を家族にしませんでした。

　Bさんの勤務する行動援護事業所は、職員が個々に動いているため、職員全員で顔を合わせて、情報共有をする機会はほとんどありませんでした。後でAさんのファイルを見ると、「湿度が高いとパニックになりやすい」と記載されていましたが、Bさんはそのことを知りませんでした。事業所の全体研修にも参加しましたが、今年の内容は「てんかん発作とその対応」のみでした。

強度行動障害支援者養成研修（実践研修）演習資料⑧
「危機対応と虐待防止」

事例2　「施設入所支援の場合」

　Cさんは施設入所支援を利用している重度の知的障害を伴う自閉スペクトラム症の30代の男性です。周囲の環境の変化に影響を受けてパニックになることが多いため、3人の支援職員が交代で支援をし、それ以外の人と接する機会を少なくしています。

　ある日のことです。Cさんが風邪をひいたので、施設内診療所の医師の往診を受けました。診察の際にCさんの体に複数のあざが発見されました。不審に思った医師が入所施設の管理者に報告し、虐待案件として調査が行われました。

　調査の結果、診察の2日ほど前にパニック状態になったCさんが職員のDさんに殴りかかってきたため、防御しようと体を押さえ、バランスを崩して転倒していたことがわかりました。記録には「Cさんがパニックになり、体を押さえ行動を止めた」とありましたが、転倒したことについては報告はありませんでした。

　過去の記録を確認するとDさんがCさんを支援している際に、ほかの職員が見ていないCさんの個室でのパニックが多いことがわかりました。個室扉には窓がなく、また遮音性が高いため、Dさんが応援を呼ぶことができない状況にありました。

　事後に報告を受けた同僚や直属の上司は、Dさんに慰めの言葉をかけてはいましたが、「DさんとCさんとの相性の問題」として具体的にどうしたらよいのかアドバイスをしたり、対策を検討したりすることはありませんでした。

　施設の管理者は、「Cさんを不安定にしてしまう」という現場の意見に配慮し、ここ3か月ほど現場に足を運んでいませんでした。また、日誌でCさんのパニックの記述は目にしていましたが、「いつものこと」と思い、状況確認をしたり、対策検討を指示したりすることはありませんでした。

　DさんはCさんに対する自分のかかわりが「虐待かもしれない」と悩みながら、日々の支援を続けていましたが、今回の出来事を境に職場を休んでいます。

強度行動障害支援者養成研修（実践研修）演習資料⑨

「危機対応と虐待防止」記録シート

	要因	対策
Software ＝ソフトウェア		
Hardware ＝ハードウェア		
Environment ＝環境		
Live ware ＝関係者		
Live ware ＝当事者		

行動障害基礎的用語 インデックス

あ アクティビティシステム
自立的に活動を行えることを伝える仕組み。ワークシステムともいう。「何を」「どれくらい」「どうなったら終わりか」「終わったら、次に何があるのか」を本人にわかりやすく伝えることで、自分で活動を始めて活動を行い、終了してから次の活動に移れることを支援するための仕組み。
➡ワークシステム

アセスメント（個別評価）
インタビューや観察を用いて本人に関するさまざまな情報を把握すること。検査で行うフォーマルな評価と日常生活のなかでの行動観察を行うインフォーマルな評価がある。アセスメントは一度だけで終わるのではなく、アセスメントをふまえて支援計画を立て、それに基づく再アセスメントを行い支援する、という継続的なプロセスである。

異食
食べものでないものを口に入れたり、飲み込んでしまったりする行為。排泄物、毛髪、紙、布などのほかビニールや電池、洗剤など、時には命にかかわるものを食べてしまうこともあるので、場合によっては緊急の対応が必要なこともある。

イヤーマフ
音が苦手な人や聴覚過敏のある人が装着する耳全体を覆うヘッドフォン型の防音装具。苦手な音や使用環境に応じて自分に合った遮音率（音をどれくらい遮音するか）のものを使用することが大切である。

エコラリア（はんきょうげんご）
他人の言葉を繰り返して発声すること。その場ですぐ繰り返す「即時性エコラリア」と、時間をおいて繰り返す「遅延性エコラリア」がある。遅延性エコラリアには同じ状況や場面になると発するものと、場面や状況に全く関係なく発するものとがある。

か カームダウン（Calm Down）
「落ち着く」という意味。不安定になったときに自分で興奮を収めたりする行為。支援の際に使用する「カームダウンエリア」については、パニックになったり混乱したりしてから支援者が連れていくのではなく、自らがつらい状態になる前に自分でそのエリアに行って落ち着けるように学習することが大切である。

学習スタイル
自閉スペクトラム症の人の理解の方法や特性を表す言葉。「視覚的に考える」「中枢性統合の弱さ」「独特の注意の向け方」「実行機能の弱さ」「感覚の特異性」「心の理論の弱さ」などがある。学習スタイルに合わせた支援を行うことで自閉スペクトラム症の人の強みが活かされ、生活の質が向上する。

過刺激
強い刺激や、複数の刺激があること。また、一つの刺激でも量が多いと過刺激になる場合もある。感覚に過敏な人だと、通常では気にならない刺激でも過刺激状態と感じることもある。

過集中
物事に過剰に集中し過ぎること。集中する対象が限局的な場合（特定のテレビゲーム等）や集中し過ぎて日常生活に支障が生じる（睡眠がとれない）など、困難さの一方で、集中力が高いことで高い能力を発揮する場合もある。

感覚遊び
眼前で手をヒラヒラする、くるくる回る、特定の匂いを嗅ぎたがる等、本人にとって心地よい刺激を自分で得る行為。唾で遊んでしまうなど社会的に不適切な行動の場合、他の代替手段を学習するなどの支援が必要な場合もある。

感覚過敏
視覚・聴覚・嗅覚・触覚・味覚のどれか、もしくはすべてにおいて過敏な状態。過敏性が強い場合、通常では気にならないこと（蛍光灯の光、ちょっとし

た音等）が耐えられず、強い不快感を感じたり、その環境を避けたり、社会生活に支障がでたりする場合もある。

感覚鈍磨
体調や痛覚、疲労などの体感覚に鈍かったり、そこに気が及ばないこと。けがや体調の管理が困難になる場合もある。特にコミュニケーションに困難さがある場合、けがや疾患に自身も周りも気づかないことがあるので注意が必要である。

強化
特定の行動をとることによって得る、成功（または失敗）体験を繰り返すことにより、結果に関係なく、その特定の行動頻度が増すこと。その特定の行動が場面にふさわしくない場合に「問題行動」となり、行動頻度が増している場合、「問題行動が強化されている」という。

クレーン現象
比較的幼児期に見られる行動で、言葉や表現を使わずに、他人の手を引いて、とってほしいもののところに連れていくなどの行動。知的に重い成人でも見られる場合がある。

構造化
周囲の環境やかかわり方をより視覚的・具体的・明瞭にし、系統的に整理することで、世の中の状況を自閉スペクトラム症の人にわかりやすく伝える取組み。「いつ」「どこで」「何を」「どのようなやりかたで」「どうなったら終わりか」「終わったら次は何があるか」をわかりやすく伝えるTEACCH®プログラムの基本的な考え方に基づいている。

行動関連項目
「障害支援区分」の判定において用いられる行動面の支援度を測る項目。「コミュニケーション」「説明の理解」「大声・奇声を出す」「異食行動」「多動・行動停止」「不安定な行動」など12項目がある。この項目等の合計点数10点以上が「行動援護」「重度訪問介護」「重度障害者等包括支援」等のサービス支給の決定基準となる。

行動停止
行動や行為の途中で、一時的に停止固定する緊張病様状態をいう。

コミュニケーションツール
コミュニーケーションに困難さを抱える人へのコミュニケーション能力を補填する道具。シンボルや絵カード、写真などがその代表。「構造化」で使用する見てわかりやすい支援ツールも受容コミュニケーションを補填するツールといえる。表出コミュニケーションを補填するものとしてPECS®等がある。近年、タブレット端末等を利用したアプリケーションソフトも開発され、ICT（informaition and communication technology）が注目されている。

さ 支援手順書
支援者が支援をするうえで、アセスメントに基づき支援の手順や方法、注意事項を示したもの。強度行動障害支援者養成研修の実践研修修了者が作成するものとされている。

視覚支援
言語的なコミュニケーションではなく、写真や絵カード、文字カードなど目で見える（視覚）アイテム、グッズを活用する支援のこと。

視覚優位
耳からの情報や言語などよりも、視覚からの情報の認識が強い特性。目から見たもののほうが記憶に残りやすく、また認知しやすい。視覚優位の人は見てわかるため、見たものに関しては細部まで再現できる等の強みがある一方で、場面や状況に関係ない視覚情報に固執してしまう（無視できない）等の困難さもある。後者の場合を「ビジュアルドライブ」ともいう。

行動障害基礎的用語 インデックス

自傷（行為）
壁に頭を打ちつける、髪の毛を抜く、自分の体の部位を叩く、噛むなど自分の身体を傷つける行為。行動障害として表出される自傷行為には、コミュニケーションや感覚刺激等の機能があることがわかっている。

指示書
本人にわかりやすく活動内容を伝えるためのもの。本人の理解に応じて文字を使用したり、絵や写真を使用したり、アセスメントの内容に応じて工夫することが大切である。

自閉スペクトラム症（ASD）
アスペルガー症候群や広汎性発達障害などと分けて考えられていたが、アメリカ精神医学会発行の『精神疾患の診断・統計マニュアル（DSM-5）』により、これらの名称が廃止され、自閉症と連続しているものとして「自閉スペクトラム症」と範囲が大きくなった。ASD（Autism Spectrum Disorder）と表記されることもある。

情報過多
一度に複数の情報を同時に提示する、または同時進行で複数の活動動作を行う指示をすることをいう。このような状況下に置かれることによって、混乱、パニックの誘発・誘引になる場合がある。

自立課題
当事者本人が理解し自立して取り組める課題（作業）活動。自分から始めて、自分で行い、自分で終われる課題。作業的な要素だけではなく、対象者の好きなものや得意なことを活かして、余暇や安定を目的に取り入れる場合もある。自立課題で本人の理解やスキルを評価するだけでなく、繰り返し行うことや難易度を少しずつ上げていくことで、理解やスキルの習熟や学習も行える。

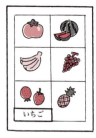

常同行動（行為）
体を前後にゆする行動（ロッキング）、興奮したときにジャンプをすることを繰り返す、手をひらひら目の前にかざすなどの行動をいう。

シングルフォーカス
一つの物事に強く狭い関心を向けること。あるいは興味関心のあるもののみに意識や認識が集中してしまうこと。場合によっては、強くて狭い注目を指すこともある。対象が本来注意を向けなければいけないものでない場合、逆に注目できない（注意散漫）と誤って評価されることもある。

消去
特定の行動をした後に、本人にとってよいこと（成功）が得られず、嫌なこと（失敗）もしくはどちらでもない結果が得られると、その行動は少なくなる。これを「消去」という。行動障害の支援では、消去と同時に適切な行動を強化するとことも大切である。

スキャッタープロット
一定の時間内に行動障害に伴う行動が起きやすい状況や時間帯、傾向の分布(プロット)を計測するもの。特定の行動を一つ取り上げ、その行動が合ったら表に印（プロット）を記入することで、その行動が起きやすい状況や頻度、逆に起きない状況を把握できる。

た 他害・他傷
他者に対して噛みつく、叩く、ける、つねる、なぐる、頭突き、粗暴、目を突くなど、心身に害を与える行為をさす。

多動
落ち着きなく走り回ったり、じっとしているときに手足を常に動かしたり、座っているときにもぞもぞとおしりを動かしたりするなど、意味なく動き続ける行動をいう。

転導性
注意が容易に移りやすかったり、興味があるものに走って向かっていくような行動。また興味や注目がころころと変わり、刺激に導かれてしまう行動をいう。

同一性保持
「こだわり」ともいわれる。場所、人、もの、時間、習慣など、あらゆるものに同一の環境を求める特性。

トランジションアイテム
次にやるべきことのきっかけとなるグッズ。トランジションアイテムを使って移動した先で、本人にスケジュールや次の行動を示すエリアを「トランジションスペース」という。

な 二次障害
もともとの障害とは別に、不適切な環境や支援などによって二次的に現れた状態のこと。

は パーソナルスペース
誰もがもっている目に見えない心理的な縄張りのこと。「他人に近づかれると不快に感じる距離」として用いられることが多い。支援においては、感覚の過敏性や障害の特性により、親密な関係の人（家族や好意のある人、慣れ親しんだ人）であっても、近い距離や身体的な接触を苦手とする人もいる。また反対に、心理的な距離感の認識がなく、他者のパーソナルスペースに関係なく、接近・接触する人もいる。

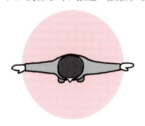

パニック
いつもと違ったり、見通しが立たなかったり、思いどおりにならず理解不能な状況や思考力のオーバーワークになったりしたときに、興奮状態や激しい常同行動・自分の頭を叩いたりかきむしる自傷行動などの混乱状態をいう。

般化特性
1つの場面でできていることが他の場面でできなかったり、応用ができない障害特性。また、どの場面でも自宅と同じような行動様式をとってしまう「般化しすぎる」特性がある場合もある。

氷山モデル
氷山は海面下の大部分が隠れており、この隠れた部分が原因となる部分で、海上に出ている一部分が問題行動として表にあらわれる行動とする考え方やモデル。表出している問題行動のみに注目するのではなく、氷山の隠れている部分に理由があり、そこを知ることで適切な支援ができる、TEACCH®プログラムの考え方（概念図）。

フラッシュバック
過去の嫌なことや失敗などが、鮮明に思い出されること。気分を害したりパニックに陥ったりする。

プロンプト
行動を促す手がかりのこと。言語指示や指差し、モデリング、手添えなどがある。

ヘッドギア
頭部に装着する軟質のヘルメット状のもの。てんかん発作時の転倒や自傷行為でのけがの防止を目的に装着することが多い。

ま 見立て
見て、選び定めること。行動障害の支援においては、アセスメント情報をもとに、本人の気持ちや意向を推察して、状態や特性、将来像をふまえた必要な支援や環境を想定すること。

三つ組の障害
自閉スペクトラム症と診断されるうえでの中核となる障害特性「社会性の障害」「コミュニケーションの障害」「想像力の障害」の3つの特性から「三つ組の障害」といわれる。

ら レスパイト
障害児・者をもつ親・家族を一時的に、一定の期間、その障害児・者の介護から解放することによって、日頃の心身の疲れを回復し、ほっと一息つけるようにするサービスの総称。「レスパイト」という特定のサービスがあるわけではなく、家族が障害のある本人とのかかわりに疲れたりした際に、少し距離を持つためのサービス利用のことを指す（例：短期入所のレスパイト利用）。

わ ワークシステム
➡アクティビティシステム

あとがきにかえて

　2015（平成27）年10月に強度行動障害支援者養成研修テキスト『行動障害のある人の「暮らし」を支える』が発行されて早3年近くが経ちました。この間、全国各地でこのテキストを活用した研修が開催され、多くの現場の支援者の皆さまに受講していただきました。紙面を通じてですが、感謝の意をお伝えしたいと思います。ありがとうございます。

　テキスト制作にあたっては、「行動障害のある人は『困った人ではなく、困っている人』である」というスタートラインに立ち、その混乱の背景を掘り下げること、さらに現れている行動障害に対処することより背景要因を除去して行動障害の予防に重点をおくことを編集の基本方針としました。また、成功事例だけでなく、現場の悩みや行き詰まっている支援事例をあげさせていただくなど他のテキストとの違いを出させていただきました。

　一方で、研修における課題も明らかになってきました。

　行動障害のある人への支援は基礎研修・実践研修というわずかな期間に研修を受けることで解決できるような簡単なものではありません。誤った支援による当事者の混乱の原因の除去はもちろん、さまざまな人がかかわる生活場面では環境の構造化自体が困難な場面もあります。また、家族や関係者それぞれで当事者に対する想いも異なります。支援の行き詰まりに悩んでいる声も聞きます。

　行動障害のある人たちの暮らしを支えていくためには、研修を受講した人たちへのフォローアップや行動障害への対応に取り組んでいる事業所へのスーパーバイズなど、現場に寄り添った重層的な仕組みの構築が必要です。すでに自治体独自でフォローアップ研修を開催しているところや、事業所や団体によるスーパーバイズに取り組んでいるところもあります。今後ますます行動障害のある人たちへの支援が広く深く普及していくことを期待します。

　今回の改訂にあたり、これまで寄せられた研修受講者の声を反映させ、これからさらに充実した研修体系を構築していくことを目指して編集作業に当たりました。使用されているデータをアップデートすることはもちろんのこと、演習内容についてより現場に活かしやすい内容と

しました。自閉スペクトラム症をはじめとする行動障害を起こしやすい人たちへの支援が普及し、行動障害を予防する支援がスタンダードになることを目指して、これからも本テキストの内容を見直していきたいと思います。

　テキストを読んでいただいた方や研修を受講していただいた方から多くの意見をいただき、それを学びとして、「行動障害」のある人が1人でも多く「行動障害」のない安定した支援を受けられることを願っています。

　最後になりましたが、本テキストの発行にあたり、多くの助言と励まし、細やかな配慮をいただき、発刊の機会を与えていただいた全国地域生活支援ネットワーク顧問の北岡賢剛氏（社会福祉法人グロー（GLOW）理事長）に感謝申し上げます。

牛谷　正人

肥後　祥治

福島龍三郎

編著者（五十音順）　＊は編者

會田 千重（あいた・ちえ）
独立行政法人国立病院機構
肥前精神医療センター医師
➡第7章

伊名岡 宏（いなおか・ひろし）
社会福祉法人北摂杉の子会
➡コラム2

井上 雅彦（いのうえ・まさひこ）
鳥取大学医学系研究科臨床心理学講座教授
➡第4章、第6章

牛谷 正人（うしたに・まさと）＊
社会福祉法人グロー（GLOW）
➡あとがきにかえて

遠藤 雅史（えんどう・まさふみ）
社会福祉法人いちょうの里
➡事例

大友 愛美（おおとも・よしみ）
特定非営利活動法人ノーマライゼーション
サポートセンターこころりんく東川
➡コラム9、実践研修・演習

大平 眞太郎（おおひら・しんたろう）
元社会福祉法人グロー（GLOW）
➡事例

片桐 公彦（かたぎり・きみひこ）
元社会福祉法人みんなでいきる
➡事例

加藤 潔（かとう・きよし）
国立障害者リハビリテーションセンター
発達障害情報・支援センター
発達障害支援推進官
➡基礎研修・演習、実践研修・演習

加藤 恵（かとう・めぐみ）
社会福祉法人半田市社会福祉協議会
半田市障がい者相談支援センターセンター長
➡第2章第1節、事例

神田 宏（かんだ・ひろし）
社会福祉法人横浜やまびこの里
横浜市発達障害者支援センター
➡事例、実践研修・演習、用語インデックス

久賀谷 洋（くがや・よう）
特定非営利活動法人SKIPひらかた
千里金蘭大学
➡コラム5

小島 幸子（こじま・こうこ）
一般社団法人栃木県手をつなぐ育成会会長
➡コラム8

小西 力（こにし・ちから）
社会福祉法人ゆうゆう
➡事例

駒田 健一（こまた・けんいち）
株式会社Straight
➡事例

坂井 聡（さかい・さとし）
香川大学教育学部教授
香川大学バリアフリー支援室室長
➡第5章第2節、コラム4

佐倉 武（さくら・たける）
社会福祉法人グロー（GLOW）
➡事例

佐竹 真（さたけ・まこと）
社会福祉法人南高愛隣会
➡事例

佐藤 貴志（さとう・たかし）
社会福祉法人はるにれの里
➡事例

下山貴容子（しもやま・きょうこ）
社会福祉法人あーるど
➡事例

曽根 直樹（そね・なおき）
日本社会事業大学専門職大学院准教授
➡第9章

園山 繁樹（そのやま・しげき）
筑波大学人間系（障害科学域）教授
➡第3章

高橋 隆志（たかはし・りゅうじ）
神奈川県立子ども自立生活支援センター
➡実践研修・演習

田中 正博（たなか・まさひろ）
全国手をつなぐ育成会連合会統括
➡第8章第1節

田端 一恵（たばた・かずえ）
社会福祉法人グロー（GLOW）
➡第11章

中野 喜恵（なかの・きえ）
社会福祉法人はるにれの里
➡事例

中村 修一（なかむら・しゅういち）
社会福祉法人はるにれの里
➡事例

中村 隆（なかむら・たかし）
社会福祉法人共栄福祉会
➡事例

中山 清司（なかやま・きよし）
特定非営利活動法人自閉症eサービス
➡第5章第1節

野口 直樹（のぐち・なおき）
社会福祉法人高水福祉会
➡事例

野澤 和弘（のざわ・かずひろ）
毎日新聞社論説委員
➡コラム1

肥後 祥治（ひご・しょうじ）＊
鹿児島大学教育学系教授
➡第1章、コラム6

福島 龍三郎（ふくしま・りゅうさぶろう）＊
社会福祉法人はる
➡第2章第2節、第10章、第12章

福山 良則（ふくやま・よしのり）
社会福祉法人グロー（GLOW）
➡事例

本多 公恵（ほんだ・きみえ）
社会福祉法人滝乃川学園
➡コラム7

又村 あおい（またむら・あおい）
全国手をつなぐ育成会連合会政策センター委員
➡第8章第2節

松田 裕次郎（まつだ・ゆうじろう）
社会福祉法人グロー（GLOW）
➡事例

森口 哲也（もりぐち・てつや）
社会福祉法人福岡市社会福祉事業団
障がい者地域生活・行動支援センターか〜む
➡コラム3

森田 賢悟（もりた・けんご）
社会福祉法人若竹福祉会
➡事例

山根 和史（やまね・かずし）
社会福祉法人北摂杉の子会
➡事例、基礎研修・演習

吉岡 俊史（よしおか・しゅんじ）
社会福祉法人はるにれの里
➡事例

執筆協力

真鍋 龍司（まなべ・りゅうじ）
社会福祉法人はるにれの里

監修元紹介

特定非営利活動法人 全国地域生活支援ネットワーク（略称：全国ネット）

「ユニバーサルな支援による、ともに生きる地域社会づくり」を目指し、地域生活支援をより一層推進し、全国の当事者や事業者、行政、政治など、関係者の横のつながりを深め、国民的な理解と共感を広げられるよう活動を展開している全国組織です。この目的のために、地域福祉にかかわる情報の収集およびその公開と発信、調査研究および政策提言、人材育成、事業所運営支援、フォーラムや研修会、イベントの企画運営などを行っています。

設立：平成17年（2005年）3月
ウェブサイト：http://blog.canpan.info/shien-net/
メールアドレス：shien.net.japan@gmail.com

行動障害のある人の「暮らし」を支える　第3版
強度行動障害支援者養成研修［基礎研修・実践研修］テキスト

2018年7月20日　初　版　発　行
2020年4月10日　初版第6刷発行

監　　　修 ● 特定非営利活動法人 全国地域生活支援ネットワーク

編　　　集 ● 牛谷正人・肥後祥治・福島龍三郎

発 行 者 ● 荘村明彦

発 行 所 ● 中央法規出版株式会社
　　　　　〒110-0016　東京都台東区台東3-29-1 中央法規ビル
　　　　　　営　業　　　TEL 03-3834-5817 FAX 03-3837-8037
　　　　　取次・書店担当　TEL 03-3834-5815 FAX 03-3837-8035
　　　　　https://www.chuohoki.co.jp/

装　　　画 ● 松本寛庸

本文イラスト ● 藤田侑巳（株式会社 ブルーフイールド）

ブックデザイン ● 永瀬優子（ごぼうデザイン事務所）

印 刷・製 本 ● 株式会社アルキャスト

ISBN978-4-8058-5716-8
定価はカバーに表示してあります。
落丁本・乱丁本はお取替えいたします。

本書のコピー、スキャン、デジタル化等の無断複製は、著作権法上での例外を除き禁じられています。
また、本書を代行業者等の第三者に依頼してコピー、スキャン、デジタル化することは、
たとえ個人や家庭内での利用であっても著作権法違反です。

本書の内容に関するご質問については、下記URLから「お問い合わせフォーム」にご入力いただきますようお願いいたします。
https://www.chuohoki.co.jp/contact/